신라속의 사랑 사랑속의 신라

삼국시대 편

글쓴이(가나다순)

김덕원(명지대학교 강사)
김선숙(영동대학교 강사)
김창겸(한국학중앙연구원 선임연구원)
김태식(연합뉴스 학술전문기자)
이부오(화정고등학교 교사)
장일규(국민대학교 연구교수)
장창은(국민대학교 강사)
조범환(서강대학교 연구교수)

신라속의 사랑 사랑속의 신라
삼국시대 편

초판 1쇄 인쇄 | 2006년 4월 29일
초판 1쇄 발행 | 2006년 5월 10일

지 은 이 신라사학회
펴 낸 이 한정희
펴 낸 곳 경인문화사

주   소 서울 마포구 마포동 324-3
전   화 718-4831
팩   스 703-9711
등   록 1973년 11월 8일 제 10-18호
홈페이지 http:한국학서적.kr. www.kyunginp.co.kr
이 메 일 kyunginp@choollian.net

ISBN 89-499-0393-8 03910
값 9,800원

신라 속의 사랑 사랑 속의 신라

삼국시대 편

옛 성현께서 "식욕(食慾)과 색욕(色慾)은 인간의 본성(本性)이다"라고 갈파한 바 있다. 물론 여기에서 말하는 색욕을 사랑이라는 그럴듯한 관념과 동일시할 수는 없다. 하지만 색욕을 동반하지 않은 사랑이 존재할 수 있겠는가?

비단 성현의 말을 빌리지 않는다 해도 색욕이 상징하는 사랑 혹은 질투는 인간사회를 이해하는 키워드 중 하나일 것이다. 좀 거창하게 말하자면, 나아가 그것을 둘러싼 역사를 해명하는 작업이 남성 중심으로 기술되어온 역사에서 여성을 또 하나의 주축으로서 자리매김하는 시도가 될 수 있다고 믿는다. 그럼에도 한국 역사학은 지금까지 그것을 해명하는 작업들을 방치해 오다시피 했다.

이에 주목해 신라 여인들의 삶과 사랑을 통해 신라의 역사를 해석해보고자 한다. 이 책의 구상은 필자가 아주 오래전에 『한국민족문화대백과사전』 편찬에 참여하던 시절에 수많은 역사상의 인물들을 다루면서 시작되었다. 그러나 개인적으로 바쁜 생활에서 여유를 가지지 못하여 차일피일 세월만 흘렀다. 그러다가 최근에 이르러 마침 몇몇 신라사학회 회원이 뜻을 같이하게 되었고, 여러 차례 논의를 거쳐 이제야 그 결실을 보게 되었다.

물론 이러한 목적에서 시도한 집필 작업이 우리의 문제의식을 충실히 구현했다고는 생각하지 않는다. 처음에는 신라 여인들의 삶과 사랑을 하나의 신라통사로 체계화하려 했으나, 독자의 편의를 생각하다 보니 미치지 못하고 말았다. 또 전체적인 통일성을 기하려 했으나, 몇 사람이 나누어 원고를 작성한 이유로 필자별 차이를 완전하게 극복하기는 힘들었다. 이런 불일치를 독자들은 자율성 정도로 이해해주기를 바란다.

다른 누구보다 우리 스스로가 많은 아쉬움과 부족함을 절감하고 있음에도, 이와 같은 작업이 한국사를 보는 관점은 단수가 아니라 스펙트럼이라는 사실을 상기시키는 것으로 만족하고자 한다.

다만, 우리는 이른바 역사의 대중화를 표방하면서 무수하게 쏟아져 나오고 있는 작금의 출판물과는 나름의 차별성을 기하려 했다. 직업적 역사학자들이건, 아니면 소위 역사학을 취미로 활용하는 사람들건 집필에 있어서 거의 대동소이하게도 '계몽'과 '교시'의 자세로 일관하고 있다는 것이 우리의 판단이다.

오직 나만이 역사를 알고 있으며, 그러니 그런 내가 설하는 역사를 배워야 한다는 '훈수주의적'이며 독자들을 아래로 내려다보는

'군림주의' 인 시각이 이들 역사 대중물을 관통하고 있다. 원전을 빼버리고 각주만 지워버리면, 그것이 역사 대중물이 되는 줄 착각하는 출판사와 필자들이 너무나 많다. 원전이 지워지고 각주가 지워진다는 것은 주장을 뒷받침하는 증거가 소멸됨을 의미한다. 증거가 뒷받침되지 않는 주장, 이것은 '교시' 일 뿐이며 '계몽' 일 뿐이다. 하지만 유감스럽게도 지금 출판계를 난무하는 이른바 역사 대중물은 이런 교시들로 넘쳐난다.

하지만 가장 학술적인 글이 가장 대중적인 글이라고 믿는다. 이에 우리는 철저한 증거주의를 채택하려 했다. 주장하는 근거를 뒷받침하는 증거는 반드시 출처를 밝혀 소개했다. 출처와 근거가 독자와 '대화' 하는 길이라 믿어 의심치 않는다. 독자로 하여금 원전과 근거에 대해 사색하게 하고, 나아가 이를 발판으로 우리 집필자들의 주장을 근본부터 회의하게 하는 것. 이것이 바로 독자와 책이 대화하는 길을 마련하는 것이라 확신한다.

우리는 앞으로 시간을 가지고 이러한 관점에서, 그리고 여인의 삶과 사랑을 키워드로 역사를 해석하고 의미를 부여하는 작업을 통해 한국사를 통사로서 체계화하여 전문연구자는 물론 일반 독자들에게 한 발 더 가까이 다가가고자 한다.

한편, 지칠 정도로 시간을 가지고 원고가 나오기를 기다렸다가 기꺼이 출판해준 경인문화사 한정희 사장과 편집 기획을 해준 신학태 부장께 감사의 말씀을 드린다. 아울러 원고를 집필해준 여러 신라사학회 회원들, 특히 이 원고들을 읽고 윤문과 교정은 물론 사진 자료를 구하는 데 수고를 다해준 장일규·김덕원 박사에게 진심으로 감사의 말씀을 전한다.

2006년 3월 8일

집필자를 대표하여
신라사학회 회장 김창겸

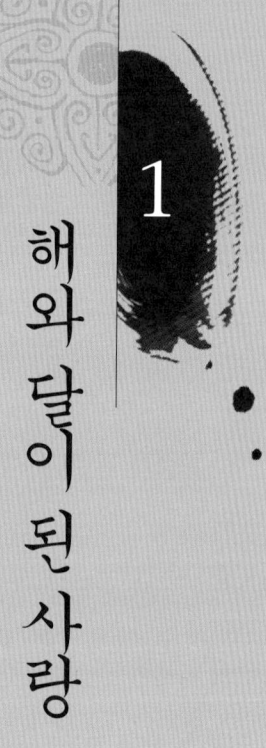

1

해와 달이 된 사랑

하늘과 땅이 만나 나라를 이루다
─ 혁거세와 알영

천상에서 강림한 천자

신라의 천년 고도 경주. 이곳 남산(南山)은 이미 신라시대에도 성산(聖山)이자 성소(聖所)로 간주됐다. 남산은 특히 한국 고대불교의 야외 박물관이라는 명성에 걸맞게 온 산이 거대한 불교 유적이다.

그렇지만 이곳에 불교 유산만 남아 있는 것은 아니다. 신라에 불교가 도입된 5세기 이전이나 나아가 온 신라사회가 불교에 경도되어 불교국가가 된 이후에도 불교와는 관계가 없는 다른 전통과 유산이 들어섰다. 그런 유산으로 가장 대표적인 두 곳이 포석정(鮑石亭)과 나정(蘿井)이다.

포석정은 천년이 된 고목 신라가 쓰러지는 배경이 된 곳으로 흔히 알려져 있다. 모두 56명의 왕이 있었던 신라. 그 마지막 경순왕에 앞서 재위한 경애왕이, 후백제 견훤이 이끄는 대군이 쳐들어온 줄도 모르고 포석정에서 비빈(妃嬪)들을 대동하고 흥청망청 술판을 벌이다가 살해됐다는 곳. 하지만 포석정은 술판이 아니었다. 어쩌면 당시 신성한 제의(祭儀) 공간일 수 있었다. 이와 어울리게 신라 제49대 헌강대왕은 포석정에 갔다 오는 길에 남산을 지키는 신(神)을 만났다고 『삼국유사』는 증언하고 있다.

같은 남산 기슭에 자리잡은 나정. 기록과 전설과 신화를 존중한다면 이곳이야말로 천년왕국 신라가 태동한 곳이다. 신라의 건국시조가 하늘에서 내려와 발을 디딘 곳이 바로 나정이라고 하기 때문이다.

신라 건국과 관련된 기록은 각종 문헌에서 빠지지 않고 발견된다.

시조는 성(姓)이 박씨(朴氏)이고 이름은 혁거세(赫居世)다. 전한(前漢) 효선제(孝宣帝) 오봉(五鳳) 원년 갑자(BC 57) 4월 병진(정월 15일이라고도 한다)에 즉위해 거서간(居西干)이라 일컬었다. 이때 나이 13세였고 나라 이름은 서나벌(徐那伐)이라 했다. 앞서 조선(朝鮮)의 유민(遺民)들이 산 골짜기 사이에 나뉘어 살며 6촌(六村)을 이루고 있었다. (6촌 중) 첫째는 알천(閼川) 양산촌(楊山村)이고, 둘째는 돌산(突山) 고허촌(高墟村)이며 (중략) 고허촌 우두머리 소벌공(蘇伐公)이 양산 기슭을 바라보니, 나정 옆 숲 사이에서 말이 무릎을 꿇고 앉아 울고 있으므로 가서 보니, 문득 말은 보이지 않고 다만 큰 알만 있었다. 그것을 쪼개니 어린아이가 나왔으므로 거둬 길렀다. 나이 10여 세에 이르자 남보다 뛰어나고 숙성했다. 6부(六部) 사람들은 그 출생이 신비하고 기이하므로 그를 받들어 존경하다가 이때 이르러 임금으로 삼았다. 진한 사람들은 박〔瓠〕을 박(朴)이라 하니, 처음에 큰 알이 마치 박과 같았던 까닭에 박(朴)을 성으로 삼았다. 거서간은 진한 말〔辰言〕로 왕을 뜻한다.

『삼국사기』 권1 신라본기1 혁거세 거서간

❀ **위에서 내려다본 경주** | 지금의 경주는 신라시대 경주의 6분의 1 정도 크기다. 남산을 둘러싼 경주에서 울산까지 모두 신라 때 경주였다.

이와 대동소이한 내용이 『삼국유사』에도 보인다. 혁거세가 천상으로부터 백마에 실려온 자색 알에서 태어났다고 해서 그를 천자(天子)라 불렀다고 밝히고 있다. 천자란 글자 그대로는 하늘의 아이라는 뜻이므로 혁거세는 하늘이 점지한 하느님의 아들로 간주되었던 것이다. 이 '혁거세'라는 말은 틀림없이 향언(鄕言)이리라. '불구내왕(弗矩內王)'이라고도 하는데 밝게 세상을 다스린다는 뜻이다.

전한 지절(地節) 원년(BC 69) 임자(壬子) 3월 초하루에 상부(上部)의 조상들이 저마다 자제를 거느리고 알천 언덕에 모여 의논했다. "우리는 위로 임금이 없어 백성들을 다스리지 못하므로 백성은 모두 방자해 제멋대로 하고 있다. 그러니 어찌 덕이 있는 사람을 찾아서 임금을 삼아, 나라를 세우고 도읍을 정하지 않겠는가."

이에 그들이 높은 곳에 올라 남쪽을 바라보니 양산 밑 나정이라는 우물가에 번갯빛처럼 이상한 기운이 땅에 닿도록 비치고 있다. 그리고 흰 말 한 마리가 땅에 꿇어앉아 절하는 모양을 하고 있었으므로 그곳을 찾아가 살펴보았더니 거기에는 자줏빛 알 한 개(푸른색 큰 알이라고도 한다)가 있었다. 한데 말은 사람들을 보더니 길게 울고는 하늘로 올라가버렸다. 알을 깨고 어린 사내아이를 얻으니 그 모양이 단정하고 아름다웠다.

모두 놀라 이상하게 여겨 그 아이를 동천(東泉)에 씻겼더니 몸에서는 광채가 나고 새와 짐승들이 따라서 춤을 췄다. 이내 천지가 진동하고 해와 달이 청명해졌다. 이에 그 아이를 혁거세왕(赫居世王)이라고 이름 했다.

『삼국유사』 권1 기이1 신라시조 혁거세왕

천원지방을 구현한 나정

　나정 일대에서는 최근 유적 정비를 위한 발굴 조사가 전면적으로
실시됐다. 경주시의 의뢰로 중앙문화재연구원이 2002년 5월 이후
2005년 말까지 4차년도에 걸쳐 나정 일대 약 3만여㎡를 대대적으로
발굴한 것이다.

　그 결과 유적지 한복판에는 지름 20m에 한 변의 길이 8m인 팔각
건물지의 기단이 자리잡고 있었으며, 그 주변에는 동서남북 네 방
향으로 두른, 한 변의 길이 50m에 이르는 방형 담장 시설이 있었음
이 확인됐다.

　이 담장 시설에서는 몇 가지 특이한 점이 발견된다. 첫째, 안쪽과
바깥 공간을 연결하는 대문은 오직 남쪽 담장에서만 확인된다. 나
머지 세 담장에는 출입 시설이 없다. 완전히 밀폐돼 있었다는 뜻이
다. 담장 주변을 조사한 결과, 돌로 담장을 쌓아올린 다음 그 위에는
기와를 덮었다는 사실이 밝혀졌다.

　둘째, 남쪽 담장의 중앙에서 팔각 건물지로 이어지는 15m 구간
에는 참도(參道) 시설이 있었다. 나정은 오직 남쪽 대문을 통해서만
들락거릴 수 있었다는 뜻이다.

　셋째, 정문이 나 있는 남쪽 담장에는 회랑식 건물이 들어서 있었
다는 사실도 밝혀졌다.

　아울러 이 일대에서는 청동기시대 주거지 7기와 초기철기시대
수혈유구(竪穴遺構) 1기, 삼국시대 수혈유구 6기 등이 발견됐으며,
토기와 기와를 비롯한 각종 유물도 풍부하게 수습됐다. 출토 유물
중에는 명문기와도 더러 있다. 기와에 씌어진 출생 혹은 탄생을 의

미하는 '생(生)'이라는 글자는 이곳이 박혁거세의 탄강 진원지라는 점과 관련해, 혹시 그 상징성을 나타낸 것은 아닌지 주목되고 있다. 또 기와가 제작된 연대를 표시하고 있음이 분명한 '의봉 4년(儀鳳四年)'이라는 문구도 주시된다. '의봉'은 당나라 고종 때 사용된 연호로서 그 4년은 서기 679년이며, 신라 문무왕 재위 19년이 되는 해이다.

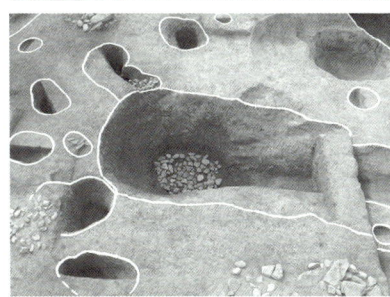
❀ **발굴된 나정 일대** | 최근 그 모습을 드러낸 팔각 건물지와 구상유구 등은 이곳에 제례 관련 시설이 있었음을 추측하게 한다.

그런데『삼국사기』문무왕 19년조는 그해 2월에 신라가 "궁궐을 다시 수리하니 자못 극히 웅장하고 화려했다"고 기록하고 있다. 따라서 의봉 4년이라 적힌 명문기와는 이 건물이 다른 궁궐 건물과 함께 수리됐다는 뜻인 동시에, 이곳이 궁궐 건축물의 하나로 간주됐다는 뜻이 되기도 한다. 이는 나정 일대 유적의 성격을 가늠할 때 매우 유념해야 할 대목이다.

나정의 발굴 성과 중 팔각 건물지와 담장 및 명문기와 등은 신라가 삼국을 통일하게 되는 즈음, 그러니까 7세기 중후반 무렵에 해당하는 유적들이다. 하지만 팔각 건물지나 사각형 담장이 정확히 언제 처음으로 나정 일대에 들어섰는지는 현재로서는 판단을 내리기 곤란하다. 다만 뒤이어 얘기할 빠른 시기의 다른 나정 유적을 감안할 때 5~6세기 무렵 그러니까 서기 500년 즈음 나정 일대에 대대적인 변화의 바람이 불어 기존의 시설들이 거의 완전히 철거되고 새로운 건축물들이 들어섰던 것은 확실하다. 따라서 500년 무렵, 팔각 건물과 사각 담장이 세트를 이룬 그 원초적인 모습으로 나정 건축물이 등장했다고 보아도 될 것이다.

출토 유물로 볼 때 나정 일대에는 청동기시대에 이미 사람들이 거주하기 시작했으며, 신라가 건국하던 즈음에는 이미 모종의 신성한 공간을 차지하는 건물이 들어서 있었다. 팔각 건물과 사각 담장보다 앞서 나정에 있었던 인공 흔적 중에서도 원형의 도랑 비슷한 흔적인 구상유구(溝狀遺構)는 특히 주목을 요한다.

팔각 건물지 밑에서 드러난 구상유구는 지름 14m에 이르는 완연한 둥근 형태이다. 나아가 이 형태를 둘러싼 원형 목책렬도 확인됐다. 이 목책렬은 지름 28m로, 지름이 14m인 구상유구에 견주어볼 때 정확히 2배인 셈이다. 따라서 구상유구와 원형 목책렬은 동시대에 축조되고 활용되었다고 봐야 한다.

그렇다면 구상유구는 언제쯤 축조되었을까? 그 시기를 가늠하는 결정적인 유물이 함께 출토된 두형토기(斗形土器) 파편이다. 비록 아래쪽 일부가 파손되어 사라지긴 했으나 완연한 두형토기 형태를 띠는 이 토기는 주된 사용시기가 1~3세기로 평가되고 있다. 따라서 원형 목책렬이 감싼 구상유구는 아무리 늦어도 서기 2~3세기에는 들어서 있던 셈이다.

그렇다면 나정은 신라시대 때 도대체 어떤 곳이었을까? 이를 밝혀줄 만한 확실한 명문 자료 등이 아직까지는 발견되지 않았으나 조사 결과 드러난 구조나 신라 왕경(王京)에서의 위치, 그리고 발굴 유물은 그 성격을 대강이나마 짐작게 해준다.

이곳에서는 사람이 상당 기간 상주할 수 있는 시설이 발견되지는 않았으므로 일반 주거지가 아니었음을 알 수 있다. 무엇보다 나정이 제사 등과 관련된 모종의 신성(神聖) 공간이었다는 사실에 대해서는 아무도 부인하지 않는다.

또한 담장의 네 모서리가 각각 동서남북 방향에 맞춰져 있으며, 아울러 그 복판에 팔각 건물지를 배치한 구조는 이러한 가능성을 더욱 분명히 뒷받침한다. 동아시아 사상사에는 팔각과 사각이 세트를 이룬 이런 모티브가 천원지방(天圓地方)이라 하여, 하늘은 둥글고 땅은 모가 났다는 사상을 구현한다는 사실은 잘 알려져 있다. 팔각은 원(圓)과 동의어로서 하늘을 상징하며 네 담장은 땅을 나타낸다.

그러므로 발굴 결과 드러난 나정은 구조상으로도 또 사상사적으로도 가장 명백한 천원지방을 구현하고 있는 셈이며, 나아가 천지가 나정 땅에서 합일된다는 정신을 상징화한 것이다.

이는 이곳이 천신(天神)과 지기(地祇, 지신)를 합사(合祀)해 제사하는 공간이었다는 의미이기도 하다. 다시 말해 구조상으로 나정은 적어도 5~6세기에 팔각형 건물이 들어서고 주위에 사각 담장이 배치된 이후에는 천지를 함께 제사하는 공간이었음을 추정할 수 있다.

그렇다면 이런 공간은 도대체 무엇이라 해야 하는가? 5~6세기 이후 지금의 나정에 들어서 있던 사각 담장 갖춤 팔각형 건물은 무엇이란 말인가? 이를 해명하는 키워드는 5~6세기 이후 신라 왕경에서 현재의 나정이 어떠한 공간(위치)을 차지하고 있었던가를 해명하는 데 있다.

나정이 전설처럼 정말로 박혁거세 탄강지였다고 할 때 신궁(神宮)이라고 하는 제사시설이 있던 곳인가 하는 문제가 제기된다. 『삼국사기』에 의하면 신라는 소지왕(479~500) 혹은 지증왕(500~514) 때 시조가 탄강한 곳에 신궁을 세웠다고 한다. 지금의 나정이 정말로 박혁거세 탄강지라면 이 팔각 건물이야말로 신궁이 될 것이다. 어떤 신을 모시던 신궁인가에 대해서는 논란이 많으나, 시조 탄강지라고 했으니 제사 대상에 박혁거세가 들어갔을 것임은 당연하고, 그가 들어갔다면 다른 왕들도 죽어서 신주 형태로 모셔졌을 가능성이 있다. 그렇다면 신궁은 조선시대 종묘(宗廟)와 같은 기능을 수행한 가장 중대한 국가 제사 시설이었을 것이다.

천상과 결합하는 우물 속 여인

앞서 말한 신라의 건국신화에는 시조 박혁거세가 천상에서 탄강해 왕으로 추대되어 신라를 건국하는 과정만 있다. 하지만 이 지상에 처음 출현한 왕국을 왕 혼자서 꾸려갈 수는 없다. 왕국에서 그 존재의 절대적인 기반이 되는 왕은 무엇보다 왕국을 이끌어갈 후손을 생산해야 하며 그러기 위해서는 여자가 필요하다. 박혁거세라고 예외는 아니었다.

> 5년(BC 53) 봄 정월에 용이 알영정〔閼英井, 아리영정(娥利英井)이라고도 한다〕에 나타나 오른쪽 옆구리에서 여자아이를 낳았다. 어떤 할멈이 보고서 이상히 여겨 거두어 기르고는 우물 이름을 따서 그 이름을 ('알영'이라) 지으니, 자라면서 덕행과 용모가 뛰어났다. 시조(始祖, 혁거세)가 이를 듣고서 맞아들여 왕비로 삼으니, 행실이 어질고 안에서 보필을 잘했다. 당시 사람들은 이에 그들을 두 성인〔二聖〕이라 일컬었다.
>
> 『삼국사기』 권1 신라본기1 혁거세 거서간

> (박혁거세가 왕이 되자) 이에 당시 사람들은 다투어 치하하기를 "이제 천자가 이미 내려오셨으니 덕 있는 왕후를 찾아 배필을 삼아야 한다"고 했다.
> 이날 사량리(沙梁里)에 있는 알영정 가에 계룡(鷄龍)이 나타나 왼쪽 갈비에서 여자아이를 낳았다(용이 나타났다가 죽으니 그 배를 갈라 여자아이를 얻었다고도 한다). 얼굴과 모습이 매우 고왔으나 입술이 마치 닭부리와 같았다. 이에 월성(月城) 북쪽에 있는 냇물에 씻기니 그 부리가

떨어졌다. 이런 일이 있은 까닭에 그 냇가를 발천(撥川)이라 한다.

남산 서쪽 기슭〔지금의 창림사(昌林寺)〕에 궁실을 세우고 이들 두 성스러운 어린이를 모셔다 길렀다. 남자아이는 알에서 태어났고, 그 알은 모양이 박〔匏〕과 같았으므로, 향인(鄕人)들이 박을 '박(朴)'이라 하므로 성을 박(朴)이라 했다. 또 여자아이는 그가 나온 우물 이름을 따서 이름을 지었다.

두 성인이 열세 살이 되는 오봉 원년 갑자에 남자는 왕이 되고 이윽고 그 여자를 왕후로 삼았다. 나라 이름을 서라벌(徐羅伐), 또는 서벌(徐伐, 지금 풍속에 서울을 '서벌'이라고 부르는 까닭은 이 때문이다)이라 하고, 혹은 사라(斯羅), 혹은 사로(斯盧)라고도 했다.

처음에 왕은 계정(鷄井)에서 태어났기에 혹 나라 이름을 계림국(鷄林國)이라고도 하니 이는 계룡이 상서(祥瑞, 상서로운 징조)를 나타냈기 때문이다. 다른 전설에는 탈해왕 때 김알지(金閼智)를 얻을 때 닭이 숲 속에서 울었다 해서 나라 이름을 계림이라 했다고도 한다. 나중에 와서 마침내 신라라고 나라 이름을 정했다.

『삼국유사』 권1 기이1 신라시조 혁거세왕

혁거세의 왕비인 알영이 태어나는 과정 또한 두 문헌에서 차이를 보이기도 하지만, 그 대체적인 줄기는 같으며 나아가 신이(神異)함으로 점철돼 있다. 이것이 역사적 사실이라고 곧이곧대로 믿을 수는 없으나, 그만큼 건국시조인 혁거세와 그의 왕비격인 알영을 신라 사람들이 추앙하려고 한 흔적이라고 간주할 수 있을 것이다. 특히 두 문헌은 두 사람을 신라인들이 '두 성인'이라 합칭했다고 기록하고 있다.

⊗ **신라시대의 계란** | 천마총에서 '장동호'라는 토기에 담겨 출토된 계란. 계림, 알영정, 계정(나정) 등의 명칭에서 알 수 있듯이 닭은 신라의 건국과 깊은 인연이 있다.

그런데 두 사람의 탄생담에서 묘한 점은 혁거세와 알영이 태어난 시점이 같게 설정돼 있다는 것이다. 앞으로 살펴보겠지만, 둘은 같은 날에 죽어 승천한 것으로 되어 있다. 이는 말할 것도 없이 두 사람의 탄생설화가 전설이라는 범주를 벗어날 수 없기 때문이기는 하나, 신라인들이 이들의 탄생담을 이렇게 설정할 수밖에 없었던 까닭은 다른 측면에서 접근을 할 필요가 있을 것이다.

다섯 조각이 된 주검

혁거세는 61년간 신라를 다스리다가 서기 4년 봄 3월에 죽었다. 13세에 즉위했다고 했으니, 향년 63세였다. 이를 즈음해 그의 왕비 알영도 남편을 따랐다.

60년(AD 3) 가을 9월에 두 마리 용이 금성 우물에 나타나니 갑자기 천둥이 치고 비가 내렸으며 금성 남문에 벼락이 쳤다.

61년(AD 4) 봄 3월에 거서간이 승하(昇遐)했다. 사릉(蛇陵)에 장사 지내니 무덤은 담암사(曇巖寺) 북쪽에 있다.

『삼국사기』 권1 신라본기1 혁거세 거서간

이 기록의 앞부분은 박혁거세가 죽을 것임을 예고하는 징조임이 확실하다. 한편 그가 죽어 묻힌 곳이 사릉이라고 기록돼 있다. 사릉이라는 명칭이 독특한데, 글자 그대로는 '뱀 무덤'이기 때문이다. 이 명칭의 유래는 무엇일까?

하지만 아쉽게도 『삼국사기』에는 의문을 풀 수 있는 실마리가 전혀 없다. 그의 왕비 알영 또한 어떻게 되었는지도 침묵으로 일관하고 있다. 다행히 이에 대한 기록이 『삼국유사』에 전하고 있어 그 내막을 어느 정도 짐작게 한다.

나라를 다스린 지 61년 되던 어느 날 왕이 하늘로 올라갔다. 그런 지 7일 뒤에 그 죽은 몸뚱이가 땅에 흩어져 떨어졌다. 그러더니 왕후 역시 왕을 따라 세상을 떠났다 한다. 나라 사람들이 이들을 합장하려 하니 큰 뱀이 나타나 쫓아다니면서 이를 막으므로 다섯 몸뚱이를 각각 따로 장사 지내고는 오릉(五陵)을 만들었다. 또 능은 이름을 사릉(蛇陵)이라고 하니 담암사 북릉(北陵)이 바로 이곳이다.

『삼국유사』 권1 기이1 신라시조 혁거세왕

혁거세의 죽음을 『삼국유사』는 승천으로 기록했다. 이는 박혁거세에게는 귀환인 셈이다. 실제 그 출신이 무엇이건 앞서 본 대로 박혁거세는 백마가 천상에서 실어 내려온 자주색 알에서 태어났다. 그렇게 하늘에서 내려왔으니 하늘의 아들, 즉 글자 그대로 천자로 간주되었다. 이런 그가 죽어서 돌아가야 할 곳은 말할 것도 없이 천상인 셈이다.

이 기록을 통해 왜 그의 무덤이 사릉이라 불리게 되었는지 해명된다. 뱀 때문이었던 것이다. 하늘로 올라간 지 7일 만에 다시 지상으로 떨어진 다섯 조각의 혁거세 몸뚱이가 왕비 알영의 시신과 함께 합장되는 것을 뱀이 막았다 해서 이런 이름을 얻은 것이다.

그러나 이 신화가 상징하는 바가 무엇인지에 대해서는 충분한 해명이 이뤄지지 않고 있다. 왜 하필 뱀이 등장하는지, 다섯 조각이 난 몸뚱이가 무엇을 상징하는지 등등에 대해 해석을 하고자 하는 시도는 관련 학계에서 무수히 있었으나, 그에 대한 마뜩한 설명은 아직 나오지 않고 있다.

하지만 남편이 죽자 왕비 또한 이내 죽었다는 점은 소위 순장(殉葬)이란 풍습을 연상케 한다. 순장이란 어떤 사람이 죽어 땅에 매장할 때, 다른 사람을 죽여서 함께 매장하는 행위를 말한다. 신라에 이런 매장 습속이 있었음은 제21대 지증왕(500~514) 3년(502) 봄 2월에 순장을 금지했다는 기록에서 확인된다. 『삼국사기』에 의하면 그 이전에는 국왕이 죽으면 남녀 각 다섯 명씩을 순장하는 전통이 있었다. 이는 실제 발굴 조사에서도 확인되고 있다.

물론 여기에서 말하는 순장은 노비 등을 강제적으로 죽여서 매장하는 행위를 말한다. 이와는 달리 그 주인이나 왕이 죽어 신하나 노비 등이 스스로 따라 죽는 자발적인 죽음은 순사(殉死)라 부른다. 이른바 자살의 일종인 것이다.

그렇지만 강제적인 순장과 자율적인 순사는 우리의 생각만큼 괴리가 크지 않다. 순장이 일반화되고 법제화된 사회에서 남편이나 왕을 따라 스스로 목숨을 끊는 순사 또한 일상화되었을 공산이 크기 때문이다. 남편을 따라 죽는 순사의 전통이 불과 100년 전 조선시대까지 꽤 광범위하게 존재했으며, 요즘도 사랑하는 사람을 잃은 슬픔을 못 이겨 따라 죽는 일이 드물지 않다는 사실을 우리는 잊지 말아야 한다. 그런 점에서 남편 혁거세가 죽자, 알영 또한 죽었다는 것을 우리는 순장 혹은 순사라는 전통과 연결해서 이해할 수도 있을 것이다.

혁거세와 알영 사이에서 태어난 남해(南解)라는 아들이 왕위를 이으니 역사에서는 이 왕을 차차웅(次次雄)이라 부른다. 『삼국사기』에 인용된 김대문(金大問)의 해설에 의하면 차차웅이란 무당을 의미한다고 한다.

천지의 조화가 빚은 신라왕국

한국 신화를 이웃 중국이나 일본의 그것과 비교할 때 그 특징 중의 하나로 꼽을 수 있는 것은 천지창조에 관한 이야기가 좀처럼 발견되지 않는다는 사실이다. 대신 우리 신화는 곧바로 왕국의 탄생으로 돌입하고 있다. 왕국이 존재하기 위해서는 그에 앞서 반드시 천지가 창조되어야 함에도, 한국 신화에는 왕국의 탄생 이전을 말해주는 천지창조신화가 없다.

이에 비해 중국이나 일본의 고대신화는 모름지기 천지창조에서 시작하고 있다. 중국의 경우 반고라는 남자 신, 혹은 여와라는 여신이 천지를 창조했다는 신화가 있으며, 일본의 경우 『일본서기(日本書紀)』와 『고사기(古事記)』를 통해, 혼돈 상태에서 가볍고 청정한 기운은 위로 올라가 하늘이 되었고, 무겁고 탁한 기운은 아래로 내려앉아 땅이 되었다는 천지창조신화가 전한다.

그러나 우리의 단군신화만 해도, 거기에는 천지가 어떻게 창조되었는지에 대한 설명은 없고, 곧장 고조선이라는 왕국이 어떻게 창조되었는지에 초점을 맞춘 건국신화라는 범주를 벗어나지 못한다. 부여 건국신화, 고구려 건국신화, 백제 건국신화 또한 예외가 아니며, 신라 건국신화도 마찬가지다.

하지만 중국이나 일본의 천지창조신화나 한국의 건국신화는 모두 이른바 음양설(陰陽說)을 절대 기반으로 삼는다는 점에서 공통점을 지니고 있다. 이는 그리스·로마신화로 대표되는 서구의 신화와 가장 결정적인 차이다. 서구 신화에는 음양설이 없다.

음양설이란 세상의 모든 존재를 음과 양 두 가지 속성을 갖는 존재로 구분한 다음, 이렇게 대립되는 물질끼리 상호작용을 반복하면서 인간을 포함한 우주만물이 만들어진다는 논리체계이다.

신라 건국신화 또한 음양설의 전형을 보여준다. 박혁거세와 알영이라는 존재가 두 가지 얼개를 이루면서 결합을 통해 신라라는 왕국이 탄생하는 것으로 신화가 그려지고 있기 때문이다. 어째서 이런 구도를 음양설로 설명할 수 있는가?

음양설에 의하면 하늘은 땅에 대비되어 양(陽)의 대표주자로 간

❀ **천마도의 백마** │ 박혁거세는 백마가 하늘에서 실어온 알에서 태어났기에 하늘의 아들이라 불렸다.

주된다. 양이란 쉽게 말해 남성적이며 외향적이고, 활동적인 존재
로 여겨진다. 따라서 땅이 음습하고 여성적이라는 관념에서 음(陰)
을 대표하는 존재라고 한다면 하늘은 양인 것이다.

하지만 음양설은 늘 상대적이다. 하늘이라고 늘 양일 수는 없다.
태양과 달은 똑같이 하늘을 기반으로 삼고 있지만, 태양에 대해 달
은 음으로 간주된다.

한국 고대 신화에서 천지창조신화가 없다고 했으나, 신라 건국신
화는 엄밀히 말해 천지창조와 건국신화를 겸하고 있다고 봐야 한
다. 신라라는 왕국의 탄생을 천지의 탄생으로 간주할 수도 있기 때
문이다.

신화에서 박혁거세는 천상에서 내려온 존재로 설정돼 있다. 박혁

거세를 천상에서 지상으로 내려준 백마는 하늘과 땅을 매개하는 메신저인 것이다. 박혁거세가 양을 대표하는 하늘과 관련된 존재라는 단적인 증거는, 그가 태어난 자란(紫卵), 즉 자주색 알이라는 표현에서 발견할 수 있다. 왜 그 알은 자주색인가? 그것은 하늘의 중심인 북극성과 관련이 있다.

동아시아 전통 천문관에 의하면, 사시사철 위치 변동이 없는 북극성은 하늘의 중심이라 해서 천극(天極)이라 불렸으며, 나아가 그것이 내는 광선은 자주색으로 간주되었다. 실제 북극성 빛깔이 자주색인가를 따져서는 안 된다. 중요한 것은 옛사람들이 그 빛을 자주색으로 간주했다는 점이다.

나아가 이런 특성에서 북극성은 하늘을 지배하는 무수한 신들 중에서도 최고신이 거주하는 곳으로 생각되었다. 그런 천상의 최고신을 태일(太一) 혹은 천황대제라고도 한다. 천황대제는 간단히 천황(天皇)이라고 한다. 옛날이나 지금이나 일본의 군주를 천황이라고 하는데, 천황은 원래 북극성에 항시 거주하는 최고의 천신을 가리키는 명칭이다. 따라서 박혁거세가 자주색 알에서 태어났다는 것은 말할 것도 없이, 그가 천상의 최고신으로서 북극성에 거주하는 천황대제 자체이거나 그 정기를 이어받은 천자라는 의미가 된다.

반면 신라 건국신화에서 알영은 혁거세의 천상에 대비되어 지상세계를 대표하는 존재로 설정돼 있다. 이는 알영이 태어난 곳을 우물이라고 분명히 하고 있는 데서 알 수 있다. 우물이 하늘에 존재할 리 만무하며, 대체로 땅으로 움푹 파고 들어간 형태로 존재한다. 그리고 우물은 물을 절대 존재기반으로 한다.

땅으로 움푹 파고 들어간 우물에서 우리는 짙은 성적(sexual)인

색채를 발견한다. 그것은 여성의 성기를 상징하기 때문이다. 이런 추정은 우물에서는 항상 물이 분출한다는 점에서 타당성을 지닌다. 실제로 『노자』에서는 천지가 생겨나는 근본으로 계곡[谷]을 든다. 항상 물이 솟아나는 움푹 파진 땅, 이는 말할 것도 없이 여성이 아이를 생산하는 자궁(子宮)에 대한 비유이다. 알영이 우물에서 태어났다는 신화 또한 같은 맥락에서 접근해야 한다.

신라의 건국신화는 하늘을 상징하는 혁거세와 땅을 상징하는 알영이 결합한 천지창조의 신화이다.

| 김태식 |

김철준, 「신라상대사회의 Dual Organization」(상) 《역사학보》 1, 1952 ; 『한국고대사회연구』, 서울대학교 출판부, 1990.
서영대, 「한국 고대 신관념의 사회적 의미」, 서울대학교 박사학위논문, 1991.
나희라, 『신라의 국가제사』, 지식산업사, 2003.
김태식, 「지상에 강림한 천황대제로서의 박혁거세」 《신라사학보》 4, 2005.

해와 달의 정령 — 연오랑과 세오녀

연오랑이 미역을 딴 이유

아달라왕대(154~184)에 영일지역 어느 마을에 연오랑과 세오녀라는 부부가 살고 있었다. 남편인 연오랑은 수시로 바닷가에서 미역을 따 생활에 보탰다고 전한다. 이것만 보면 연오랑 부부가 미역이나 조개류를 채취해서 근근이 생활하는 어민이었던 것처럼 비칠수 있다.

그러나 뒤에 전개되는 부부의 활동은 평범한 어민들과는 거리가있다. 이 부부와 함께 생활했던 영일지역 사람들은 제사 문제를 둘러싸고 경주의 지배세력과 정치적인 교섭을 벌이기도 했다. 그러니미역을 따서 생활했다는 것은 이들의 실제 생활과는 거리가 멀었음에 틀림없다. 이는 연오랑 부부가 신라를 떠난다는 이야기를 이끌어내기 위해 설정된 동기에 불과하다. 이들은 평범한 백성이 아니라 영일지역의 지배세력이었던 것이다.

다만 미역을 땄다는 것이 전혀 사실 무근은 아니다. 이들의 거주지였던 영일군 오천면 일월동은 해안가에 인접해 있어 해조류, 조개류를 채취하고 고기잡이로 생활하는 사람들이 많았다. 연오랑과 세오녀는, 바로 이들을 지배하며 살았던 세력을 부부의 모습으로 형상화한 것이다.

신라를 등진 연오랑

아달라왕 4년(157)의 어느 날, 연오랑은 그날도 바닷가에서 미역을 따고 있었는데, 갑자기 바위 하나가 다가오더니 그를 태우고 떠났다. 옆에 벗어놓은 신발을 신을 여유도 주지 않고 말이다. 연오랑이 바닷가에서 계속 미역을 딴 것은 영일지역에서 그의 세력이 계속 유지되었음을 보여주는 상징인 동시에 그동안 살아온 곳을 떠나고자 한 그의 열망을 보여준다. 그러던 중 갑작스런 바위의 출현이 이를 실현시켜주었다. 그는 왜 떠났을까?

『삼국유사』는 연오랑의 말을 빌려 '하늘'의 뜻이었기 때문이라고 전한다. 그러나 이는 연오랑의 행위를 합리화하는 말일 뿐이다. 실질적인 이유는 보다 현실적인 데에 있었다. 움직이는 바위는 그의 정치적 운명이 바뀔 것이라는 전조이다. 예를 들면 신문왕 2년(682)에는 동해안에 작은 산 하나가 바다를 건너온 뒤, 왕이 만파식적(萬波息笛)을 얻어 태평성대를 구가했다고 한다. 연오랑에게 다가온 것도 그의 정치적 운명을 바꾸는 매개체였다. 이것이 바위인 것은 그의 결단이 너무나 굳세었음을 보여준다. 그를 태운 것이 물고기라고도 전해지는데, 그렇다고 해도 연오랑이 떠난 이유는 크게 달라지지 않는다.

아달라왕대의 영일지역은 정치적으로 민감한 상황에 처해 있었는데, 이는 신라의 성장과 관계가 깊다. 경주의 작은 소국으로 출발한 신라는 이미 파사왕대(80~112)부터 주변 소국들을 정복하기 시작했다. 그 위협은 동해안 방면에도 닥쳐왔다. 파사왕은 울산 범서면 세력을 복속시켰을 뿐만 아니라 영일 방면의 음즙벌국(안강)을 정복했다. 이러한 움직임은 아달라왕 때도 계속되었으며, 안강에 인접한 영일지역도 영향을 받지 않을 수 없었다.

영일의 지배세력은 신라에 항복함으로써 토착세력의 지위를 인정받고 일부나마 기득권을 지킬 수 있었다. 그런데 신라의 지배가 점점 강화되면서 반발하는 소국들도 생겨났다. 시기는 조금 다르지만 신라에 복속했던 압독국(경산)과 실직국(삼척)이 반란을 일으키기도 했다. 영일의 연오랑 세력도 신라의 압력에 굴복할 것인지, 아니면 다른 방법을 택할 것인지 고민을 거듭했다. 그러다가 이들은 기득권을 빼앗기느니 새로운 근거지를 찾아 떠나기로 결정한 것이다.

신화에서는 이러한 결심이 우연한 계기로 실천에 옮겨졌다고 한다. 갑자기 바위가 나타나 연오랑을 실어간 것은 이를 말해준다. 그러나 그의 출발이 운명적으로 갑자기 이루어졌다는 이야기에서 알 수 있듯이, 실제로는 이주를 위한 준비가 치밀하게 이루어지고 있었다.

또한 떠난 사람도 연오랑 혼자만은 아니었다. 예를 들면 고조선이나 고구려에서 지도자가 주변 국가로 이주할 때에는 그 휘하의 백성들을 수천 명 이상 거느리기도 했다. 바다로 떠나야 했던 연오랑은 이렇게 많은 사람들을 배에 태울 수는 없었으나 연오랑을 따르던 친족과 백성들은 그를 따라나섰다. 그가 도착한 곳은 '왜(倭)'였는데 당시에는 일본을 이렇게 불렀다. 한반도에 살던 사람들은 선사시대부터 이 방면으로 이주하기 시작했다. 특히 청동기시대에는 이주민들이 일본에 벼농사를 전해 야요이문화를 탄생시키는 데 커다란 기여를 했다.

신라시대에도 이주는 계속되었다.『일본서기』수인천황 3년에 의하면 신라 왕자 천일창(天日槍)이 옥·칼·방패·거울 등을 가지고 바다를 건넜다. 그는 효고현 시사하군, 아하지섬, 시가현 사카다군, 후쿠이현 와카사국을 지나 다지마[但馬]에 이르렀다고 한다. 이러한 여정은 왜의 중심부로부터 신라 쪽으로의 이동방향을 보여주지만, 실제로 그가 이동한 방향은 정반대였다.

『일본서기』숭신천황기에는 가빈국(加羅國) 왕자 쓰누가아라시토〔都怒我阿羅斯等〕가 시모노세키〔下關〕에 들렀다가 이즈모〔出雲〕을 거쳐 왜국에 정착했다고 전한다. 또한『일본서기』신대(神代) 상에 보면 스사노오노미코토〔素盞鳴尊〕가 천상계로부터 신라국에 하강해 소시모리라는 곳에 머물렀다고 한다.

그러나 그는 더 이상 살고 싶지 않다고 하면서 진흙으로 배를 만들어 타고 이즈모로 갔다.『출운국풍토기(出雲國風土記)』에서는 이즈모의 신 야스카미즈오미쓰노미고토가 신라 땅에 밧줄을 걸어 끌어당겼다는 내용이 전한다. 자기네 땅은 좁고 신라에는 땅이 남아돌았기 때문이라고 하는데, 이것도 실제로는 신라 사람들이 왜로 이주한 것을 각색한 것이다.

이처럼 신라시대에는 동해안에 거주하던 사람들이 수없이 왜로 건너갔다. 왜 서부의 각지가 이주민들의 목적지가 되었는데, 이즈모, 호키〔伯耆〕, 다지마, 단고〔丹後〕, 오키〔隱岐〕 등이 대표적인 곳이다. 연오랑 세력도 이러한 흐름 속에서 신라를 등지고 동쪽으로 떠난 것이다.

연오랑의 왜 정착, 세오녀와의 해후

왜에 도착한 동해안 사람들은 각지에서 크고 작은 세력을 이루었다. 기존 세력에 흡수되기도 하고 더러는 왕국을 세우기도 했다. 그렇다면 연오랑은 어떻게 되었을까?

영일지역 세력이 주로 정착한 곳은 오키였는데, 이 지명은 영일의 옛 이름인 근오지(斤烏支)와 유사하다. '근'은 크다는 뜻이고 '오지'는 오키와 같은 것이다. 그러니 영일지역은 곧 큰 오키로서 오키 등지로 이주한 세력들의 원래 근거지였던 것이다. 연오랑 집단은 이들을 대표하는 세력이었다.

연오랑이 도착하자 오키 주변 사람들은 그를 아주 비상한 사람으로 여겨 왕으로 추대했다. 이와 관련해 일연은 『삼국유사』에서 『일본제기(日本帝紀)』라는 책을 인용해 평가를 내렸다. 신라 사람 중에는 일본 왕이 된 자가 없으니 연오랑은 변두리 고을의 작은 왕이 되었다는 것이다. 이 말처럼 연오랑이 세운 왕국은 일본에서 중추적인 위치를 차지하지는 않았다. 다만 그는 오키 주변에 정착해 작은 왕국을 세운 것이다.

일본인들이 그를 비상하게 여긴 이유는 단순히 외모 때문이 아니었다. 연오랑은 옥·거울·칼로 상징되는 선진문화를 전파하면서 주목을 받았다. 또한 영일지역에서의 세력 기반은 오키 주변 세력들을 압도하는 현실적인 힘으로 작용했다. 여기에 연오랑은 현지 세력과의 타협에 성공하면서 소왕국의 지배자가 된 것이다.

한편 남편이 돌아오지 않자 세오녀는 바닷가로 나가 그를 애타게 찾기 시작했다. 이상한 일이다. 남편이 계획적으로 일본으로 이주했는데 그 부인을 두고 갔다니! 연오랑이 고의로 그랬을 리는 만무하므로, 연오랑과 대립하던 세력이 방해했거나 다른 피치 못할 사정이 있었음에 틀림없다. 세오녀가 남편을 찾는 광경은 바로 그러한 난관을 극복하기 위한 노력을 상징하는 것이다. 세오녀는 한참을 헤맨 끝에 남편이 떠난 곳에서 신발 한 켤레를 발견했다. 바로 연오랑이 떠나기 전에 벗어놓았던 것이다.

여기에 반영된 사실은 신발의 발견에 그치지 않는다. 세오녀가 마침내 고난과 역경을 극복하고 남편을 찾아 떠날 준비를 마친 것이다. 이 역시 여자 혼자 몸으로는 어려운 일이므로 연오랑이 남긴 무리의 협조가 있었기에 가능했을 것이다. 이들과 왜의 연오랑 사이에는 최소한 그 이전부터 연락이 계속되었음에 틀림없다. 연오랑은 신라에 남아 있던 사람들과 연락을 취하며 세오녀도 데려갈 준비를 하고 있던 것이다.

준비가 끝나자 세오녀는 남편이 있는 곳을 향해 집을 나섰다. 바닷가에 이르자 남편을 태웠던 바위가 또 나타났다. 그녀는 이것을 타고서 왜국으로 갔다. 역시 세오녀 혼자만의 여행이 아니라 남은 무리와 함께하는 이주였다. 이들이 해안에 다다르자 그 나라 사람들은 놀랍고 의아하게 여겨 왕 연오랑에게 보고했다. 연오랑은 세오녀와의 만남을 고대하고는 있었지만 그 말을 듣자 벅차오르는 가슴을 억제할 수 없었다. 그는 즉시 세오녀를 맞이해 왕비로 삼았다. 두 사람은 계획이 어긋나 본의 아니게 헤어졌지만 이제 다시 부부로 해후하게 되었다. 뿐만 아니라 영일지역의 지배자로부터 일본 소국의 왕과 비로 거듭난 것이다.

숨어버린 해와 달

연오랑과 세오녀가 떠나자 신라에서는 해와 달이 광채를 잃었다. 아달라왕이 즉시 일관(日官)에게 이유를 물으니, 신라에 강림했던 해와 달의 정기가 이제 왜국으로 가버렸다는 답이 나왔다.

고대인들에게 해와 달은 자연현상을 유지하는 근본이자 정치적 권위의 원천이기도 했다. 특히 신라에서는 해와 달에 대한 존중이 유별났다. 신라 사람들은 시조 혁거세가 태어났을 때에도 해와 달이 청명해졌다고 믿었다. 또 매년 설날에는 해신(日神), 달신(月神) 등을

☸ **일식과 월식** | 신라인들에게 일식과 월식은 온 나라의 정기가 사라져버리는 중대한 사건이었다.

국가적 차원에서 제사 지냈다. 이러한 이야기는『북사(北史)』·『수서(隋書)』·『당서(唐書)』 등 중국 역사책에도 전하고 있다. 그만큼 해와 달은 일상생활에 필요한 존재일 뿐 아니라 국가적인 흥망성쇠의 상징으로 여겨졌다. 특히 일식과 월식은 종종 치명적인 천재지변이나 정치적 흉조로 해석되었다. 연오랑과 세오녀의 이주가 일월과 연결된 것도 이와 무관하지 않다. 이 이야기는 일식과 월식을 소재로 연오랑 부부의 이주가 가져올 심각성을 강조한 것이다.

『일본서기』 신대 상에서도 아마테라스오미카미〔天照大神〕가 천암굴(天岩窟)로 숨어버리자 세상이 온통 암흑천지가 되고 갖가지 재앙이 한꺼번에 일어났다고 한다. 그 목적은 동생 하야스사노오노미고토의 난폭한 행동을 막으려는 데 있었다. 그러나 이 이야기는 사실 야마토 정권과 이즈모 세력 간의 갈등을 신화적으로 윤색한 것이다. 신라의 해와 달이 광채를 잃었던 것도 비슷한 상황을 보여준다. 연오랑과 세오녀의 이주 사건도 영일지역 세력과 신라의 갈등에서 시작되었기 때문이다.

아달라왕으로서는 이들의 이주가 달가울 리 없었다. 고대사회에서 인구의 유지는 국가재정을 위해 절대적으로 중요했다. 따라서 이들의 이탈은 국가적으로 커다란 타격을 주었을 뿐만 아니라 다른 지역을 지배하는 명분도 약화시켰다. 그러니 연오랑 세력을 비롯한 동해안 주민들의 이탈은 신라에게 해와 달이 삼켜질 만한 충격을 줄 수 있었던 것이다.

아달라왕은 사람을 보내 연오랑 부부가 돌아오도록 설득했다. 그러나 연오랑은 자신들의 이주가 하늘의 뜻이니 어쩔 수 없다고 말했다. 일본에서 만족스럽게 정착한 그들은 굳이 돌아올 필요성을

❀ **영일 도기야의 전경** | 예전에는 '해달못'이라 불렸는데 이를 한 자로 표현한 것이 '일월지'이다. 또 해와 달의 빛이 다시 돌아왔다 고 해 '광복지'라고도 한다. 포항시 남구 오천읍 용덕리에 있다.

❀ **일월지 사적비(왼쪽)** | 일월지 앞 둑에 위치하고 있다. 일제침 략 후 일제가 철거시켰던 것을 1992년에 재건했다.

느끼지 못했던 것이다. 대신 왕비 세오녀가 손수 짠 비단을 신라 사 신에게 주었다. 이것으로 하늘에 제사를 지내면 숨어버린 해와 달 이 돌아올 수 있다는 이유에서였다. 할 수 없이 사신들은 비단을 가 지고 돌아와 왕에게 바쳤다. 왕이 그 말대로 제사를 지냈더니 과연 해와 달이 다시 광채를 찾았다.

당시 제사를 지낸 곳은 영일 도기야(都祈野)로서 오늘날의 포항에 위치한다. 현재 남아 있는 일월지(日月池)가 바로 그곳이다. 왕은 제 사에 사용한 비단을 어고(御庫)에 간직해 국보로 삼았다. 그 비단은 왕비 세오녀가 짜준 것이기에 이 창고를 귀비고(貴妃庫)라 불렀다.

수천 수만의 연오랑과 세오녀

신라가 왜의 연오랑 세력과 직접 교류했다고 하지만, 일본 열도로 이주한 세력들과 일일이 그럴 수는 없었다. 이와 관련해 도기야 제사는 영일지역 세력을 매개로 왜의 연오랑과 교섭하는 장면을 보여준다. 연오랑 세력은 영일지역으로 돌아오라는 아달라왕의 부탁을 거절하는 대신 신라와 지속적으로 교류하는 쪽을 선택했다. 세오녀가 만든 특별한 예물은 그 상징이었다.

그런데 아달라왕에게 바친 예물이 세오녀의 비단뿐이었는지는 조금 의심스럽다. 해와 달의 제사에 이용되었다면, 그것은 단순한 비단이 아니라 일종의 신물(神物)이며 영일지역의 천지만물을 대표하는 권위의 상징이기도 했다. 또 제사가 끝난 뒤 비단은 아달라왕의 어고에 모셔짐으로써 신라에 대한 복속의 상징물이 되었다. 그렇다면 영일지역에 남은 세력들도 아달라왕에게 예물을 바쳤음에 틀림없다. 신라의 입장에서는 세오녀의 비단보다 이들의 예물이 더 소중했을지도 모른다. 세오녀의 비단은 연오랑의 소왕국이 신라와 교류하는 상징에 불과한데, 이들의 예물은 신라가 영일지역을 지배하는 증표였기 때문이다.

그럼에도 불구하고 연오랑이 바쳤다는 얘기는 왜 만들어졌을까? 아마도 신라의 지배세력이 자신들의 권위를 강화하려는 노력과 무관하지 않았을 것이다. 신라는 국가적인 차원에서 사해(四海)에 제사 지냈는데, 그중 동해에 제사 지낸 곳은 근오형변(斤烏兄邊)으로서 바로 영일 주변이었다. 이곳은 일출의 상징이기도 했다. 해에 대한 존중이 유별났던 신라 사람들에게 영일지역의 장악은 정치적으로 더없이 중요했다.

이러한 마당에 영일을 떠난 이주세력이 독자적인 왕국을 만들었다고 선전한다면, 신라 지배세력의 권위는 손상을 입을 수도 있었다. 이를 고려해 신라의 지배세력은 왜의 연오랑 왕국이 세오녀의 비단을 항복의 표시로 바쳤다고 조작한 것이다.

연오랑과 세오녀는 일본열도로 이주하다가 헤어지는 상황에서도 결코 연분의 끈을 놓지 않았다. 그 결과 이들은 소국의 왕과 비로서 행복한 삶을 이어갔다. 그런데 이는 그들만의 이야기가 아니었다. 일본열도로 이주한 사람들이 늘어나면서 비슷한 사연들이 끊임없이 재생되었기 때문이다. 또한 이 이야기 속에는 지방세력을 손아귀에 넣으려는 경주 지배세력의 음모도 짙게 스며들어 있다. 권력자의 손으로 조작된 이야기가 수천 수만의 사랑을 대표하며 오늘날까지 전해지고 있는 것이다.

| 이부오 |

이연숙, 「연오랑 세오녀 설화에 대한 일고찰」, 《국어국문학》 23, 1986.
정창조, 「연오랑 세오녀 설화 고찰」, 《동대해문화연구》 3, 1997.
이명식, 「연오랑 세오녀 설화와 일월제」, 《문화사학》 11 · 12 · 13, 1999.
이지영, 『한국 건국신화의 실상과 이해』, 월인, 2000 ; 『한국의 신화 이야기』, 사군자, 2003.
노성환, 『일본신화의 연구』, 보고사, 2002.

2

분노로 타버린 사랑

왜구에 죽은 남편을 대신해 복수하다
—우로와 그의 부인

논개와 우로 부인

신라 미추왕(262~284) 때 어느 날, 한 대신이 왕에게 문안을 드리고자 기다리고 있었다. 바로 왜국의 신하였다. 이전 왕 때부터 춘궁기만 되면 해안가에 왜구가 들끓었는데, 이제 공식적으로 사신까지 파견한 것이다. 미추왕으로서는 왜국에서 식량을 요청할 것이 불 보듯 뻔해 별로 달갑지 않았다. 그렇다고 그냥 돌려보냈다간 해적을 보내 노략질할 것이 분명하므로, 적당히 회유해 타협하고자 왜국 대신을 만났다.

그런데 석우로의 아내가 국왕에게 청하여 왜국의 사신을 대접하겠다고 했다. 미추왕은 내심 회심의 미소를 지었다. 석우로가 누구인가? 몇 해 전 왜군에게 처참히 살해된 신라 최고의 장군이 아닌가? 그렇다면 그 부인이 왜국 사신에게 사사로이 음식을 접대하고자 하는 이유는 뻔하지 않겠는가? 미추왕은 알면서도 모르는 척 왜국 사신에게 맘껏 마시고 즐기라고 권유했다. 아무것도 모르는 그 사신은 우로 부인이 이끄는 데로 따라갔다. 부인은 회한의 상념에 빠졌다. 신라 장군으로서 막강한 권력을 가졌던 지아비가 왜군에게 어이없는 죽음을 당한 그때 그날의 사건이 파노라마처럼 스쳐 지나갔다.

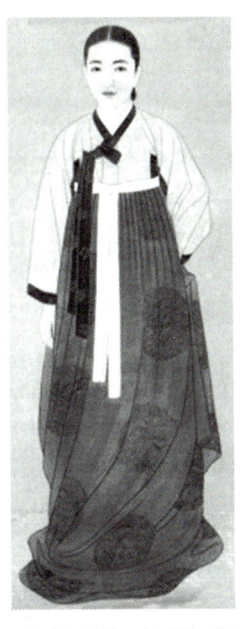

첨해왕 3년(249) 왜국의 사신 갈나고가 숙소에 와 있었는데 우로가 접대를 주관해 맡았다. 우로가 사신에게 희롱하며 말하기를 "조만간에 너희 왕을 소금 만드는 노예로 만들고, 왕비는 밥 짓는 여자로 삼겠다"고 했다. 왜국 왕이 그 말을 듣고 크게 노하여 장군 우도주군을 보내 신라를 정벌하려 했다. 이때 신라대왕은 우유촌에 나가 있었다. 우로가 말하기를 "지금의 근심은 제 말이 신중하지 못했던 것에서 초래된 것이니 제가 감당하겠습니다"라고 했다.

⑧ **논개** | 시대는 다르지만, 왜국 사신을 불에 태워 죽인 우로 부인과, 임진왜란 당시 왜장을 껴안고 남강으로 뛰어든 의기 논개의 호국정신은 같은 것이다.

마침내 우로가 왜군에게 가서 말하기를 "얼마 전 내가 한 말은 단지 희롱일 뿐이었는데, 어찌 군사를 일으켜 이렇게까지 하는가?"라 했다. 왜인은 대답도 하지 않고 우로를 잡아 쌓아놓은 땔감나무 위에 올려 두고 불태워 죽인 후 돌아가버렸다.

『삼국사기』 권45 열전5 석우로

아마도 우로 부인은 이렇게 생각했으리라. '이때를 얼마나 기다려왔던가? 지아비의 원수를 갚을 절호의 기회가 왔구나!'

부인은 왜국 사신을 접대해 흠뻑 취하게 하고는 장사를 시켜 마당에 끌어낸 다음 왜군이 석우로에게 그랬던 것처럼 왜국 사신을 불에 태워 죽여버렸다. 미추왕의 배려(?)로 비로소 원한을 갚을 수 있었던 것이다. 부인이 가슴 깊이 묻어둔 우로에 대한 사랑의 집념이 일궈낸 소중한 결실이었다. 물론 이 때문에 왜인이 분노하여 대대적으로 쳐들어와 경주의 금성까지 위협하기도 했다. 그러나 게릴라식 급습에 당황하기는 했어도 신라군은 곧 전열을 가다듬어 왜군을 물리쳤다.

문무왕 해중릉 | 죽어서도 호국대룡이 되어 쳐들어오는 왜군을 물리치겠다는 신라 제30대 문무왕의 결의가 담겨 있다. 경주시 감포 앞바다에 위치.

왕자 석우로

석우로는 신라 제10대 나해왕(196~230)의 둘째 아들로 태어났다. 나해왕 14년(209) 포상(浦上)의 여덟 나라가 가라(加羅)를 침범하려 하자 가라 왕자가 신라에 와서 구원을 청했다. 우로는 형 이음과 함께 6부의 군사를 이끌고 가, 여덟 나라의 장군을 공격하여 죽였고 포로로 잡혀 있던 6,000명을 가라에 돌려보내줬다.

조분왕 2년(231)에는 대장군이 되어 김천의 감문국을 정벌했고, 2년 후에는 사도(영덕 또는 영일)에 침입한 왜인을 물리쳤다. 이때 우로는 바람이 부는 방향을 따라 불을 놓아 전함을 불태워 적을 익사시키는 작전을 구사했다. 이와 같은 혁혁한 군공을 바탕으로 조분왕 15년(244)에는 신라 최고의 관등 서불한(舒弗邯)에 올랐고 겸하여 군사의 일도 맡았다.

또한 조분왕 16년(245) 고구려가 북쪽 변경을 침입했을 때의 일화는 신라인의 가슴에 남아 두고두고 회자되어 전해졌다. 곧 고구려의 침입에 고전하던 신라군이 마두책이라는 곳에 물러나 있을 때였다. 밤이 되어 군사들이 추위에 괴로워하자 우로가 몸소 다니며 위로하고, 손수 풀섶에 불을 피워 따뜻하게 해주었다. 군사들 모두가 마음속으로 깊이 감격하고 기뻐하여 마치 솜을 두른 것같이 여겼다고 한다. 이후 첨해왕 때에도 이전에 신라에 복속되었던 상주의 사량벌국이 배반하여 백제로 돌아가자 우로가 군사를 거느리고 가 토벌하여 멸했다고 한다.

이와 같이 우로는 '석씨왕시대'인 나해왕부터 첨해왕 재위 때까지 최고의 권력가이자 장군이었다. 이 시기 고구려 · 백제 · 가야 ·

왜, 심지어 주변 소국과의 모든 전투에서 우로의 활약은 단연 돋보여, '시대의 영웅'으로 칭송받아 전혀 손색이 없을 정도였다. 신라 최고의 장군으로 추앙받는 김유신에 비교하면 무리일까? 신라 초기의 기록이 후대에 비해 얼마 남아 있지 않은 점을 감안할 때 석우로는 김유신 못지않았을 것이다.

의문의 죽음

우로의 죽음은 당대 최고의 장군이라는 말이 무색할 정도로 어처구니없게 묘사되어 있다. 거의 모든 전투에서 영웅적으로 활약했던 모습은 온데간데 없고, 단지 한 번의 말실수로 인해 무참히 살해되었다. 그것도 왜군에게 죽었다니 도무지 이해가 가지 않을 뿐 아니라 자존심까지 상한다. 어떤 이는 말한다. 왜군의 세력이 강해 어쩔 수 없었노라고. 그러나 우로 부인이 남편의 원수를 갚는 과정에서 보여준 미추왕의 왜에 대한 태도나 왜군의 침입을 물리친 것을 보아도 그리 간단히 넘길 문제는 아니다.

여기서 우리가 주목해야 할 부분이 있다. 바로 우로가 죽음을 당하는 과정을 당시 첨해왕이 지켜봤다는 사실이다. 기록에 의하면 이때 첨해왕은 우유촌에 있었다. 우유촌은 오늘날의 울진 혹은 영덕으로 추측되는 곳인데, 중요한 건 이곳에서 우로와 첨해왕이 만났다는 사실이다. 우로는 왕에게 자기 때문에 초래된 일이니 자기가 책임지겠다 하고는 왜군 진영으로 가 장렬하게(?) 전사했다.

결국 첨해왕은 우로가 죽임을 당하는 현장에 있었을 가능성이 크

다. 설령 그렇지 않더라도 우로의 죽음을 방조한 책임까지 면하기는 어렵다. 백 번 양보하더라도 최소한 우로가 죽은 후 왜군을 추격하여 응징이라도 했어야 하지 않을까? 당시 최고의 장군이었던 우로의 죽음에 대한 첨해왕의 처신은 도무지 이해가 가지 않는다.

죽음에 스민 역사의 비밀

첨해왕은 왜 그랬을까? 풀리지 않는 매듭이란 이런 수수께끼를 두고 하는 말이 아닐까? 방법은 하나밖에 없다. 우로가 살아왔던 시대를 되감기시켜보는 것이다. 요즘도 누가 살해당하면 제일 먼저 그 사람의 원한관계 등을 추적하지 않는가? 자! 이제 우로의 생애에 무슨 문제(채무·치정관계 등등…)는 없었는지, 당시의 정치적 역학관계는 어땠는지 들여다보자.

우로가 살았던 시대는 석씨들이 왕위를 이어간 '석씨왕시대'였다. 박혁거세 이후 제8대 왕까지는 '박씨왕시대'였다(물론 중간에 제4대 왕으로 석탈해가 잇새에 낀 고춧가루처럼 존재하지만 말이다). 우로에게는 증조 할아버지인 제9대 벌휴왕(184~196)이 '석씨왕시대'를 열었다. 벌휴왕에게는 아들이 둘 있었으니 큰아들이 골정(骨正), 작은아들이 이매(伊買)였다. 그런데 골정과 이매는 아버지가 왕위에 있을 때 모두 죽고 말았다.

문제는 벌휴왕이 죽은 후 발생했다. 왕위를 둘러싸고 왕실 내에서 정치적 암투가 벌어진 것이다. 벌휴왕에게는 손자 조분(助賁)이 있었다. 조분이 어렸다고는 하지만 왕위 계승권의 1순위는 당연히 벌휴왕의 직계인 그에게 있었다. 그럼에도 불구하고 제10대 왕위는 이매의 아들인 나해가 차지했다. 나해는 골정계의 든든한 후원자였던 구도갈문왕이 지방으로 좌천되어 있는 틈을 이용하여 직계 조분과 그 지지세력을 물리치고 왕위에 올랐다.

나해왕은 이음과 우로를 아들로 두었다. 나해왕은 즉위 후 자신의 아들들을 요직에 중용함으로써 '이매계' 중심의 왕권 강화를 추구했다. 군사통수능력을 과시하는 열병(閱兵)을 두 차례나 실시한 것도 이러한 이유 때문이었다. 나해왕은 이음을 태자로 삼아 왕위를 잇도록 조치했지만, 25년(220) 이음이 죽음으로써 그 뜻이 좌절되었다. 자연 왕위는 우로에게 돌아갈 것 같았다. 그러나 나해왕이 죽은 후 왕위는 다시 골정계 조분에게 넘어갔다. 이것은 나해왕이 '골정계' 세력을 배제하면서 '이매계' 중심으로 추구한 권력구조의

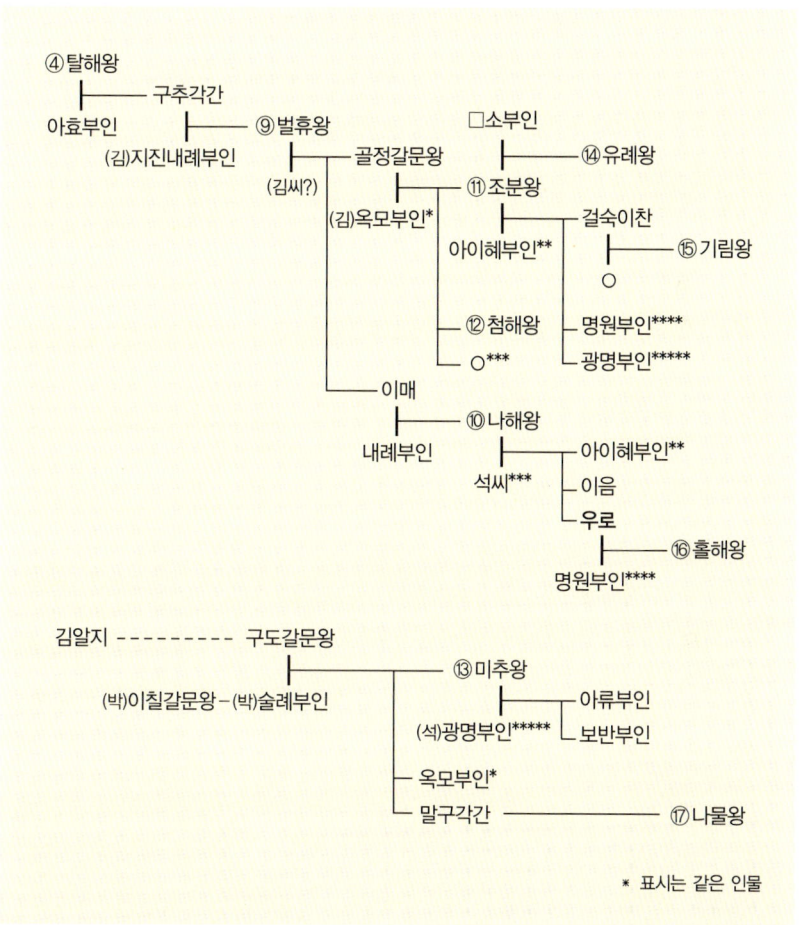

개편이 결론적으로 실패했음을 의미한다고 볼 수 있다. 다만 조분왕(230~247) 즉위 후 우로는 여전히 권력의 중심부에서 건재를 과시했다. 우로의 군사활동이 조분왕 시대에 가장 왕성한 것은 이를 단적으로 알려준다.

벌휴왕 즉위 후 왕실 세계가 '골정계' 와 '이매계' 로 나뉘면서 두 가계 사이에는 팽팽한 라이벌 의식이 형성되었다. 그 때문에 벌휴왕이 죽은 후 나해왕부터 조분왕까지의 왕위 계승과정에서 두 가계 사이에 정치적 갈등이 발생했던 것이다. 다만 어느 한 세력이 다른 세력에 대해 완전한 힘의 우위를 점하지 못하고, 엎치락뒷치락하는 양상으로 전개되었다.

이 같은 시대적 분위기를 알고 나서야 비로소 우로의 죽음을 이해할 수 있다. 조분왕이 죽은 후 왕위는 계속 골정계 첨해가 이어갔다. 첨해왕(247~261)은 즉위하자마자 아버지 골정에게 '세신갈문왕(世神葛文王)' 이라는 특별칭호를 부여함으로써 자신의 가계가 '이매계' 보다 우위에 있음을 강조하고자 했다. 따라서 첨해왕에게는 당시 막강한 군사력을 가진 이매계의 핵심세력 우로가 '눈엣가시' 같은 존재였을 것이다. 다만 첨해왕은 우로를 제거할 만한 힘이 없음을 안타까워할 따름이었다. 그러던 차에 전혀 생각지 않았던 결과를 맞이하게 되었다. 당시 신라 왕실의 골칫거리였던 왜군을 상대하다가 우로가 이른바 개죽음을 당한 것이다.

첨해왕이 우로의 죽음에 개입했는지의 여부는 분명하지 않다. 그러나 첨해왕은 분명 우로가 쉽게 죽지 않도록 조치할 여력이 있었음에도 불구하고 노력을 하지 않았다. '미필적 고의' 라고나 할까? 결국 첨해왕은 우로의 죽음을 조장 내지 방관했다는 의심에서 자유로울 수 없을 것 같다.

우로의 죽음은 '석씨왕시대' 의 정치적 역학관계에서 큰 의미를 가진다. 곧 우로가 죽은 후 '골정계' 와 '이매계' 가 대립했던 기존의 권력구도는 골정계 중심으로 급격히 재편되었다. 나아가 골정계의 든든한 후원세력이었던 구도계 김씨세력은 도리어 골정계와 힘을 합쳐 최초의 김씨 왕을 탄생시키기에 이르렀으니, 바로 미추왕 (262~284)이었다. 미추왕은 석우로의 부인에게 남편의 원수를 갚을 기회를 주었다. 참으로 아이러니한 상황이 아니고 무엇이랴! 우로 부인에게 복수의 기회를 준 미추왕에게서 승리를 쟁취한 자의 여유 가 느껴진다.

| 장창은 |

참고문헌

이기동, 「우로 전설의 세계」 『한국고대의 국가와 사회』, 일조각, 1985 ; 『신라사회사연 구』, 일조각, 1997.
김두진, 「신라 석탈해신화의 형성기반─영웅전승적 성격을 중심으로」 《한국학논총》 8, 1986 ; 『한국고대의 건국신화와 제의』, 일조각, 1999.
박순교, 「신라 미추왕대 정치세력과 남당정치」 《대구사학》 46, 1993.
연민수, 「5세기 이전의 신라의 대외관계─삼국사기 왜관계기사를 중심으로」 《일본학》 7 · 8 · 9, 1989 ; 『고대한일관계사』, 혜안, 1998.
장창은, 「신라 석씨왕실의 분기와 미추왕의 즉위」 《북악사론》 7, 2000.

망부석이 된 사랑—박제상과 치술공주

치술령의 망부석

치술령(鵄述嶺)은 경북 경주시 외동읍과 울산시 울주군 두동면 경계를 이루는 해발 765m의 험준한 산이다. 이곳에는 남편을 왜국으로 못내 떠나보내야 했던 박제상(朴堤上) 부인의 애틋한 전설이 서려 있다. 이 치술령은 동해를 조망한다. 산꼭대기에는 제상의 아내가 동해를 바라보며 남편을 기다리다 죽어 바위가 되었다는 전설이 깃든 망부석(亡夫石)과 그 아내를 기리는 사찰 및 제단인 신모사(神母寺)와 사당이 남아 있거나 그 흔적이 확인되고 있다.

우리에게 박제상은 충신의 대명사로 여겨져왔다. 하지만 지금까지 우리는 머나먼 이국인 왜국 땅에서 처절하게 죽어간 남편을 둔 그 아내에 대해 아무것도 알 수 없었다. 심지어 그 이름조차 알 수 없었다. 단지 치술령이라는 곳과 그곳에 있는 망부석이라는 바위만 알고 있을 뿐이다.

박제상과 그 부인에 얽힌 애절한 사랑이야기는 역사에 어떻게 남아 있는가? 나아가 그들은 어찌하여 신라사에서 저토록 저명한 위치를 차지하게 되었는가?

박제상과 김제상

　박제상과 관련한 사적은 『삼국사기』에 수록된 박제상 열전과 『삼국유사』에 전하는 내물왕과 김제상(金堤上)의 두 가지 계통으로 구분된다. 『삼국사기』나 『삼국유사』 모두 박제상을 충신의 전형으로 설정하고 있다. 이들 문헌에 기록된 박제상 관련 기록은 같은 인물에 얽힌 같은 사건을 줄기로 삼고 있어 내용에는 커다란 차이는 없다.

　하지만 결코 무시할 수 없는 차이도 발견되므로, 우리는 두 문헌의 공통점뿐만 아니라 이러한 차이점들을 면밀히 고찰할 필요가 있다. 같은 인물임이 명백함에도 『삼국사기』에서는 '박제상'이라고 기록하고, 『삼국유사』에서는 '김제상'으로 표기한다는 사실을 유념하기 바란다.

　이처럼 두 문헌에서 동일인의 성씨가 다른 이유에 대해서는 여러 가지 해석이 있으나, 뚜렷한 결론은 내려지지 않고 있다.

박제상

　다음은 『삼국사기』에 나오는 박제상 열전 전문이다. 단락과 소제목은 내용에 따라 임의로 나누거나 붙인 것일 뿐이다.

❀ 치술령(위)과 망부석(아래) | 동해가 내려다보이는 치술령 꼭대기에 망부석이 있다. 이 바위에는 왜국에서 돌아오지 않는 남편을 하염없이 기다리다 죽었다는 박제상 부인의 전설이 서려 있다.

박제상의 계보 | 박제상〔모말(毛末)이라고도 한다〕은 시조 혁거세 후손이며, 파사이사금 5세손이다. 할아버지는 아도갈문왕(阿道葛文王)이며 아버지는 파진찬 물품(勿品)이다. 제상은 벼슬길에 나가 삽량주간(歃良州干)이 되었다.

복호와 미사흔을 볼모로 보낸 실성왕 | 이에 앞서 실성왕 원년 임인(壬寅, 402)에 (신라가) 왜국과 강화했는데, 왜왕(倭王)이 내물왕의 아들 미사흔(未斯欣)을 볼모로 삼고자 했다. 왕은 일찍이 내물왕이 자기를 고구려에 볼모로 보냈음을 원망해서, 그 아들에게 유감을 풀고자 했으므로 거절하지 않고 보냈다. 또 11년 임자(壬子, 412)에는 고구려가 역시 미사흔의 형 복호(卜好)를 볼모로 삼고자 했으므로 대왕은 또 그를 보냈다.

변사 박제상 | 눌지왕이 즉위하자 말 잘하는 사람을 찾아내어 (두 아우를) 맞이해 오리라 생각하고는 수주촌간(水酒村干) 벌보말(伐寶鞁)·일리촌간(一利村干) 구리내(仇里迺)·이이촌간(利伊村干) 파로(波老), 이 세 사람이 현명하고 지혜가 있다는 말을 듣고 불러서 물었다.

"내 두 동생이 왜와 고구려 두 나라에 볼모가 된 지 여러 해가 되었거늘 돌아오지 못하고 있소. 형제의 정이라서 그리운 생각을 누를 길 없소. 제발 살아서 돌아오게 해야겠는데 어찌하면 좋겠소?"

세 사람이 똑같이 대답했다.

"신들은 삽량주간 제상이 성격이 강직하고 용감하며 꾀가 있다 들었습니다. 그는 전하의 근심을 풀어드릴 수 있을 것입니다."

이에 제상을 불러 나오게 해서 세 신하의 말을 전하며 가달라고 요청했다. 제상이 대답하기를 "신이 비록 어리석고 변변치 못하오나 감히 명을 받들지 않을 수 있겠습니까?" 하고는 드디어 사신의 예로써 고구려에 들어가 왕에게 아뢰었다.

말로 복호를 구출한 박제상 | "신이 듣건대 이웃 나라와 교제하는 도는 성실과 신의뿐이라고 합니다. 만일 볼모를 서로 보낸다면 오패(五覇)에도 미치지 못하는 것이니 참으로 말세의 일입니다. 지금 우리 임금님이 사랑하시는 아우분이 여기에 계신 지 거의 10년이나 되니, 우리 임금이 형제가 어려움을 서로 돕는 뜻으로서, 오랜 회포를 버리지 못하고 있습니다. 만약 대왕께서 은혜로써 돌려보내주신다 해도 소 아홉 마리에서 털 하나가 빠지는 것과 같으니 손해 볼 일이 별로 없으시니, 우리 임금은 대왕을 덕스럽게 생각함이 한량이 없을 것입니다. 왕은 이 점을 유념해주소서." 이에 왕은 "좋다" 하고 함께 돌아가게 했다.

곧장 왜로 향한 박제상 | 귀국하자, 대왕이 기뻐하며 위로하기를 "내가 두 아우 생각하기를 두 팔과 같이 했는데, 지금 단지 한쪽 팔만을 얻었으니 어찌하면 좋을까?"라고 했다. 제상이 대답했다.

"신은 비록 열등한 재목이오나 이미 몸을 나라에 바쳤으니 끝내 명을 욕되게 할 수 없습니다. 고구려는 큰 나라요, 왕 역시 어진 임금이므로 신이 한마디의 말로 깨우치게 할 수 있었지만, 왜인은 입과 혀로 달랠 수는 없으니 마땅히 거짓 꾀를 써서 왕자를 돌아오게 하겠습니다. 신이 저곳에 가거든 청컨대 나라를 배반한 죄로 논하여, 저들로 하여금 이 소식을 듣도록 하소서."

이에 죽기를 맹세하고 처자도 보지 않고 율포(栗浦)에 다다라 배를 띄워 왜를 향해 출발했다. 그 아내가 듣고 포구로 달려가 배를 바라다보며 대성통곡하면서 "잘 다녀오시오"라고 했다. 제상이 돌아다보며 "내가 명을 받아 적국으로 들어가니 그대는 다시 보리라 기대하지 마시오"라고 하고는 곧바로 왜국으로 들어가서 마치 배반하여 온 자와 같이 행동했으나 왜왕이 의심했다.

백제의 참소와 신라 습격을 꾀하는 왜 | 백제인 중에 전에 왜에 들어간 자가 신라가 고구려와 함께 왕의 나라를 도모하려 한다고 참소했으므로, 왜가 드디어 군사를 보내 신라 국경 밖에서 순회 정찰케 했다. 마침 고구려가 쳐들어와 왜의 순라군(巡邏軍)을 포로로 삼고는 죽였으므로, 왜왕은 이에 백제인의 말을 사실로 여겼다. 또한 신라왕이 미사흔과 제상의 가족을 옥에 가두었다는 말을 듣고 제상을 정말 반한 자로 여겼다. 이에 (왜왕은) 군사를 보내 장차 신라를 습격하려 하면서 제상과 미사흔을 장수로 임명해 향도(嚮導)로 삼아 바다 가운데 산도(山島)에 이르렀다.

　왜의 여러 장수가 몰래 의논하기를, 신라를 멸한 뒤에 제상과 미사흔의 처자를 잡아 데려오자 했다. 제상이 이를 알고 미사흔과 함께 배를 타고 놀며 고기와 오리를 잡는 척하자, 왜인이 이를 보고 딴 마음이 없다고 여겨 기뻐했다.

미사흔을 구출하고 화형되는 박제상 | 이에 제상은 미사흔에게 슬그머니 본국으로 돌아갈 것을 권하니 미사흔이 말하기를 "제가 장군을 아버지처럼 받들었는데, 어떻게 혼자서 돌아가겠습니까?"라고 했다. 제상이 말하기를 "만약 두 사람이 함께 떠나면 계획이 이루어지지 못할까

염려됩니다"라고 하니, 미사흔이 제상의 목을 껴안고 울며 하직하고 귀국했다.

　(이튿날) 제상은 방 안에서 혼자 자다가 늦게야 일어나니, (이는) 미사흔이 멀리 도망가게 하려 함이었다. 여러 사람이 묻기를 "장군은 어찌 이처럼 늦게 일어납니까" 하니 "어제 배를 탄 몸이 노곤하여 일찍 일어날 수 없습니다"라고 대답했다.

　(제상이) 밖으로 나오자, 미사흔이 도망했음을 알고 드디어 제상을 결박하고, 배를 달려 추격했으나 마침 안개가 연기처럼 자욱하고 어둡게 껴서 멀리 바라볼 수가 없었다. 제상을 왜왕의 처소로 돌려보냈더니, 그를 목도(木島)로 유배보냈다가 곧 사람을 시켜, 섶에 불을 질러 전신을 불태운 후에 목을 베었다.

대아찬 추증과 미사흔의 결혼 | 대왕이 이 소식을 듣고 애통해하고, 대아찬을 추증하는 한편 그 가족에게는 후한 물품을 내렸다. 또 미사흔에게 제상의 둘째 딸을 맞아 아내로 삼게 함으로써 보답했다. 앞서 미사흔이 돌아올 때 (왕이) 6부에 명해 멀리까지 나아가 맞이하게 했으며, 만나게 되자 손을 잡고 서로 울었다. 마침 형제들이 술자리를 마련하고 마음껏 즐길 때 왕은 노래와 춤을 스스로 지어 자신의 뜻을 나타냈는데, 지금 향악의 「우식곡(憂息曲)」이 그것이다.

『삼국사기』 권45 열전5 박제상

　이는 너무나 잘 알려진 내용이므로 중언부언할 필요는 없을 것이다. 다만 볼모로 파견된 눌지왕의 두 동생 복호와 미사흔을 구출하기 위해 두 나라로 들어갈 때 박제상이 삽량주간이라는 지방관이었다는 사실에는 주목하기 바란다. 삽량주는 지금의 경남 양산에 있던 신라의 지방행정구역이다. 이곳을 통치하는 삽량주간이 17등급으로 나누어진 신라 관위(官位)체계 중에서 정확히 몇 등급이었는지 기록만으로는 알 수 없다.

하지만 그리 높지 않은 중간급이었음은 확실하다. 그것은 박제상이 미사흔을 구출하고 장렬히 죽은 다음 그에게 추증된 관위가 제5위인 대아찬(大阿飡)이라는 점에서도 알 수 있다. 이로 보아 박제상은 생전의 마지막 관위가 6등급 이하였음이 분명하다.

이와 관련해 같은 『삼국사기』 신라본기 눌지마립간 2년(418)조에는 이 해 정월에 "왕의 동생 복호가 고구려에서 나마(奈麻) 제상과 함께 돌아왔다"고 했다. 나마는 신라 17관위 중 제11위에 지나지 않는다. 복호를 고구려에서 귀환케 한 다음 혹시 관위가 상승했는지 알 수 없으나 어쨌든 박제상이 삽량주간으로서 한창 외교 전선에서 활동할 때 관위는 나마 정도였음이 확실하다. 이런 그가 제5위인 대아찬으로 추증됐으니 대단히 파격적인 처사임에는 틀림없다. 또 귀국한 미사흔이 눌지왕의 주선으로 박제상의 둘째 딸과 혼인했다는 사실도 기억해두어야 할 것이다.

박제상 열전에 기록된 박제상의 계보도 아울러 주목된다. 이에 따른다면 박제상은 신라 시조 박혁거세의 후손이며 제5대 파사이사금 5세손이다. 할아버지는 아도갈문왕이고 아버지 또한 제4위인 파진찬을 지낸 물품이라 했으니 꽤 상당한 세력가의 후손임은 분명하다.

아도갈문왕은 누구인가? 박제상이 그의 손자요, 파사왕 5세손이라 했으니 아도는 파사왕에게는 손자였음에 틀림없다. 여기서 주목되는 사실은 아도가 갈문왕이라는 사실이다. 다른 갈문왕 추봉 사례에서 보건대 아도는 아마도 그가 죽은 다음 그 아들이나 딸이 왕이나 왕비가 됨으로써 갈문왕에 추봉되었을 것이다.

김제상

이제 『삼국유사』의 내물왕과 김제상조 이야기 전체를 살펴보자. 단락과 소제목 설정은 『삼국사기』의 경우와 같다.

왜국의 볼모 미해 | 나밀왕이 즉위한 36년 경인(庚寅, 390)에 왜왕이 보낸 사신이 와서 말했다. "우리 임금님이 대왕이 신성하시다는 말씀을 듣고 신(臣) 등에게 백제가 지은 죄를 대왕에게 아뢰게 하셨습니다. 원컨대 대왕께서는 왕자 한 분을 보내셔서 우리 임금께 신의를 표하도록 하십시오."

이에 왕은 셋째 아들 미해〔美海, 미토희(未吐喜)라고도 한다〕를 왜국에 보냈다. 이때 미해는 열 살이었다. 말하는 것이나 행동이 아직 익숙하지 못했으므로 내신(內臣) 박사람(朴娑覽)을 부사(副使)로 삼아 같이 보냈다. 왜왕은 이들을 30년 동안이나 억류하고는 돌려보내지 아니했다.

고구려 볼모 보해 | 눌지왕이 즉위한 3년 기미(己未, 419)에 고구려 장수왕의 사신이 와서 말했다. "우리 임금은 대왕의 아우 보해(寶海)가 지혜와 재주가 뛰어나다는 말을 들으시고는 서로 친하게 지내시고자 해서 특히 소신을 보내어 간청합니다." 왕은 이 말을 듣고 매우 다행스럽게

여겼다. 이 일로 해서 화친하기로 마음을 정하고 아우 보해를 고구려로 가게 했다. 그리고 내신 김무알(金武謁)을 보좌로 삼아 함께 보냈더니 장수왕도 그들을 억류해두고 돌려보내지 않았다.

아우들에 대한 눌지의 그리움 | 눌지왕 10년 을축(乙丑, 425)에 왕은 여러 신하들과 나라 안 호협(豪俠)한 사람들을 모아놓고 친히 잔치를 베풀었다. 술이 세 순배 돌고 모든 음악이 울려 퍼지자 왕은 눈물을 흘리면서 여러 신하에게 말했다. "옛날 우리 아버님께서는 성심껏 백성의 일을 생각하신 까닭에 사랑하는 아들을 동쪽 멀리 왜국까지 보내셨다가 마침내 다시 만나보지 못하고 돌아가셨소. 또 내가 왕위에 오른 뒤로 이웃나라 군사가 몹시도 강성해 전쟁이 그칠 새가 없었소. 한데 유독 고구려만이 화친하자는 말이 있어 나는 그 말을 믿고 아우를 고구려에 보냈으나, 고구려도 억류해두고 돌려보내지 않소. 그러니 내 아무리 부귀를 누린다 한들 일찍이 하루라도 이 일을 잊고 울지 않는 날이 없었소. 만일이 두 아우를 만나보고 함께 아버님 사당에 뵙게 된다면 온 나라 사람에게 은혜를 갚겠소. 누가 능히 이러한 계책을 이룰 수 있겠소."

이 말을 듣자 백관(百官)이 입을 모아 아뢰었다. "이 일은 쉽지는 않습니다. 반드시 지혜와 용맹을 겸한 사람이라야만 될 것입니다. 신 등이 생각건대 삽라군(歃羅郡) 태수 제상이 좋을 듯합니다."

보해를 탈출케 한 김제상 | 이에 왕은 제상을 불러 물었다. 제상은 두 번 절하고 대답했다. "신이 듣기로 임금에게 근심이 있으면 신하가 욕을 당하며 임금이 욕을 당하면 신하는 죽는다고 합니다. 만일 일이 어렵고 쉬움을 따져 행한다면 이는 충성스럽지 못한 것이고, 또 죽고 사는 것을

생각한 뒤에 움직인다면 이는 용맹이 없는 것입니다. 신이 비록 불초하오나 왕의 명령을 받아 행하고자 합니다."

왕은 이를 매우 가상히 여겨 술잔을 나누어 마시고 손을 잡아 작별했다. 제상은 왕 앞에서 명령을 받고 바로 북해(北海) 길로 향해 옷을 바꿔 입고는 고구려에 들어가 보해가 있는 곳으로 가 함께 도망할 일자를 약속해놓았다. 제상은 먼저 5월 15일에 고성(高城) 포구에 와서 배를 대고 기다리고 있었다.

약속한 날짜가 가까워지자 보해는 병을 핑계대고 며칠 동안 조회에

나가지 않았다. 그러다가 밤중에 도망쳐 고성 바닷가에 이르렀다. 고구려왕이 이를 알고 수십 명 군사를 시켜 쫓게 하니 고성에 이르러 따라잡게 되었다. 그러나 보해는 고구려에 있을 때 늘 좌우의 사람들에게 은혜를 베풀어왔기에 쫓아온 군사가 그를 불쌍히 여겨 모두 화살촉을 뽑고 활을 쏘니 몸을 다치지 않고 돌아올 수 있었다.

왜국으로 떠나는 김제상 | 눌지왕은 보해를 만나보자 미해를 생각하는 마음이 더욱 간절했다. 한편으로는 기뻐하고 한편으로는 슬퍼하며 눈물을 흘리면서 좌우에 말했다. "마치 한 몸에 팔뚝이 하나만 있고, 한 얼굴에 한쪽 눈만 있는 것 같소. 비록 하나는 얻었으나 하나는 잃은 그대로이니 어찌 마음이 아프지 않겠소."

이때 제상이 이 말을 듣고는 말을 탄 채 두 번 절하며 임금에게 하직하고는 집에도 들르지 않고 바로 율포 갯가에 이르렀다. 그 아내가 소식을 듣고 말을 달려 율포까지 쫓았으나 남편은 이미 배에 오른 뒤였다. 아내는 간곡하게 남편을 불렀다. 하지만 제상은 다만 손을 흔들어 보일 뿐 배를 멈추지 않았다.

도망자로 가장한 김제상 | 그는 왜국에 도착해 거짓말을 했다. "계림왕(鷄林王)이 아무 죄 없는 우리 부형을 죽였기로 도망해서 여기 왔습니다." 왜왕은 이 말을 믿고 제상에게 집을 주어 편히 살게 했다. 이때 제상은 늘 미해를 모시고 해변에 나가 놀며 물고기와 새를 잡아다 왜왕에게 바치니 왜왕이 매우 기뻐해 제상을 조금도 의심하지 않았다.

미해를 구출한 김제상 | 어느 날 새벽 마침 안개가 자욱하게 끼었는데

제상이 미해에게 "지금 빨리 떠나십시오"라고 말했다. 미해는 "그러면 같이 떠나자"고 했으나 제상은 말했다. "신이 같이 떠난다면 왜인들이 알고 뒤를 쫓을 것입니다. 원컨대 신은 여기 남아 뒤쫓음을 막겠나이다." 미해가 다시 말했다. "지금 나는 그대를 부형처럼 여기고 있는데 어찌 그대를 버려두고 혼자서 돌아간단 말이오." 제상은 말했다. "신은 공의 목숨을 구하는 것으로, 대왕의 마음을 위로해드리면 그것으로 만족할 뿐이니 어찌 살기를 바라겠습니까." 그러고는 술을 부어 미해에게 올렸다. 이때 계림 사람 강구려(康仇麗)가 왜국에 와 있었는데 그에게 (미해를) 호송케 했다.

미해를 떠나보내고, 제상은 미해 방에 들어가 이튿날 아침까지 머물렀다. 미해를 모시는 좌우 사람들이 방에 들어가보려 하자 제상이 나와 말리면서 말했다. "미해공은 어제 사냥하는 데 따라다니느라 몹시 피로해서 일어나지 않았습니다." 그러나 저녁때가 되자 좌우 사람들이 이상히 여겨 다시 물으니 그제서야 제상은 대답했다. "미해공은 떠난 지 이미 오래 되었소."

왜왕의 회유와 화형되는 김제상 | 좌우 사람들이 급히 달려가 왜왕에게 고하자 왕은 기병을 시켜 뒤를 쫓게 했으나 따라잡지 못했다. 이에 왕은 제상을 가두고 다그쳤다. "너는 어찌하여 네 나라 왕자를 몰래 돌려보냈느냐?" 제상이 대답했다. "나는 계림의 신하이지 왜국 신하가 아니오. 이제 우리 임금님 소원을 이루어드렸을 뿐인데, 어찌 이 일을 그대에게 말하겠소." 왜왕은 노했다. "이제 너는 이미 내 신하가 되었음에도 계림 신하라고 말하느냐. 그렇다면 반드시 오형(五刑)을 갖추어 너에게 쓸 것이다. 만일 왜국 신하라고만 말한다면 후한 녹을 상으로 주리

라." 제상이 말했다. "차라리 계림의 개돼지가 될지언정 왜국 신하가 되지는 않겠소. 차라리 계림의 형벌을 받을지언정 왜국의 작록(爵祿)을 받지 않겠소이다."

왜왕은 격노해 제상의 발 가죽을 벗기고 갈대를 벤 위를 걸어가게 했다. 다시 물었다. "넌 어느 나라 신하냐." "계림의 신하다." 왜왕은 또 쇠를 달구어 그 위에 (제상을) 세워놓고 다시 물었다. "어느 나라 신하냐." "계림의 신하다." 왜왕은 그를 굴복케 할 수 없음을 알고는 목도(木島)에서 불태워 죽였다.

다시 만난 형제 | 미해는 바다를 건너 돌아왔다. 그는 먼저 강구려를 시켜 나라 안에 이 사실을 알렸다. 눌지왕은 놀라고 기뻐하여 백관에 명하여 미해를 굴헐역(屈歇驛)에 나가 맞게 했다. 왕은 아우 보해와 함께 남교(南郊)에 나가 친히 미해를 맞아 대궐로 들이고, 잔치를 베풀며 국내에 대사령(大赦令)을 내려 죄수를 풀어주었다.

또 제상의 아내를 국대부인(國大夫人)에 봉하고는 그 딸을 미해공의 부인으로 삼게 했다.

이때 사람들이 말했다. "옛날에 한나라 신하 주가(周苛)가 형양(滎陽) 땅에 있다가 초(楚)나라 군사에게 포로가 된 일이 있었다. 이때 항우가 주가에게 말하기를, '네가 만일 내 신하 노릇을 한다면 만호후(萬戶侯)를 주겠다'고 했다. 그러나 주가는 항우를 꾸짖고 굴복하지 않으므로 그에게 죽음을 당했다. 이번 제상의 죽음은 주가만 못하지 않다."

죽어 치술신모가 된 김제상 부인 | 처음에 제상이 신라를 떠날 때 부인이 듣고 남편 뒤를 쫓아갔으나 따르지 못했다. 이에 망덕사(望德寺) 문

남쪽 모래사장에 이르러 주저앉아 길게 부르짖었는데, 이런 일이 있었다 해서 그 모래사장을 장사(長沙)라 했다. 친척 두 사람이 부인을 부축해 돌아오려 하자 부인은 다리를 뻗은 채 앉아 일어나지 못했다. 그래서 그곳을 벌지지(伐知旨)라고 한다. 이런 일이 있은 지 오래된 뒤에 부인은 남편을 사모하는 마음을 이기지 못하고 세 딸을 데리고 치술령에 올라 왜국을 바라보며 통곡하다가 죽고 말았다. 그래서 그를 치술신모(鵄述神母)라 하는데, 지금도 그를 제사 지내는 사당이 있다.

『삼국유사』 권1 기이2 내물왕 김제상

김제상이 만고(萬古)의 충신이라는 이미지는 『삼국사기』보다 사실 『삼국유사』에서 비롯되었다. 그러한 면모는 내 신하가 되면 살려

※ **치산서원** | 신라인들은 박제상과 그 부인, 딸들의 충적을 기리기 위한 사당을 세우고 해마다 제사를 지냈다. 이 사당은 조선시대에 치산서원으로 바뀌었다.

주겠다는 왜왕의 회유에 대해 김제상이 "나는 계림의 신하다. 차라리 계림의 개돼지가 될지언정, 왜국 신하가 되지는 않을 것이다"고 대꾸하는 데서 알 수 있다. 여기서 신라에 대한 그의 충성심은 극을 향해 치닫는다.

정통 유학자인 김부식이 편찬 감수한 『삼국사기』보다 이른바 불교계 저술로 알려진 『삼국유사』가 김제상을 더욱 충신으로 설정하고 있음은 다소 의외다. 사실 한국인에게 각인된 충신의 대명사 김제상은 그 뿌리가 『삼국사기』가 아니라 『삼국유사』에 있었다.

김제상이 왜국으로 가서 볼모인 미해를 구출하는 과정에서 미세한 차이가 『삼국유사』의 여러 부분에서 관찰되기는 해도 큰 줄기에서 보자면 『삼국사기』와 그다지 어긋남이 없다. 그러나 『삼국유사』와 『삼국사기』가 확연히 구별되는 대목이 있다. 김제상의 유가족, 특히 그 부인에 대한 기술이 『삼국유사』에 꽤 많다는 사실이다. 그렇다면 김제상의 부인은 누구인가?

국대부인

왕의 동생들을 구출하고 죽은 박제상과 그 유가족에 대해 『삼국사기』는 신라 눌지왕이 박제상을 대아찬에 추증하고 그 가족에게 후한 물품을 내렸다고만 기록하는 반면, 『삼국유사』는 그 부인을 국대부인에 봉했다는 사실을 특기하고 있다. 국대부인이란 도대체 무엇일까.

국대부인은 문자 그대로 '나라 안에서 가장 큰 부인'이다. 여기

서 비교 대상은 물론 여성이다. 그러니 국대부인의 범위를 더욱 좁히면 '그 나라 안 여성 중에서도 가장 큰 부인'이 된다. 이러한 뜻만으로도 남편 박제상이 비명 횡사한 후 그 부인이 신라에서 차지한 위상이 어느 정도 가늠된다.

그렇다면 국대부인의 역사적 맥락은 어떻게 되는가? 삼국시대에 국대부인으로 책봉된 사례는 박제상 부인이 처음이자 마지막이다. 따라서 이것만으로 그 위상이라든가 정체를 정확히 파악하기란 결코 쉽지 않다.

하지만 고려시대와 조선시대로 접어들

면, 더 많은 국대부인의 존재뿐 아니라, 그에 대한 법적 규정 또한 기록으로 확인된다. 그렇지만 주의해야 한다. 고려와 조선시대에서 확인한 국대부인의 의미가 치술에게도 고스란히 적용되는 것은 아니기 때문이다. 하지만 우리는 후대에 등장하는 국대부인을 분석함으로써, 박제상의 부인인 치술에게 적용된 국대부인의 정체를 어느 정도 가늠할 수 있다.

치술령의 치술신모, 그 정체는?

『삼국유사』에서 볼 수 있는, 김제상의 부인과 관련된 언급 중에 주목할 만한 대목이 있다. 그의 부인이 치술령이란 곳에 올라 남편이 죽은 땅인 왜국을 바라보고는 통곡하다 죽어 치술신모가 되었다는 언급이 그것이다. '신모(神母)'란 글자 그대로 신들의 어머니라는 뜻이니 도대체 박제상(김제상) 부인은 어떻게 신(들)의 어머니가 되었는가?

『삼국유사』는 이 점을 충분히 설명해 주지 못한다. 다만 억울하게 죽은 그의 처지를 사람들이 비통하게 여겨 신모로 삼아 제사를 드리곤 했다는 정도밖에 설명할 수 없다. 하지만 치술신모라는 신격화된 그의 이름과 그가 배향되어 제사 지내지고 있는 치술령이라는 산 이름을 분석하는 과정에서 그 비밀이 어느 정도는 풀린다.

『삼국유사』 중에서도 첫 대목인 왕력(王曆)은 쉽게 말해 연표에 해당한다. 즉 신라·고구려·백제·가락(駕洛, 가야)의 각 왕조별 왕위 계승 관계를 중국 연대에 맞춰 표로 그려넣은 것이다. 이러한 왕

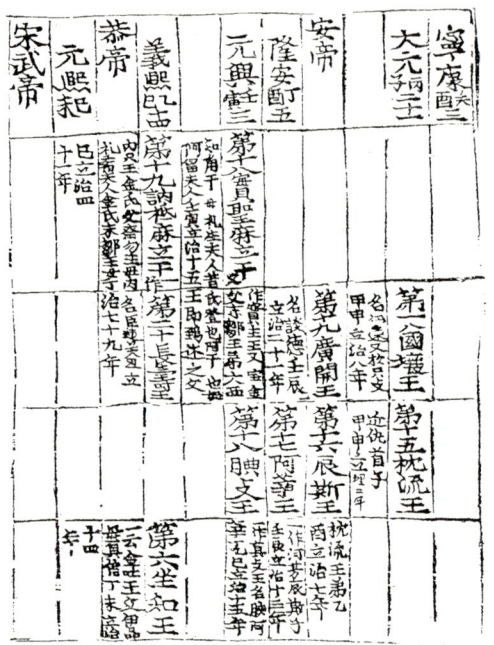

력은 뒤쪽에 신라·후고구려·후백제의 이른바 후삼국 각 왕조 연대를 덧붙이고 있다.

『삼국사기』 연표가 단순히 각 왕조별 연대 대조표인 데 반해 『삼국유사』 왕력편은 역대 왕의 출생·즉위·치세 등을 중심으로 주요한 역사적 사실을 간단하게 서술하고 있다.

⊗ **「삼국유사」 왕력편** | 역대 왕들의 통치기간이나 치적 등을 기록한 연표. 「삼국유사」 왕력편은 치술의 아버지가 실성왕임을 알려준다.

박혁거세의 신라 건국에서 시작하는 이러한 왕력편을 죽 따라 읽어 내려가다보면 신라 제18대 실성마립간을 만나게 된다. 실성마립간에 대해 『삼국유사』 는 다음과 같은 설명을 붙이고 있다.

실주왕(實主王)이라고도 하고 보금(寶金)이라고도 한다. 아버지는 미추왕 동생인 대서지(大西知) 각간이다. (어머니는) 예생(禮生) 부인으로 석씨(昔氏)이며 등야(登也) 아간(阿干) 딸이다. 왕비는 아류(阿留) 부인이다. 임진년에 왕이 되어 15년을 다스렸다. 왕은 치술(鵄述)의 아버지다.

『삼국유사』 권1 왕력1

이처럼 『삼국유사』는 실성왕이 치술의 아버지였음을 공포하고 있다. 그럼에도 많은 신라사 연구자들은 이 구절이 정확히 무엇을 의미하는지를 주목하지 않았다. 그러니 "왕은 치술의 아버지다"라는 선언이 폭로하는 신라사의 진면목을 포착할 수 없었던 것이다. 이 말은 같은 『삼국유사』 내물왕과 김제상조 이야기에 등장하는 치술령 혹은 치술신모의 치술이 바로 박제상(김제상)의 부인 이름이라는 선언인 셈이다. 하지만 그럼에도 지금까지 어느 누구도 박제상의 부인 이름이 치술이며, 그가 바로 실성왕의 딸이라는 사실을 감지하지 못했다.

남편 박제상에 대한 절절한 사랑, 나아가 그 절절한 사랑의 대상을 죽음으로 이끈 왜국에 대한 끊임없는 분노를 저 치술령은 알고 있을까?

| 김태식 |

김용선, 「박제상 소고」 『전해종박사화갑기념사학논총』, 1982.
선석열, 「박제상의 출자와 관등 나마」 《경대사론》 10, 1997.
주보돈, 「박제상과 5세기 초 신라의 정치 동향」 《경북사학》 21, 1998.
이종욱, 『화랑세기로 본 신라인 이야기』, 김영사, 2000.
김태식, 『화랑세기, 또 하나의 신라』, 김영사, 2002.

신라의 파리스와 헬레나
—김품석과 검일의 부인

642년의 역사적 사건

　7세기 중엽은 고구려 · 백제 · 신라 삼국이 치열한 전쟁을 치르며 서로 대립하던 시기이다. 특히 642년은 삼국에서 각각 정치적으로 중요한 사건들이 발생했다는 공통점이 있다. 고구려에서는 연개소문(淵蓋蘇文)이 영류왕을 포함하여 100여 명의 귀족을 죽이는 정변을 일으키고 새롭게 보장왕을 즉위시키며 정권을 장악했고, 백제에서는 의자왕이 왕권을 강화하기 위해서 왕족과 귀족 40여 명을 섬으로 추방하는 사건이 일어났다. 또한 신라는 서쪽 국경의 중요한 전략적 요충지인 대야성을 포함한 40여 성이 백제에게 함락되는 국가적인 위기를 맞게 되었다. 642년에 발생했던 이러한 사건들은 각각의 개별적인 것이 아니라 이후에 삼국이 서로 관련을 맺게 되는 하나의 큰 사건으로 이어졌고, 마침내 신라에 의해서 삼국통일이라는 결과로 나타났다. 이 거대한 역사적인 변화는 김품석(金品釋)이 지키고 있던 대야성이 함락되면서부터 비롯되었다.

대야성의 함락

대야성은 지금의 경상남도 합천(陜川)이다. 이곳은 백제에서 신라의 수도인 경주로 가기 위해서, 또는 신라에서 백제의 수도인 부여로 가기 위해서 반드시 거쳐야 하는 곳이었다.

따라서 이곳은 두 나라 모두에게 있어서 대단히 중요한 전략적인 요충지였다.

이와 같은 중요성을 반영하듯이 대야성을 지키던 사람은 진골귀족인 이찬(伊湌) 김품석이었다. 그는 당시 신라의 정치적 실력자인

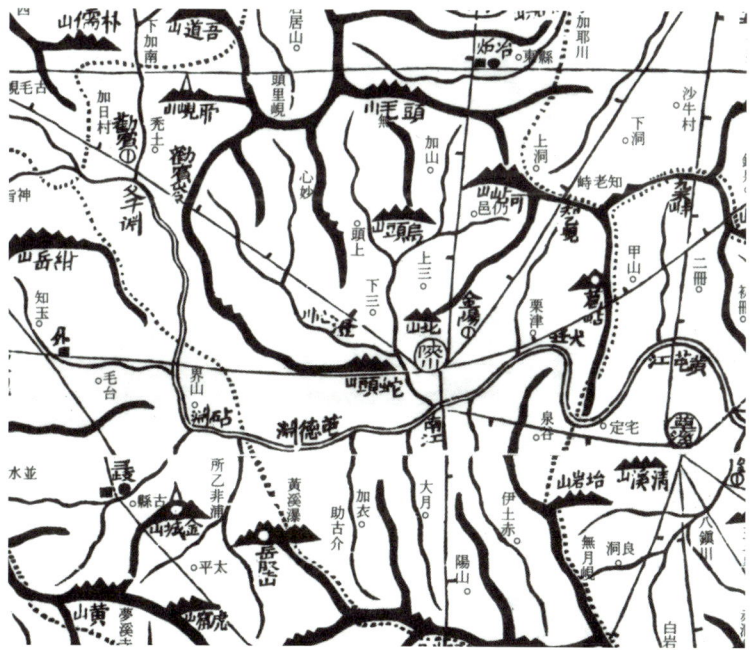

❀ **대야성** | 『대동여지도』의 합천. 대야성은 지금의 합천으로 이곳은 백제에서 경주로 갈 때 반드시 거쳐야 하는 신라 서쪽 변경의 군사적 요충지였다.

김춘추(金春秋)의 딸인 고타소랑(古陁炤娘)의 남편이었으니, 김춘추의 사위였다.

김품석은 당시 치열하게 전개되었던 백제와의 관계에서 신라의 군사적 요충지인 대야성을 굳건하게 지켜야 함에도 불구하고, 자신의 직무를 충실하게 수행하지 못하여 결국 국가적인 위기를 초래했다.

김품석이 직무를 충실하게 수행하지 못했던 원인은 자신의 부하 검일(黔日)의 부인과의 관계에서 비롯되었다.

이달에 백제 장군 윤충(允忠)이 군사를 이끌고 대야성을 공격하여 함락시켰는데, 도독(都督) 이찬 품석과 사지(舍知)·죽죽(竹竹)·용석(龍石) 등이 죽었다.

『삼국사기』 권5 신라본기5 선덕왕 11년 8월

8월에 장군 윤충을 보내어 군사 1만 명을 거느리고 신라의 대야성을 공격했다. 성주 품석이 처자와 함께 나와 항복하자 윤충은 모두 죽이고 그 머리를 베어 왕도(王都)에 전달했으며, 남녀 1,000여 명을 사로잡아 나라 서쪽의 주현(州縣)에 나누어 살게 했다.

『삼국사기』 권28 백제본기6 의자왕 2년 8월

선덕대왕 11년 임인(壬寅)에 백제가 대량주(大梁州)를 격파했을 때 춘추공(春秋公)의 딸 고타소랑이 남편 품석을 따라 죽었다.

『삼국사기』 권41 열전1 김유신 상

(선덕)왕 11년 임인 가을 8월에 백제 장군 윤충이 군사를 거느리고 와

서 대야성을 공격했다. 이보다 앞서 도독 품석이 막객(幕客)인 사지(舍知) 검일의 부인이 예뻐서 이를 빼앗았으므로 검일이 한스럽게 여기고 있었다. 이때에 이르러 (검일이) 백제군에 내통하여 그 창고를 불태웠으므로 성 안의 사람들이 두려워하여 굳게 막지 못했다. (중략)

품석이 (이 말을) 받아들이지 않고 문을 열어 군사를 먼저 내보냈는데, 백제의 복병이 나타나서 모두 죽였다. 품석이 장차 나가려고 하다가 장수와 군사들이 죽었다는 말을 듣고 먼저 처자를 죽이고, 스스로 목을 찔러서 죽었다.

『삼국사기』 권47 열전7 죽죽

대야성의 함락과 김품석의 죽음에 대한 내용이 『삼국사기』 여러 곳에 기록되었다는 것은 곧 이 사건의 중요성이 얼마나 큰지를 의미한다.

김품석은 자신의 부하인 검일의 부인이 아름답다는 것을 알고 강제로 빼앗았다. 검일은 부인을 억울하게 빼앗긴 것을 한스럽게 여기고 있다가 백제가 공격하자 신라를 배반하고 백제와 내통하여 대야성이 함락

❀ **죽죽비** | 죽죽은 대야성이 함락될 때 용석 등과 용감히 싸우다가 전사했다.

되게 만들었다. 이와 같이 대야성이 함락된 것은 검일의 부인이라는 아름다운 여인을 사랑했던 김품석의 빗나간 개인적인 욕심에서 비롯되었다. 그러나 이 사건은 김품석 자신은 물론 그 가족의 죽음과 함께 신라의 국가적인 위기를 초래하는 비극으로 이어졌다. 결국 김품석은 다른 사람의 행복을 빼앗은 가해자인 동시에 자신과 그 가족마저 죽음을 맞는 피해자가 되었다.

김춘추 가문의 충격

대야성이 함락되었다는 소식이 신라 조정에 전해졌을 때 그 충격은 실로 대단했다. 특히 자신의 딸을 포함하여 사위와 손자까지 죽음으로써 가장 큰 피해를 입은 김춘추의 놀라움과 슬픔은 말할 수 없을 만큼 컸다.

겨울에 (선덕)왕이 장차 백제를 쳐서 대야성에서의 싸움을 보복하려고 하여 이찬 김춘추를 고구려에 보내어 군사를 청했다. 처음 대야성이 패했을 때 도독 품석의 아내도 죽었는데, 이는 춘추의 딸이었다.

춘추가 이를 듣고 기둥에 기대어 서서 하루 종일 눈도 깜박이지 않았고, 사람이나 물건이 그 앞을 지나가도 알아보지 못했다. 얼마 후에 "슬프다! 대장부가 되어 어찌 백제를 삼키지 못하겠는가?"라 하고는 곧 왕을 찾아 뵙고 "신이 고구려에 사신으로 가서 군사를 청하여 백제에게 원수를 갚고자 합니다"라고 하니, 왕이 허락했다.

『삼국사기』 권5 신라본기5 선덕왕 11년 겨울

위의 기록은 당시 김춘추가 받은 충격이 얼마나 컸는지를 잘 알려준다.

그러나 김춘추가 받은 충격은 단순히 혈육의 죽음 때문만은 아니었을 것이다. 당시 신라는 백제와 치열한 전쟁을 벌이고 있었는데, 그 과정에서 많은 사람들이 전장에서 용감하게 싸우다 죽었다. 그러나 김춘추의 사위인 김품석은 개인적인 욕심 때문에 군사적 요충지인 대야성이 함락되게 했을 뿐만 아니라 싸우지도 않고 항복했다. 이것은 화랑도(花郞徒)의 세속오계(世俗五戒) 중에서 임전무퇴(臨戰無退)의 정신으로 싸우던 당시 신라의 시대적인 상황에 어긋나는 행동으로, 김춘추에게는 적지 않은 부담이 되었을 것이다. 또한 대야성은 김춘추와 김유신 세력의 인적, 물적인 기반의 토대이자 그들의 세력을 유지하는 배경이었다.

이러한 사실들이 김춘추에게는 큰 정치적 부담으로 작용했을 것이다. 따라서 "하루 종일 눈도 깜박이지 않았고, 사람이나 물건이 그 앞을 지나가도 알아보지 못했다"는 기록은, 대야성이 함락됨으로써 앞으로 전개될 대내외적인 정치적 변화와 함께 그 과정에서 사위 김품석이 보여준 행동으로 말미암아 자신에게까지 끼치게 될 파급에 대한 대책을 마련하기 위해서 고뇌하는 김춘추의 모습을 표현한 것이라고 할 수 있다.

고뇌를 거치면서 선택한 해결책은 이후 김춘추의 본격적인 외교 활동으로 나타나게 되었다. 그 첫 번째로 그는 고구려에 군사를 요청하기 위해서 자신이 직접 사신으로 가는 방법을 선택했다. 그러나 고구려는 신라의 진흥왕에게 한강 유역을 빼앗긴 이후에 백제와 동맹을 맺고 신라에 대해서 적대적인 관계를 유지하고 있었다. 더구나 당시 고구려는 정변을 일으킨 연개소문이 정권을 잡고 있었다. 이러한 상황에서 고구려에 사신으로 간다는 것은 임무의 성공 여부를 떠나서 자신의 신변의 안전조차 장담할 수 없을 정도로 위험한 모험이었다.

위험을 무릅쓰고 고구려에 간 김춘추는 죽령(竹嶺) 이북의 땅을 돌려달라는 요청을 거절하여 감금되었다.

그러나 고구려의 관리인 선도해(先道解)로부터 '토끼의 간' 또는 '별주부전'으로 알려져 있는 이야기를 듣고 기지를 발휘하여 위기에서 벗어나 무사히 돌아올 수 있었다. 물론 김춘추의 정치적인 동반자이자 혈연적으로 처남관계였던 김유신의 활약이 있었기에 가능한 일이었다.

고구려에서 돌아온 김춘추는 바다 건너 왜로 건너갔지만 여기서도 자신의 목적을 이루지 못했다. 그리하여 최후로 선택한 것이 당(唐)이었으며, 마침내 당 태종과 나당동맹(羅唐同盟)을 체결함으로써 신라가 삼국을 통일할 기반을 마련하게 되었다.

한편 대야성이 함락되면서 죽은 김품석과 고타소랑의 유해는 그 후에 신라로 돌아오게 되었다. 그 과정에도 역시 김유신의 활약이 있었다.

(압량)주의 군사를 선발하여 훈련시켜 적에게 나가게 하여 대양성(大梁城)에 이르니, 백제가 맞서 대항했다. 거짓으로 패배하여 이기지 못하는 척하여 옥문곡(玉門谷)까지 후퇴하자 백제가 가볍게 보고 대군을 이끌고 왔으므로 복병이 그 앞뒤를 공격하여 크게 물리쳤다. 백제의 장군 8명을 사로잡고, 목을 베거나 포로로 잡은 수가 1,000명에 달했다. 이에

사신을 백제의 장군에게 보내 말하기를 "우리의 군주(軍主) 품석과 그의 부인 김씨의 뼈가 너희 나라 옥중에 묻혀 있고, 지금 너희의 부장 8명이 나에게 잡혀 있어 엎드려 살려달라고 했다. 나는 여우나 표범도 죽을 때에는 고향으로 머리를 돌린다는 말을 생각하여 차마 죽이지 못하고 있다. 이제 그대가 죽은 두 사람의 뼈를 보내어 산 8명과 바꿀 수 있겠는가?"라고 했다. (중략) 이에 품석 부부의 뼈를 파내어 관에 넣어 보냈다.

『삼국사기』 권41 열전1 김유신 상

❀ **옥문곡** | 선덕여왕의 선견지명과 관련된 곳으로 당시 백제는 신라의 수도 근처까지 침입했다.

김품석과 그의 부인의 시신은 대야성이 함락된 이후에도 계속 백제의 옥중에 묻혀 있었다. 그러다가 김유신이 사로잡은 백제의 장군 8명과 교환하는 조건으로 약 6년 만인 648년(진덕왕 2)에 신라로 돌아오게 되었다.

비록 사위와 딸의 유해를 다시 찾을 수 있었지만, 김춘추를 포함한 그의 가문에게는 이 사건이 씻을 수 없는 치욕과 큰 상처로 남았던 것 같다.

13일에 의자왕이 좌우 측근을 데리고 밤을 타서 도망하여 웅진성(熊津城)에 몸을 보전하고, 의자왕의 아들 융(隆)은 대좌평(大佐平) 천복(千福) 등과 함께 나와서 항복했다. 법민(法敏)이 융을 말 앞에 꿇어앉히고 얼굴에 침을 뱉으며 꾸짖어 말하기를 "예전에 너의 아비가 나의 누이를 억울하게 죽여 옥중에 묻은 적이 있다. (그 일은) 나로 하여금 20년 동안 마음이 아프고 골치를 앓게 했는데, 오늘 너의 목숨은 내 손 안에 있구나!"라고 했다. 융은 땅에 엎드려 말이 없었다.

『삼국사기』 권5 신라본기5 무열왕 7년 7월 13일

김품석과 그의 부인의 죽음은 김춘추 가문에게는 "20년 동안 마음이 아프고 골치를 앓게" 했던 씻을 수 없는 치욕과 큰 상처로 남아 있었다.

김춘추와 김유신은 그 치욕과 상처를 치유하기 위해서 두 가문을 중심으로 백제를 멸망시키고자 노력했다. 그리하여 이러한 사실을 "김춘추 가문의 개인적인 불행을 국가적인 불행으로 승화"시킨 것으로 이해하기도 한다.

또 다른 피해자 검일

김품석이 다른 사람의 부인을 빼앗은 가해자인 동시에 자신과 그 가족마저 죽게 되는 피해자였다면, 상대적으로 자신의 부인을 빼앗기고도 울분을 참아야 했던 또 다른 피해자가 있었으니 바로 검일이었다.

검일의 부인은 그 이름이 알려져 있지 않다. 그리고 검일의 부인에 대해서는 김품석이 강제로 빼앗았다는 것 이외에 다른 기록이 없기 때문에 그 이후의 행적은 자세히 알 수가 없다. 더 이상의 기록이 없다는 사실로 미루어 아마도 대야성이 함락되었을 때 죽었을 것으로 생각하는 편이 자연스러울 것이다.

그러나 검일에 대해서는 다른 기록이 남아 있어서 그 이후의 행적을 어느 정도 추정할 수 있다.

이날 모척(毛尺)을 붙잡아 목을 베었다. 모척은 본래 신라 사람으로서 백제로 도망한 자인데, 대야성의 검일과 함께 도모하여 성이 함락되도록 했기 때문에 목을 벤 것이다. 또 검일을 잡아서 (죄목을) 세어 말하기를 "네가 대야성에서 모척과 모의하여 백제의 군사를 끌어들이고 창고를 불지름으로써 온 성 안에 식량을 모자라게 하여 싸움에 지도록 했으니 그 죄가 하나요, 품석 부부를 윽박질러 죽였으니 그 죄가 둘이요, 백제와 더불어 본국을 공격했으니 그것이 세 번째 죄이다"라고 했다. 이에 사지를 찢어서 그 시체를 강물에 던졌다.

『삼국사기』 권5 신라본기5 무열왕 7년 8월 2일

무열왕에 즉위한 김춘추는, 대야성이 함락되게 만들고 백제로 도망했던 모척과 검일을 처형했다. 검일은 대야성을 함락시킨 공으로 백제의 관리가 되었을 것으로 추정할 수 있다. 그렇기 때문에 백제가 멸망한 이후에 비교적 빨리 그를 찾을 수 있었고, 또 "백제와 더불어 본국을 공격했다"는 세 번째 죄목을 통해서도 이러한 추정이 가능하다.

검일은 대야성이 함락된 이후 약 20여 년 동안 백제에서 관리 생활을 했지만, 백제가 멸망함으로써 마침내 비참한 죽음을 맞게 되었다. 그리고 김춘추는 백제를 멸망시키고, 또 검일마저 처형함으로써 뒤늦게나마 원수를 갚게 되었다.

검일은 자신의 부인을 강제로 빼앗기고, 자신의 조국마저 배반해야만 하는 처지가 되었으며, 끝내는 조국으로부터 죽임을 당했다. 결국 검일은 배반자가 되어 비참한 최후를 맞이함으로써 역사의 또 다른 희생양이 되었다.

대야성 함락의 의미

신라가 언제부터 삼국을 통일하려는 의지를 가지게 되었는지는 자세히 알 수 없다. 그러나 적어도 대야성의 함락이라는 국가적인 위기를 겪은 이후에 백제를 멸망시키겠다는 의지를 갖게 된 것은 확실하다고 할 수 있다.

신라는 대야성이 함락된 이후에 김춘추가 본격적인 외교 활동을 전개하면서 이른바 '통일전쟁'을 추진하게 되었다. 즉 대야성이 함락되면서 김춘추가 본격적으로 외교 활동을 전개하여 648년(진덕왕 2)에 나당동맹이 체결됨에 따라 '통일전쟁기(642~676)'가 시작되었고, 그 결과 신라가 백제와 고구려를 멸망시킴으로써 마침내 삼국 통일이 이루어졌다. 그러나 나당동맹은 곧 나당전쟁으로 변화하면서 676년(문무왕 16)에 신라가 당의 군사를 축출하는 결과로 일단락되었다.

따라서 대야성의 함락은, 신라가 삼국통일을 이루기 위한 의지를 갖는 계기가 되었고, 이후 약 35년 동안의 '통일전쟁'으로 이어졌다. 그러므로 대야성의 함락은 신라가 삼국통일을 이룩하는 데 있어서 중요한 계기가 된 사건이었다.

    또한 대야성이 함락된 이후에 삼국의 문제는 더 이상 삼국의 문제로 끝나는 것이 아니라 이제는 당과 왜라는 주변세력이 함께 관련된 동아시아의 국제적인 문제로 확대되고 발전되었다.

    역사는 때때로 우연한 하나의 사건이 거대한 역사의 흐름으로 발전하는 경우가 있다. 삼국통일도 김품석과 검일의 부인과의 우연한 사건이 계기가 되어 시작되었으나 마침내 신라에 의해서 삼국이 통일되는 거대한 역사적인 결과로 마무리되었다. 대야성의 함락이 갖는 의미가 바로 여기에 있다.

그 사건의 한가운데는 거대한 역사의 흐름을 바꾼 여인이 있었으니, 바로 검일의 부인이다. 그녀는 마치 그리스와 트로이 사이에 10년 동안 일어난 트로이전쟁의 원인이 되었던 헬레나처럼 통일전쟁의 원인이 되었던 것이다. 따라서 검일은 동양의 메넬라오스이고, 김품석과 검일의 부인은 파리스와 헬레나라고 할 수 있지 않을까?

| 김덕원 |

신형식, 「무열왕계의 성립과 활동」《한국사논총》2, 1977 ;『한국고대사의 신연구』, 일조각, 1984.
황선영, 「신라 무열왕가와 김유신가의 적서문제」《부산사학》9, 1985.
박순교, 「김춘추의 집권과정 연구」, 경북대학교 박사학위논문, 1999.
김덕원, 「신라 선덕왕대 대야성 함락의 의미」『동봉신천식교수정년기념사학논총』, 2005.

천하의 호걸과 의연한 아내
ㅡ 소나와 그의 부인

용감하고 의로운 장수, 심나와 소나 부자

소나(素那)와 그의 아버지 심나(沈那)의 출신지역과 성격 등에 대해서는 『삼국사기』에 다음과 같이 묘사되어 있다.

소나는 쇠나(金川)라고도 하는데 신라 백성군(白城郡) 사산(蛇山) 사람이다. 그의 아버지인 심나 또는 식천(熄川)은 팔 힘이 다른 사람보다 세며 민첩하고 날렵했다. 그의 고향인 사산은 그 경계가 백제지역과 교착된 관계로 매달 서로 침략과 공격을 반복해왔는데 심나가 출전할 때마다 그를 대적할 군사는 없었다.

인평(仁平, 634~647) 연간에 백성군에서 군사를 백제의 변경지역으로 보내어 그곳을 빼앗았는데 백제의 정예군사가 출격하여 신라 군사를 패퇴시켜버리자 심나가 홀로 서서 눈을 부릅뜨고 큰 소리를 지르며 백제 군사 수십 명을 목을 베어 죽이니 적들이 두려워하여 감히 싸우지 못하고 드디어 군사를 이끌고 도망가버렸다.

백제인들이 심나를 가리켜 서로 말하기를 '신라의 날쌘 장수(飛將)다', '심나가 있는 한 백성지역을 쳐들어갈 수 없다'고 했다.

『삼국사기』 권47 열전7 소나

소나의 출신지인 백성군과 그 부속 현인 사산현은 현재 경기도 안성군 일대와 충남 천안시 직산면에 위치한 지역이다. 백성군은 본래 고구려의 나혜홀(奈兮忽)로서 두 개의 속현이 있었는데 그 가운데 하나가 사산현이다. 백성군 사산현은 고구려의 옛 영토로 고구려의 장수왕이 개로왕 시대의 백제를 한강유역 일대로부터 몰아낸 뒤 이 지역을 고구려에 편입시켰다.

7세기 전반에 신라가 고구려로부터 이 지역을 빼앗아 자국의 영토로 편입시키면서 오늘날의 경기지역과 충남의 북부지역 일부가 백제의 경계와 가까이 있게 되었다. 신라와 백제는 이 지역을 둘러싸고 빈번한 전투를 벌여야 했는데 이런 상황 속에서 소나의 아버지인 심나가 신라의 장수로서 백제군을 상대로 유감없이 자신의 무용을 발휘했다.

소나도 아버지를 닮아 용감하고 호탕했다. 백제가 멸망한 후 한주도독(漢州都督) 도유공(都儒公)이 대왕에게 청하여 소나를 아달성(阿達城, 지금의 강원도 철원군 철원읍)으로 옮겨 북쪽지역을 방어하도록 했다.

상원(上元) 2년(675) 을해 봄에 아달성 태수 급찬(級湌) 한선(漢宣)이 백성에게 이르기를 "어느날 모두 나가 마를 심으려 하니 명을 어기지 말도록 하라"고 했다.

말갈(靺鞨)의 첩자가 이를 알고 돌아가 자기의 추장에게 보고하니 그날 백성이 모두 함께 성을 나가 밭에 있는 틈을 타서 말갈이 군사를 숨겼다가 갑자기 성에 들어가 온 성을 노략질하니 노인과 어린이가 허둥지둥 어쩔 줄을 몰라했다. 소나가 칼을 휘두르며 적을 향해 크게 외쳤다. "너희들은 신라에 심나의 아들 소나가 있다는 걸 아느냐? 진실로 죽음을 두려워하여 살고자 도모하지 않을 것이니 싸우고자 하는 사람이 어찌 나오지 않겠느냐?"

드디어 분노로 적에게 돌진하니 적이 감히 가까이 오지 못하고 단지 화살만을 쏠 뿐이었다. 소나도 역시 화살을 쏘니 날아가는 화살이 마치 벌떼와 같았다. 소나는 아침부터 저녁까지 싸웠는데 그의 몸에 마치 고슴도치처럼 화살이 박혀 결국 쓰러져 죽었다.

『삼국사기』 권47 열전7 소나

소나 역시 아버지와 마찬가지로 용감하고 호탕한 인물로 이름을 날렸으며, 그의 무용 덕분에 한주도독(경기도 광주)의 주선으로 지금의 강원도 철원에 위치한 아달성을 방어하는 임무를 맡게 되었다. 한주는 지금의 경기도 광주지역으로 일명 한산주(漢山州)라고도 하는데 본래 고구려의 한산군(漢山郡)이었다. 그러다가 진흥왕 때에 신라가 이곳을 장악하면서 주(州)를 설치하고 군주(軍主)를 파견했다.

한주가 속한 한강유역 일대는 일찍이 마한(馬韓)이 자리하고 있었다. 그런데 북부여(北夫餘) 소재지인 만주지역으로부터 이동한 백제가 이곳을 빼앗아 초창기 수도인 위례성(河南城, 河北慰禮城)으로 삼기도 했었다.

이곳은 지리적인 중요성으로 인해 백제 · 고구려 · 말갈 · 동예 · 신라 등이 서로 다투어 수없이 치열한 공방을 벌이던 지역이었고 마침내 신라가 이곳을 빼앗아 진흥왕 14년(553)에 신주(新州)를 설치함으로써 한강유역은 명실상부한 신라의 영역이 되었다.

소나전에 등장하는 한주도독은 박도유(朴都儒)인데 그는 신라의 진골귀족이었다. 그는 문무왕 8년 6월에 대아찬으로 고구려 정벌에 참가한 경력이 있었고 백제 여인과 결혼하기도 했으나, 백제의 잔류민들이 신라의 무기를 훔치려는 모의에 연루되어 참형당했다.

소나전에는 또한 소나의 상관으로서 아달성 태수인 급찬 한선이 등장한다.

그런데 소나는 아달성 성주로서 말갈군과 싸우다 전사한 것으로 되어 있으므로 아달성의 실질적인 책임자는 성주인 소나라 할 수 있을 것이다. 다만 그의 상관인 급찬 한선은 아마도 아달성이 소속한 철원군의 군태수(郡太守)일 것이다.

특히 소나전에서 재미있는 사실은 용감무쌍한 소나를 죽음으로 이끌었던 세력이 말갈이라는 점이다. 말갈은 본래 한반도와 만주의 최북동지역에 거주하던 동이족으로 숙신족(肅愼族)에 그 기원을 두고 있다. 숙신족은 중국의 역사서인 『후한서(後漢書)』에 '읍루(挹婁)', 『위서(魏書)』에 '물길(勿吉)' 등으로 기록되어 있다.

그러나 우리나라 고대의 역사서에는 훨씬 이전부터 말갈의 활동 사실이 기록되어 있어 그 실체에 대한 다양한 의견이 제시되고 있으며, 현재에는 숙신 계통의 말갈과 구별되는 종족으로 파악하는 것이 일반적이다.

말갈은 고구려에 예속된 부족의 일원으로 당시 신라의 국경선 부근에 있던 세력이었고, 신라와 국경선을 두고 자주 충돌을 벌였다. 이런 상황 속에서 소나는 죽음을 맞이하게 된 것이다.

남편의 죽음에 대한 소나 부인의 의연함

소나의 죽음으로 인해 누구보다도 가장 슬퍼한 사람은 물론 그의 부인일 것이다. 하지만 그녀는 남편의 갑작스러운 죽음에도 불구하고 신라의 여인으로서 기꺼이 국가를 위해 목숨을 마친 남편의 뜻을 존중하며 의연히 받아들였다.

그녀의 이러한 자세는 조선시대 사대부가의 여인과 무엇이 다르겠는가.

소나의 처는 가림군(加林郡, 충남 부여군 임천면)의 양갓집 딸로서 예전에 소나가 적국에 가깝다는 이유로 홀로 가고 아내를 집에 남겨두었는데 그 군민들이 소나가 죽었다는 소식을 듣고 조문하니 그의 아내가 흐느껴 울면서 대답했다.

🃟 **부부토우** | 손을 앞으로 모은 신라 부부토우.

"남편이 항상 말하기를 '사내 대장부는 마땅히 싸우다 죽어야 하지 병상에 누워 집사람의 손에서 죽을 수 있겠는가?' 하여 평소의 말이 이와 같았는데 그의 죽음은 그의 뜻과 같은 것이다."

대왕이 그 소식을 듣고 눈물로 옷깃을 적시면서 말하기를 "아버지와 아들이 나라의 일에

용감했으니 대대로 충의를 이루었다고 할 수 있다" 하고는 그에게 잡찬
(迊湌)을 추증했다.

『삼국사기』 권47 열전7 소나

소나의 사후에 추증된 잡찬이란 관등은 신라의 17관등체계 가운
데 제3위에 해당하는 높은 것으로 진골귀족만이 오를 수 있었다. 그
럼에도 불구하고 진골이 아닌 그가 잡찬에 추증되었다는 것은 국가
에서 그의 공로를 크게 인정한 파격적인 대우였다. 또한 용감하고
의로운 소나의 행동에 대해 국가가 적극적으로 보상했다는 사실을
백성들에게 널리 알리는 측면도 있었다.

| 김선숙 |

 참고문헌

유원재, 「삼국사기 위말갈고」《사학연구》29, 1979.
박찬규, 「백제 웅진초기 북경문제」《사학지》24, 1991.
정구복, 『인물로 읽는 삼국사기』, 동방미디어, 2000.
조이옥, 『통일신라의 북방진출 연구』, 서경문화사, 2001.
이인철, 『신라정치경제사연구』, 일지사, 2003.
문안식, 『한국고대사와 말갈』, 혜안, 2003.

죽음을 앞둔 사랑,

죽어서 이룬 사랑

사랑을 위한 왕의 야간 잠행 – 소지왕과 벽화

귀신이 되어 이룬 사랑 – 진지왕과 도화녀

소지왕과 벽화의 만남

신라 제21대 왕인 소지왕(479~500)은 벽화라는 여인과 참으로 애
틋하고 가슴 아픈 사랑을 했다. 이들의 비극적 사랑이야기의 전말
은 다음과 같은데, 상상력을 발휘해 일부 각색했지만 전체 줄거리
는 원전과 크게 다르지 않다.

500년, 가을이 무르익은 어느 날 밤이었다. 소지왕은 잠을 뒤척이고
있었다. 얼마 전, 민심을 살피고자 날이군(捺已郡, 영주)에 행차 갔을 때
만난 벽화 때문이었다. 날이군의 세력가인 파로는 소지왕이 경주에서
오지인 날이군까지 온 것을 알고, 화려한 비단옷을 입힌 자신의 딸 벽화
를 수레에 태운 후 색깔 있는 명주로 덮어서 소지왕에게 바쳤다. 왕은
음식을 보낸 것으로 생각하고 열어보았는데 어린 소녀였으므로 이상하
게 생각해 받지 않았다.

그러나 신라 최고의 미모를 자랑하는 벽화는 소지왕의 뇌리에서 맴돌

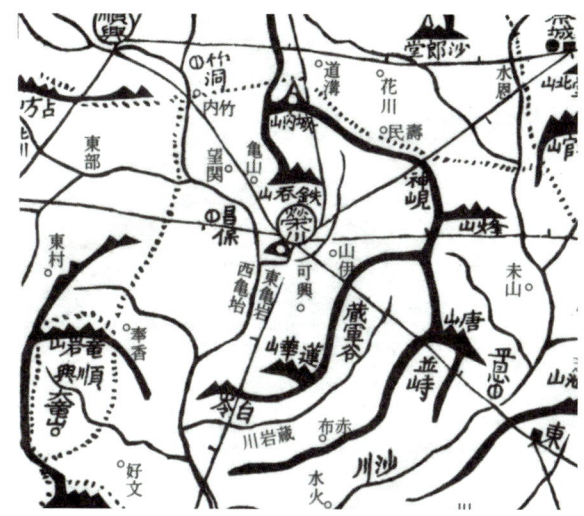

※ **날이군** | 『대동여지도』의 영주. 날이군
은 지금의 경북 영주지역이다.

며 떠날 줄 몰랐다. 소지왕은 왕궁으로 돌아온 후에도 벽화의 얼굴이 계
속 아른거려 매일 밤을 뒤척여야 했다. 벽화에 대한 그리움을 가누지 못
한 나머지 상사병에 걸릴 지경에 이른 왕은 급기야 중대한 결정을 했다.

"비밀리에 아무도 모르게 벽화를 만나고 오자."

왕은 수행관리 몇 사람만을 데리고 일반 백성으로 위장해 날이군에
갔다. 파로는 왕을 맞이해 자신의 딸 벽화로 하여금 수청을 들게 했다.
소지왕은 그 후로도 두세 차례 몰래 벽화를 만나기 위해 날이군을 다녀
왔다. 그러던 어느 날이었다. 왕은 여느 때처럼 벽화를 보고자 날이군에
가는 중이었다.

그런데 여정이 너무 길어 고타군(古陀郡, 안동)을 지날 즈음 해가 지
고 말았다. 왕 일행은 어느 할머니의 집에 묵게 되었다. 왕은 문득 백성
들이 자신을 어떻게 생각하는지 궁금해졌다. 이에 할머니에게 물었다.

"요즈음 나라 사람들은 왕을 어떤 임금으로 생각하는가?"

할머니가 대답했다.

"많은 사람들은 왕을 성인으로 여기지만 저는 그것이 의심스럽습니다. 왜냐하면 듣자 하니 왕이 날이의 여자에 반해 관계를 맺으러 백성의 옷차림을 한 채 온다 합니다. 무릇 용이 물고기의 옷을 입으면 어부에게 붙잡히는 법입니다. 지금 왕은 가장 높은 지위에 있으면서 스스로 신중하지 못하니 이런 사람이 성인이라면 누구인들 성인이 아니라 할 수 있겠습니까?"

소지왕은 갑자기 얼굴이 확 달아오름을 느꼈다. 할머니의 솔직한 말에 왕으로서 자신의 행실이 한없이 부끄럽게 여겨졌다. 그러나 벽화에 대한 그리움까지 떨쳐버릴 수는 없었다. 이에 소지왕은 벽화를 경주 왕궁의 별실로 데려왔다. 이젠 매일 밤 벽화와 사랑을 나눌 수 있게 된 것이다. 소지왕과 벽화 사이에는 어느덧 아들 하나가 생기기에 이르렀다. 그러나 둘 사이의 행복한 시간은 그리 오래가지 못했다. 소지왕이 그해 겨울 11월 갑자기 죽었기 때문이다.

『삼국사기』 권3 신라본기3 소지마립간 22년

죽음으로 돌아온 사랑

소지왕이 왕으로서의 권위와 위엄을 내세우지 않고 한 여인을 사모하는 마음은 지극히 인간적이기까지 하다. 그런데 소지왕과 벽화의 사랑은 해피엔딩에서 갑자기 반전되어 비극으로 막을 내렸다. 어렵게 아들까지 낳았음에도 불구하고 소지왕이 갑자기 죽고 만 것이다. 그의 아들과 벽화의 행방은 전해지지도 않는다. 소지왕의 보호 없는 이들 모자의 운명은 '풍전등화'와 같지 않았을까?

결국 고타군 할머니의 충고를 받아들이지 않은 소지왕은 벽화를 사랑한 대가를 너무도 톡톡히 치른 셈이다. 자신의 목숨과 맞바꾸는 상황을 초래했으니 말이다. 소지왕이 자연사했다고 하면 그만일 수 있지만 그렇기에 소지왕의 죽음은 너무 갑작스러울 뿐만 아니라 석연치 않은 부분이 많다. 마치 반대세력에 제거된 후 진실이 은폐된 것이 아닌가 하는 느낌을 갖게 한다. 소지왕이 죽은 후 왕위 계승 서열에서 소외되어 있었던 방계 지증(500~514)에게 왕위가 넘어간 사실은 이러한 심증이 막연한 것이 아님을 보여준다. 더 이상 소지왕과 벽화의 사랑을 단순히 두 사람만의 슬픈 '러브스토리'로 넘겨버릴 수는 없다. 그 속에 숨어 있는 신라 왕실 내의 권력다툼과 당시 신라를 둘러싼 고구려 · 백제와의 국제관계를 추적해보도록 하자.

소지왕 죽음의 키워드, '고구려'

어떤 이는 소지왕이 벽화와 사랑에 빠진 나머지 정사를 돌보지 않았기 때문에 왕의 자리에서 쫓겨난 것으로 여기기도 한다. '콩 심은 데 콩 나고, 팥 심은 데 팥 난다'는 식으로 소지왕의 죽음은 당연하다는 생각이다. 그러나 고타군 할머니의 충고를 감안하더라도 소지왕이 임금으로서 정사를 소홀히 했다는 증거는 어디에도 없다. 실제 소지왕은 즉위 후 적어도 재위 22년(500), 벽화를 만나기 이전까지 흠잡을 데 없는 정치를 해왔다.

소지왕이 재위했던 5세기 말은 바야흐로 '격변의 시기'였다. 대

❀ **서출지** | 이 연못에서 나타난 노인이 건넨 글로 궁중의 간계를 막아 소지왕이 목숨을 건졌다는 이야기가 전해 내려온다. 경주시 남산동에 위치.

내적으로 소지왕의 할아버지였던 눌지왕(417~458)이 석씨세력을 물리친 후 다지기 시작한 김씨 왕실의 세습을 이어가야 했고, 대외적으로는 정복군주 장수왕(413~491)이 이끄는 고구려군의 침입을 막아야 했다. 소지왕이 즉위한 후 고구려의 집중공격을 받았던 까닭은 변화된 대고구려관계에서 초래된 것인데, 그 연원은 훨씬 이전으로 거슬러 올라간다.

서기 400년 고구려는 왜의 침입을 받은 신라가 지원병을 요청해오자 5만의 군사를 파견해 구원해주었고, 그 후 수십 년간 신라를 보살펴주었다. 그럼에도 불구하고 신라 눌지왕은 자신들의 최대 라이벌이었던 백제와 손을 잡고 고구려를 배신해버렸다. 눌지왕의 입장에서 보면 비록 고구려 군사의 도움으로 정적 실성왕(402~417)을 제거하고 왕위에 올랐지만 언제까지 고구려의 꼭두각시 노릇만을 할 수는 없었을 것이다. 눌지왕은 재위 9년(425) 박제상을 보내 고구려에 인질로 가 있던 동생 복호를 귀환시켰고, 17년(433)에는 나제동맹(羅濟同盟)을 통해 백제와의 관계 개선을 도모하는 등 신라 내의 고구려세력을 배제시키려고 노력했다.

고구려로서는 백제를 제압하는 데 주력해야 했던 시기에 속국이나 다름없었던 신라의 이탈과 백제와의 세력 연맹은 큰 부담으로 작용했을 법하다. 이에 고구려는 449년 중원(충주)에서 양국의 우호관계를 돈독히 하는 의식을 치르고 비문(중원고구려비)을 세워 신라를 회유하려 했다. 그러나 불과 얼마 후 경주에 주둔하고 있던 고구려 군사 100명이 살해되는 사건이 일어났고, 454년부터 신라와 고구려 사이에 전쟁이 일어나면서 양국은 돌이킬 수 없는 대립관계로 들어섰다.

고구려 장수왕으로서는 배은망덕한 신라를 도저히 묵과할 수 없었을 것이다. 다만 신라에 앞서 백제의 정벌이 더 중요한 과제였다. 이에 장수왕은 475년 백제 한성을 총공격해 개로왕을 처단함으로써 이른바 '백제 한성시대'를 종식시키기에 이른다. 신라가 구원병을 파견했지만 한 발 늦었다. 백제 문주왕은 급히 수도를 웅진(공주)으로 천도했다. 백제를 제압한 고구려는 본격적인 신라 정벌을 계획했다. 소지왕이 즉위한 479년은 대고구려관계에 있어 신라가 최대의 위기에 직면한 때였던 것이다. 당시 동아시아 최강국이었던 고구려의 전성기를 구가하던 장수왕이 신라를 집중 공략한다면, 아무리 백제와 손잡고 있다 하더라도 신라는 국가존망의 위기에서 벗어날 수 없음이 불을 보듯 뻔한 상황이었다.

그나마 소지왕에게 믿는 구석은 있었다. 아버지 자비왕(458~479)이 고구려가 백제와의 전쟁에 주력하는 틈을 이용해 대고구려 군사 요충지에 튼튼한 성을 쌓아두었기 때문이다. 자비왕은 소백산맥을 천연 방어망으로 삼아, 그중 대고구려 교통로였던 추풍령·계립령·죽령·동해안 일대에 집중적으로 성을 쌓아두었던 것이다.

그럼에도 불구하고 고구려의 파상적인 공격은 신라의 목을 점점 죄어왔다. 특히 소지왕 3년(481) 고구려·말갈 연합군은 호명성 등 7성을 빼앗고 미질부(흥해)까지 진격해왔다. 수도 경주를 빼앗길 수도 있는 '일촉즉발'의 상황이었다.

그러나 백제와 가야의 구원병이 급히 출동해, 방어한 후 물러가는 고구려군을 니하(강릉)까지 쫓아가 격퇴했다. 고구려는 이후에도 신라를 지속적으로 압박했다. 그러나 소지왕의 적절한 전술 운용과 나제동맹군의 활약에 번번히 패하고 말았다. 곧 고구려 장수왕의 남진정책은 신라 소지왕으로 인해 좌절된 것으로 보아도 무리가 없을 것이다.

소지왕은 대외적 위기상황 속에서 대내적인 체제정비와 왕권강화의 노력도 게을리하지 않았다. 재위 9년(487) 봄 2월에는 시조 박혁거세가 탄생한 나을(奈乙)에 신궁을 설치했고, 3월에는 사방에 우편역을 설치하는가 하면, 담당 관청에 명해 관도(官道)를 수리하게 했다. 또한 재위 12년(490)에는 경주에 시장을 열어 사방의 재화가 원활히 유통되도록 했다. 소지왕은 신궁 설치를 통해 이데올로기적으로는 김씨족을 중심으로 하되, 동시에 박씨족을 회유·포섭하고자 했다. 대고구려 긴장관계가 최고조에 이른 시기에 정치세력 간의 갈등을 조장하기보다는 통합과 안정을 추구한 것이다. 동시에 우편역 설치와 관도를 수리함으로써 대고구려 전쟁과 국내 정치를 뒷받침할 경제적 성장을 도모했다.

요컨대 소지왕 시대 신라사회의 최고 이슈는 '대고구려 전투의 승리'였다. 『삼국사기』의 소지왕대 대부분이 고구려 관련 기록으로 채워져 있음은 이를 알려주기에 충분하다. 대고구려 전투의 승패 여부는 곧 신라의 존망과 직결될 수 있었다. 따라서 소지왕대 정치 운영의 키워드는 '고구려'였고, 그 시대의 여러 사건들 역시 '고구려와의 연관성'을 의심해볼 필요가 있는 것이다.

소지왕이 날이군에 간 까닭

이제 소지왕과 벽화의 사랑이야기를 이러한 맥락에서 접근해보면 어떨까? 먼저 소지왕이 벽화를 만나러 간 곳인 날이군(영주)에 주목하고자 한다. 엄밀히 말하면 소지왕은 날이군에 갔기 때문에 벽화를 만난 것이지, 애초부터 벽화를 만나기 위해 날이군에 간 것은 아니었다. 소지왕이 날이군에 순수(巡狩)를 간 것은 나름대로의 정치적 이유가 있었음이 분명하다. 다만 그것이 벽화와의 사랑이야기에 가려져 부각되지 않았을 뿐이다. 소지왕은 이미 재위 5년(483)과 10년(488), 일선군(선산)에 행차해 수해를 당한 백성들을 위로하며 곡식을 나누어주고, 죄수를 사면해준 적이 있었다. 소지왕이 전례 없이 두 차례나 일선군에 순수를 간 것은 이곳이 대고구려 관계에 있어 군사요충지였기 때문이다.

날이군 역시 죽령로의 길목에 위치하는 군사요충지였다. 죽령로는 오늘날의 경주－영천－의성－안동－영주(순흥)－죽령－단양－제천－원주－춘천에 해당하는데, 험하지만 신라와 고구려 간 최단 교통로로서 양국이 우호관계였을 때 자주 이용되었다. 여기서 현재의 영주는 고구려가 신라에 강한 영향력을 행사했던 시기에 고구려군을 주둔시켰던 곳이다. 그 기간은 대체로 광개토왕이 신라를 구원해주었던 400년에서 눌지왕이 고구려세력을 물리친 5세기 중엽 전후로 생각된다. 소지왕이 순수를 간 시점인 500년에 날이군은 분명 신라 영토였지만 불과 몇십 년 전까지만 해도 고구려 군사가 주둔했던 곳이었다. 비록 고구려 군사가 물러갔을지라도 그 영향력은 남아 있었을 가능성이 크다. 이 지역에서 출토된 5~6세기의 불상과 무덤에 고구려적 요소가 강한 것은 이러한 이유 때문임이 이미 밝혀졌다.

⊛ **순흥 읍내리 고분** | 이 고분의 채색벽화는 현재까지 남한에서 발견된 삼국시대의 고분 벽화 중에서 가장 뛰어나다고 평가되며, 고구려풍을 띠고 있다. 영주시 순흥면 읍내리 위치.

결국 소지왕이 영주에 순수를 간 까닭은 얼마 전까지 고구려의 지배를 받았던 날이군의 백성들을 위무함으로써 그들이 신라의 통치범위 내에 있음을 확인시켜주고자 함이었다. 날이군의 토착세력이었던 파로에게 소지왕의 순수는 '뜻밖에 굴러들어온 기회'였다. 파로는 왕에게 딸을 바쳐 충성을 맹세함으로써 신라 중앙정부의 비호하에 지역 내에서 통치권을 계속 유지할 수 있다고 생각했을 것이다. 이 당시 신라는 지방관을 파견하지 못한 채 각 지역의 토착지배세력을 이용한 간접 지방통치를 하고 있었다.

　파로는 특히 소지왕의 약점을 정확히 읽고 있었다. 당시 신라 왕위는 큰아들이 물려받았는데, 소지왕에게는 왕위를 이을 아들이 없었던 것이다. 오늘날에도 집안의 대를 잇는 존재로서 아들의 가치가 유효한데, 하물며 왕위를 이어야 하는 절박한 입장이었던 소지왕으로서 파로의 제안을 거절하기란 쉽지 않았을 것이다. 게다가 그 딸이 미모까지 뛰어나다니 그 누가 마다하겠는가? 소지왕이 경주에서 영주를 '불원천리(不遠千里)' 하며 드나들다가 급기야 벽화를 왕궁 별실에까지 데리고 온 데에는 이러한 사정이 있지 않았을까?

고타군의 노파

　그렇다면 고타군의 할머니는 왜 소지왕에게 신랄한 비판을 가했을까? 지금까지 우리는 이 노파가 소지왕이 여자에 빠져 정사를 살피지 않은 데 대한 직언을 한 것 정도로 이해해왔다. 그러나 이것은 지나치게 평면적으로 기록에 접근한 결과이다. 고타군 할머니가 문제 삼은 것은 소지왕이 날이군의 여자와 관계를 맺는다는 데 있었다. 그리고 노파는 "무릇 용이 물고기의 옷을 입으면 어부에게 잡히는 법이다"라고 했다. 이 말의 숨은 의미는 무엇일까.

이것은 날이군(영주)과 고타군(안동)의 지리적 환경을 생각해봄으로써 풀 수 있는 문제다. 날이군은 대고구려 군사요충지로서 신라 왕실의 주목을 받았지만, 불과 얼마 전까지 고구려의 영향력이 강하게 미치고 있던 곳으로 신라에서는 가장 변방에 속했다. 이는 날이군이 신라의 영토에 속하면서도 통치의 범위에서 가장 멀리 있음을 의미한다.

따라서 이 지역에는 친고구려세력이 잔존해 있을 가능성이 얼마든지 있다. 소지왕이 날이군을 순수한 까닭도 역설적으로 이 지역이 가장 '친고구려적'이었기 때문에 이를 '친신라적'으로 변화시키기 위해서라고 보여진다.

이에 반해 고타군은 날이군에서 그리 멀지 않음에도 불구하고 일찍부터 신라에 귀속되었다. 『삼국사기』에 따르면 파사왕 5년(84)에 고타군주가 청색의 소를 바쳤고, 조분왕 13년(242)에는 고타군에 풍년이 들어 알이 굵은 벼를 신라 중앙정부에 바쳤다고 한다. 고대에 신성한 동물과 벼 등의 헌납은 작은 나라가 큰 나라에 항복하거나 복속되어 있을 때 일종의 징표 같은 역할을 했다. 사로국에서 출발한 신라는 경상도 일대에 산재한 작은 나라들을 병합하면서 발전했다. 고타군에 있었던 소국의 존재는 알려져 있지 않지만, 위의 기록은 고타군이 일찍부터 신라의 통치 범위에 속해 있었음을 알려준다.

그렇게 보면 고타군의 할머니는 평범한 할머니 같아 보이지 않는다. 왕이 아무 집에나 묵었을 리 만무하며, 왕을 향해 거리낌 없이 직언을 하는 모습도 예사롭지가 않다. 신라 중앙왕실에 협조하는 '친신라토착세력'이라고나 할까? 아무튼 왕에게 충고를 할 수 있을 정도의 정치적 지위를 가진 인물임에는 틀림없다. 소지왕의 죽음이 고타군 할머니의 충고를 받아들이지 않은 결과라는 사실은 그 증거가 될 것이다.

요컨대 친신라세력가로서 고타군 할머니는 소지왕이 날이군의 친고구려세력에 포섭되는 데에 불만을 제기했던 것이다. "무릇 용이 물고기의 옷을 입으면 어부에게 잡히는 법이다"에서 '용'이 소지왕을, '물고기의 옷을 입는 것'은 '친고구려세력'과의 제휴행위를, '어부'가 '고구려세력'에 대한 은유적 표현이라면 지나친 추측일까?

죄가 된 슬픈 사랑

소지왕의 죽음은 너무도 갑작스럽게 이루어졌다. 고타군 할머니의 충고를 받아들였더라면 죽지 않았을지도 모른다. 그러나 소지왕은 벽화와의 사랑과 아들에 대한 열망에 사로잡혀 있었다. 고구려의 파상공격에 맞섰던 영웅 군주의 모습은 온 데 간 데 없었다. 이것이 소지왕과 정치적 성격을 달리하던 세력에게는 소지왕을 폐위시킬 결정적 명분으로 작용했을 것이다. 지증이 방계로서 왕위에 오를 수 있었던 이면에는 이 같은 소지왕의 대고구려 전술 운용의 실책이 있었던 것으로 추측된다.

흔히들 말한다. '사랑한 것도 죄가 되느냐'고.

그렇다. 개인으로서 소지왕의 사랑은 슬프지만 아름다웠다. 그러나 신라왕으로서 소지왕의 사랑은 시대가 요구하는 군주상에 미치지 못하는 '죄'가 되고 말았다.

| 장창은 |

서영일, 「5~6세기 고구려 동남경 고찰」《사학지》24, 1991.
정운용, 「5~6세기 신라 고구려 관계의 추이 - 유적 유물의 해석과 관련해서」《신라문화제학술발표회논문집》15, 1994.
김현숙, 「4~6세기경 소백산맥 이동지역의 영역향방 - 『삼국사기』 지리지의 경북지역 '고구려군현'을 중심으로」《한국고대사연구》26, 2002.
장창은, 「신라 눌지왕대 고구려세력의 축출과 그 배경」《한국고대사연구》33, 2004 ; 「신라 소지왕대 대고구려관계와 징치변동」《사학연구》78, 2005.

귀신이 되어 이룬 사랑
—진지왕과 도화녀

복숭아 여인

신라 제25대 진지왕(576~579)의 이름은 사륜(舍輪) 또는 금륜(金輪)이라고 하며, 진흥왕의 둘째 아들이다. 그는 자신의 형인 태자 동륜(銅輪)이 일찍 죽었기 때문에 왕으로 즉위했다. 그러나 진지왕은 즉위한 지 4년 만에 '정난황음(政亂荒婬, 정치가 어지럽고 음란함)'이라는 이유로 국인(國人)들에 의해서 폐위되어 비극적인 죽음을 맞이했다. 이후 왕위는 동륜의 아들인 백정(白淨)이 계승했으니, 그가 제26대 진평왕이다.

진지왕과 진평왕으로 이어지는 왕위 계승 과정에는 이른바 '동륜계(銅輪系)'와 '사륜계(舍輪系)'라는 두 세력을 중심으로 하는 정치적인 대립과 갈등이 중요한 원인으로 작용했다. 그러나 그 과정에서 진지왕이 폐위되는 결정적 계기인 '정난황음'의 원인을 제공한 사람이 있었는데, 바로 '복숭아꽃', 즉 도화녀(桃花女)라는 이름의 아름다운 여인이었다.

진지왕의 즉위

진지왕의 형인 태자 동륜에게는 백정을 비롯해 3명의 아들이 있었으므로, 진지왕이 왕위에 오르는 것은 정상적인 방법이 아니었다. 그러나 진지왕은 당시 신라가 처한 대내외적인 상황으로 인해서 둘째 아들임에도 불구하고 즉위할 수 있었다.

진흥왕은 불교의 전륜성왕(轉輪聖王) 이념을 바탕으로 활발한 정복 활동을 추진했다. 진흥왕 12년(551)에 백제와의 나제동맹을 기반으로 고구려가 차지하고 있던 한강 유역을 빼앗아 10군을 설치했다. 곧이어 백제가 차지했던 6군까지 빼앗아 신주를 설치함으로써 한강 일대를 완전히 장악했다. 그리고 진흥왕 23년(562)에는 대가야를 정복해 낙동강 유역으로까지 영토를 확장했다. 진흥왕의 활발한 정복 활동은 지금까지 남아 있는 진흥왕순수비를 통해서 알 수 있다. 따라서 진흥왕대 이후의 신라는 대외적으로 백제와 고구려의 침입으로부터 확대된 영토를 안전하게 지켜야 하는 새로운 문제에 직면하게 되었다. 또한 대내적으로도 전륜성왕 이념을 바탕으로 하는 정치사상을 펼치기 위해 지속적인 불교정책을 펼쳐야 했으며, 이를 통해서 왕권강화를 확립하려고 했다.

이와 같은 대내외적인 문제를 해결하기 위해서는 당시 10세 정도로 추정되는 나이 어린 백정보다는 20세 초반의 청년인 진지왕이 더욱 적합했을 것이다. 여기에 진지왕의 정치적인 경륜, 명철한 지혜와 판단력을 포함한 개인적인 능력까지 더해지게 되었다. 결국 이러한 것들이 중요한 요인으로 작용했으며, 그 과정에서 거칠부(居柒夫)와 김무력(金武力)의 적극적인 도움을 받음으로써 진지왕이 왕위에 오른 것으로 보인다.

유부녀를 짝사랑한 왕

진지왕이 왕위에 있던 기간은 4년에 불과했기 때문에 많은 기록이 전해지고 있지는 않다. 그러나 그 짧은 재위 기간에도 불구하고 그는 자신을 폐위되게 만든 운명적인 여인을 만난다.

제25대 사륜왕의 시호는 진지대왕이고, 성은 김씨이다. 왕비는 기오공(起烏公)의 딸인 지도부인(知刀夫人)이다. 대건(大建) 8년 병신에 왕위에 올랐다[고본(古本)에는 기해라고 했으나 잘못이다]. 나라를 다스린 지 4년 만에 정치가 어지럽고 음란하여 국인이 폐위시켰다.

이보다 앞서 사량부(沙梁部) 서녀(庶女)의 딸이 자색이 곱고 용모가 아름다워 당시 사람들이 도화랑(桃花娘)이라고 불렀다. 왕이 듣고 궁중으로 불러들여 상관하려고 하자 여자가 말하기를 "여자가 지킬 일은 두 남편을 섬기지 않는 것입니다. 남편이 있는데 어찌 남에게로 가겠습니까? 비록 만승(萬乘)의 위엄으로도 끝내 정조는 빼앗지 못할 것입니다" 라고 했다.

왕이 말하기를 "(너를) 죽인다면 어찌 하겠느냐?"라고 하니, 여인이 말하기를 "차라리 저잣거리에서 목을 베일지언정 다른 마음을 가질 수는 없습니다"라고 했다. 왕이 희롱하여 말하기를 "남편이 없으면 되겠느냐?" 하니, (여자가) 말하기를 "됩니다"라고 했다. 왕이 여자를 놓아 돌려보냈다.

이 해에 왕이 폐위되어 죽었고, 3년 후에 그 남편도 죽었다. (남편이) 죽은 지 열흘 후 갑자기 밤중에 왕이 평상시처럼 여자의 방에 들어와서 말하기를 "네가 옛날에 승낙했듯이 지금 네 남편이 없으니 되겠느냐?" 라고 하니, 여자는 가벼이 허락하지 못하고 부모에게 알렸다. 부모가 말하기를 "임금의 말씀인데 어떻게 피할 수가 있겠느냐?"라고 해 딸을 방에 들어가도록 했다.

왕이 7일 동안 머물렀는데, 항상 오색 구름이 집을 덮고 향기가 방 안에 가득했다. 7일 뒤에 갑자기 (왕의) 자취가 사라졌다. 이것으로 인해 여자가 임신을 해 달이 차서 해산하려고 할 때 천지가 진동하더니 한 사내아이를 낳았는데, 이름을 비형(鼻荊)이라고 했다.

『삼국유사』 권1 기이2 도화녀 · 비형랑

『삼국유사』에 의하면 진지왕이 도화녀를 만난 것은 진지왕이 폐위되기 바로 직전인 진지왕 4년(579)이다. 그리고 진지왕은 도화녀와의 만남이 계기가 되어 같은 해에 폐위되었고, 결국 죽음에까지 이르게 되었다.

따라서 언뜻 보면 이 기록에 나타난 진지왕이 마치 백제의 의자왕이나 조선시대의 연산군과 비슷해 보일 수도 있다.

그러나 『삼국사기』의 진지왕에 대한 기록에는 중국에 사신을 파견해 외교관계를 유지하고, 또 백제의 침략을 물리치거나 아니면 침략에 대비해 성을 쌓았다고 기록되어 있을 뿐이다. 결국 『삼국사기』와 『삼국유사』는 진지왕에 대해서 정반대로 기록하고 있는 셈이다.

따라서 『삼국유사』에 기록되어 있는 진지왕과 도화녀에 대한 이야기를 진지왕 때의 정치적인 상황과 관련해 다른 시각으로 새롭게 살펴볼 필요가 있다.

정난황음

진지왕이 재위하고 있을 때에는 백정을 비롯해 죽은 태자 동륜의 아들들이 살아 있었다. 따라서 진지왕은 자신의 조카인 이들과 왕위를 놓고 숙명적인 대결을 펼쳐야만 했다.

진지왕은 비록 왕위에 올랐지만, 백정을 비롯한 태자 동륜을 따르던 세력들인 이른바 '동륜계' 세력의 견제로 자유롭지 못했을 것이다.

이러한 상황에서 진지왕은 당시 신라가 처했던 대내외적인 상황을 해결하고, 또 자신을 견제하고 있는 정치적 라이벌인 '동륜계' 세력을 극복해야 하는 이중의 어려움에 처해 있었다.

이와 같은 정국을 타개하기 위해서 진지왕은 미시랑(未尸郎)을 국선(國仙)으로 임명함으로써 새로운 인재를 선발해 자신의 세력으로 만들어 정치세력화를 꾀했다. 진지왕은 진자사(眞慈師)의 도움을 받았는데, 이것은 지속적인 불교정책을 수행했던 결과로서 불교세력과의 연결을 의미한다.

또한 진지왕은 정국을 타개하기 위해서 새로운 세력과의 정치적 결합을 추진했는데, 그 세력이 바로 도화녀로 대표되는 사량부세력이었다. 도화녀는 비록 사량부 '서녀'라고 기록되어 있지만, 사량부의 진골귀족이었을 것으로 추정된다.

이러한 노력에도 불구하고 진지왕은 말년에 자신의 정치적인 후원세력이었던 거칠부와 김무력의 죽음, 정치적으로 대립하던 '동륜

❀ **진평왕릉** | 신라 제26대 진평왕은 진흥왕의 첫째 아들인 동륜태자의 아들로 진지왕이 폐위된 이후에 왕위에 올랐다.

※ **흥륜사지** | 신라 최초의 사원. 비형랑은 귀신의 무리 중에서 길달을 진평왕에게 추천했는데, 그가 흥륜사의 남쪽에 누문을 세우고 그곳에서 잤기 때문에 길달문이라고 불렀다.

계' 세력의 위협으로 정치적인 위기를 맞이했다. 그 과정에서 진지왕은 '동륜계' 세력의 지지자들에게 폐위되고, 결국 죽음에 이르는 비극을 맞게 되었다.

한편 진지왕을 폐위시키고 즉위한 진평왕은 '천사옥대(天賜玉帶)'라는 설화를 통해 동륜계의 신성성과 왕통의 정통성을 확인시키려고 했다. 그 과정에서 등장한 것이 이른바 '성골(聖骨)'이라는 관념이었다. 그리고 폐위된 진지왕에 대해서는 '정난황음'을 강조하면서 부정적인 모습을 부각시키려고 했을 것이다. 따라서 진지왕과 도화녀의 설화는 진평왕이 즉위한 이후 '동륜계' 세력이 만들었을 가

🏛 **귀교지** | 진지왕과 도화녀 사이에서 태어난 비형랑이 진평왕의 명을 받고 귀신을 시켜서 하룻밤에 다리를 만들었다고 한다.

능성이 크다.

　이처럼 진지왕과 도화녀의 설화는 진지왕대의 정국운영과 관련된 사실을 함축적으로 내포하고 있으며, '정난황음'의 실질적인 의미도 진지왕의 개인적인 성품과 행동에 따른 실정(失政)의 결과가 아니었다.

　따라서 '정난황음'의 실질적인 의미는 '동륜계' 세력의 위협에 대한 불안감을 나타낸 것으로, 진지왕의 정치적인 위기의식과 함께 당시의 정국 상황을 은유적으로 표현한 것으로 해석할 수 있다.

진지왕의 후손

진지왕은 살아서는 도화녀와의 사랑을 이루지 못했지만, 죽은 이후에 비로소 자신의 뜻을 이룰 수 있었다. 그리고 두 사람 사이에서 비형랑이라는 아들까지 태어나게 되었다. 이러한 내용은 도화녀에 대한 진지왕의 마음이 얼마나 크고 간절한 것이었나를 알 수 있게 한다.

진평대왕이 그 특이함을 듣고 (비형랑을) 궁중에 데려다 길렀다. 나이가 15세가 되자 집사(執事)의 벼슬을 주었는데, 밤마다 멀리 도망가서 놀았다. 왕이 용사 50명을 시켜서 (비형랑을) 지키도록 했으나 매번 월성(月城)을 날아서 넘어가 서쪽의 황천(荒川) 언덕 위(서울의 서쪽에 위치)에 가서 귀신들을 데리고 놀았다.

용사들이 숲 속에 엎드려 엿보니, 귀신들이 여러 절의 새벽 종소리를 듣고 각각 흩어지자 비형랑도 돌아왔다. 군사들이 이 사실을 와서 (왕에게) 아뢰었다.

왕이 비형랑을 불러서 말하기를 "네가 귀신들을 데리고 논다는 것이 사실인가?"라고 하니, 비형랑이 대답하기를 "그렇습니다"라고 했다. 왕이 말하기를 "그렇다면 너는 귀신들을 시켜서 신원사(神元寺) 북쪽 도랑〔또는 신중사(神衆寺)라고도 하지만 잘못이다. 또는 황천 동쪽의 깊은 도랑이라고도 한다〕에 다리를 놓아라"고 하자 비형랑은 왕의 명을 받아 귀신들을 시켜서 돌을 다듬어 하룻밤 사이에 큰 다리를 놓았다. 그러므로 '귀교(鬼橋)'라고 불렀다.

왕이 또 묻기를 "귀신의 무리 중에서 사람으로 출현해 조정의 일을 도울 만한 자가 있느냐?"라고 하니, 비형랑은 "길달(吉達)이란 자가 있어 가히 나라의 정사를 도울 만합니다"라고 했다. 왕이 말하기를 "함께 오라!"고 했다.

이튿날 비형랑은 (길달과) 함께 왕을 뵈니(왕은 길달에게) 집사의 직위를 주었는데, 과연 충성스럽고 정직하기가 비할 데가 없었다. 이때 각간(角干) 임종(林宗)이 아들이 없으므로 왕이 명령해 뒤를 이을 아들로 삼게 했다.

임종 길달을 시켜서 흥륜사(興輪寺) 남쪽에 누문을 세우게 했더니, (그는) 밤마다 그 문 위에 올라가 자므로 (이를) 길달문(吉達門)이라고 했다. 하루는 길달이 여우로 변해서 도망가버리자 비형랑은 귀신을 시켜서 잡아 죽였다. 그리하여 귀신의 무리들은 비형랑의 이름을 들으면

⊛ 서천 | 비형랑이 귀신들을 데리고 놀러 가곤 했다는 황천이 바로 서천이라는 설이 있다.

두려워하여 달아나게 되었다.

당시 사람들이 글을 지었는데 이렇다.

성제(聖帝)의 혼이 낳은 아들

비형랑의 집과 정자로다.

날고 뛰는 여러 귀신의 무리들아

이곳에 머물지 마라.

나라의 풍속에 이 글을 써 붙여서 귀신을 물리쳤다.

『삼국유사』 권1 기이2 도화녀 · 비형랑

죽은 진지왕의 혼에 의해 태어난 비형랑은 귀신을 부릴 줄 아는 능력을 가졌을 뿐만 아니라 귀신의 무리들은 그를 두려워했다. 이 것은 비형랑의 능력이 그만큼 신비하다는 것을 의미한다. 그런데 『삼국사기』에는 진지왕에게 김용춘(金龍春) 또는 김용수(金龍樹)라는 아들이 있었다고 기록되어 있다.

진지왕의 아들이라고 기록되어 있는 비형랑과 김용춘은 어떤 관계일까? 두 사람은 동일인이었을 것으로 추정된다. 즉 김용춘에 대한 이야기가 비형랑이라는 설화로 기록된 것으로 보인다. 김용춘은 진평왕의 딸인 천명부인(天明夫人)과 결혼했고, 진평왕 44년(622)에는 내성사신(內省私臣)이 되어 진평왕대 후기의 정국을 주도적으로 운영한 것으로 알려져 있다. 이러한 사실은 진지왕이 비록 폐위 되었지만, 그의 세력이 완전히 몰락한 것이 아니었음을 의미한다.

김용춘에게는 김춘추라는 아들이 있었다. 그는 선덕여왕과 진덕여왕을 이어 제29대 무열왕으로 즉위함으로써 중대(中代)라는 새로운 시대를 연 인물이다. 따라서 '사륜계'는 진지왕이 폐위된 이후 약 75년이 지난 후에 다시 왕위에 오르게 되었다.

무열왕은 김유신과 더불어 백제를 멸망시키고 삼국을 통일하는데 큰 공헌을 했다. 이후 무열왕의 자손들이 왕위를 계승하면서 통일신라는 전성기를 맞이하게 되었다.

도화녀와 비형랑의 설화

진지왕과 도화녀의 이야기는 당시 신라인들에게 널리 알려지게 되면서 설화로 변화하고 발전했을 것이다. 그리고 비형랑인 김용춘에 대한 이야기가 추가되면서 '사륜계'인 김춘추가 왕위를 되찾은 무열왕 이후에 도화녀와 비형랑 설화가 만들어졌을 것이다.

진지왕의 폐위와 죽음이라는 결과를 가져온 도화녀 설화는 진지왕대의 정국운영과 관련된 사실을 함축적으로 내포하고 있으며, 정난황음의 실질적인 의미도 진지왕의 개인적인 성품과 행동에 따른 실정의 결과가 아니었다. 그리고 정난황음은 '동륜계' 세력의 위협에 대한 불안감을 나타낸 것으로, 진지왕의 정치적 위기의식과 함께 당시의 정국 상황에 대한 은유적 표현이라고 새롭게 해석할 수 있다.

| 김덕원 |

참고문헌

김철준, 「신라상대사회의 Dual Organization」(하) 《역사학보》 2, 1952 ; 『한국고대사회연구』, 서울대학교 출판부, 1990.

이기동, 「신라 내물왕계의 혈연의식」 《역사학보》 53 · 54, 1972 ; 『신라골품제사회와 화랑도』, 일조각, 1984.

신형식, 「무열왕계의 성립과 활동」 《한국사논총》 2, 1977 ; 『한국고대사의 신연구』, 일조각, 1984.

김두진, 「신라 진평왕대 초기의 정치개혁 ─ 『삼국유사』 소재 '도화녀 · 비형랑' 조의 분석을 중심으로」 《진단학보》 69, 1990.

김덕원, 「신라 진지왕대의 정국운영」 《이화사학연구》 30, 2003 ; 「신라 진지왕대의 왕권강화와 미륵신앙」 《사학연구》 76, 2004.

4

정략으로 맺은 인연

춤이 맺은 인연 – 애례부인과 지마태자

신라의 왕들 대다수는 친척들 중에서 배우자를 구했다. 사촌은 물론이고 조카와 결혼하는 일도 흔했다. 이는 왕족의 특권을 다른 세력에게 내주지 않고 독점하기 위한 장치였다. 그러다 보니 애틋한 연분에 의한 결혼보다는 정략결혼이 흔하기 마련이었다. 신라 초기 지마왕(112~134)은 근친결혼은 하지 않았으나 정략결혼이라는 점에서는 역대 왕들과 같았다. 다만 그의 경우는 공개된 모임에서의 우연한 선택이 사랑의 문을 여는 계기가 되었다.

춤을 추게 된 사연

지마태자는 즉위하기 전 아버지 파사왕(80~112)을 따라 유찬(楡湌) 못가에서 사냥을 했다. 그 장소는 정확히 알 수 없지만, 돌아온 길을 통해 대략의 방향만은 짐작할 수 있다. 사냥을 끝내고 돌아오다가 이들은 한기부(韓岐部)에 들렀는데, 이곳은 옛날 혁거세를 추대한 촌장의 근거지 중 하나로 경주 소금 강산 주변에 위치한다. 당시에는 하천의 제방이 드물어 곳곳에 소택지가 널려 있었는데 유찬못도 그중 하나였다. 지마태자는 궁궐이 위치한 경주 월성에서 출발했으니 사냥을 했던 유찬못은 소금강산 북쪽 어디쯤이었을 것이다.

파사왕과 지마태자 일행이 한기부에 도착하자 허루(許婁)라는 사람이 잔치를 베풀어주었다. 여기에는 그의 부인과 딸을 비롯해 마제(摩帝)와 그의 부인, 딸도 같이 참여했다.

모두들 술이 얼근하게 취하자 허루의 아내가 어린 딸을 데리고 나와서 춤을 추게 했다. 그러자 마제의 아내 역시 딸 애례(愛禮)를 이끌고 나와서 춤을 추게 했다.

❀ **사냥하는 사람** | 화살통을 멘 채 멧돼지를 향해 시위를 당기고 있다. 고대사회에서 사냥을 통한 회합은 정치적 의지를 과시하는 수단이기도 했다.

술자리에서 춤을 추는 것은 예나 지금이나 흔한 일이다. 그렇지만 이 연회는 결코 평범한 자리가 아니었다. 허루와 마제는 모두 이찬이라는 직위에 있었는데, 이는 신라에서 두 번째 가는 고위직이었다.

이런 인물들이 딸을 태자에게 앞다투어 선보이려 했다면, 단순히 춤 솜씨를 보여주거나 연회의 분위기를 북돋우기 위한 것만은 아니었을 것이다. 그것은 자기 딸을 태자의 마음에 들게 해서 정권에 보다 깊숙이 참여하려는 정략적인 행동이었다.

허루와 마제 집안의 경쟁

허루와 마제가 딸들을 선보인 것은 파사왕과 지마태자가 사냥을 나오기 전부터 준비되고 있었다. 허루가 미리부터 연회를 마련하고 딸을 춤추게 한 것은 이를 잘 말해준다. 마제가 부인과 딸을 데리고 참가한 것도 마찬가지였다.

마제는 김씨로서 갈문왕이었다고 한다. 갈문왕이란, 신라 왕이 본인의 아버지, 장인, 외조부처럼 가까운 친족 어른에게 수여한 존칭이었다. 마제는 뒤에 지마왕의 장인이 되었으니 갈문왕이라는 칭호를 가지게 된 것은 지극히 당연하다. 그런데 마제는 『삼국유사』에서 '마제국왕'으로 표기된다. 물론 그는 독립 왕국의 지배자가 아니었다. 뒤에 그가 칭했던 '갈문왕'에서 후세의 역사가가 '왕'만을 중시해 '국왕'으로 잘못 표기한 것이다. 그래도 이런 표현이 전해지는 것은 그의 세력이 상당했음을 보여준다.

또 그가 김씨였다는 점도 무시할 수 없다. 원래 김씨는 탈해왕 9년(65) 알지의 탄생과 함께 출현했다고 알려져 있다. 그러나 김씨라고 칭하지만 않았을 뿐, 이 집단은 알지가 탄생하기 이전부터 유력한 세력으로 존재했다. 예를 들면 유리왕(24~57)의 장인이었던 사요왕은 김씨였다고 전해진다. 다만 탈해왕 시대에 알지가 태자로 지명되면서 김씨 집단은 비로소 왕실과 근접한 세력으로 부상한 것이다. 탈해왕이 죽은 뒤 알지는 왕위를 박씨인 파사에게 양보했지만, 김씨 집단의 세력 기반이 무너진 것은 아니었다. 탈해왕이 아들인 구추(仇鄒)를 김씨 집단의 지진내례부인과 혼인시킨 것이 그 증거이다.

김씨인 알지와 지진내례부인이 앞에서 말한 마제와 직접 연결되는지 가려내기는 쉽지 않다. 그러나 마제는 적어도 이상의 인물들에 버금가는 지위를 가졌기 때문에 지마태자에게 딸을 선보이려 했을 것이다. 원래 김씨 집단은 경주 시내의 계림 주변에 근거지를 두고 있었는데, 파사왕 시대에 와서 일부는 한기부로 이주했다. 그중 한 사람이었던 마제는 왕과 쉽게 접촉할 정도의 세력을 유지했던 것이다.

허루의 경우에도 사정은 크게 다르지 않았다. 지마태자의 어머니는 사성부인인데, 그녀도 김씨이며 허루 집안 출신이었다. 이 집안

❀ **악기를 연주하는 신라인** | 허루와 마제의 딸이 춤출 때에도 여흥을 돋우기 위해 악사가 동원되었을 것이다.

❀ **손을 모은 여인** | 손을 모으고 서 있는 모습이 파사왕과 지마태자 앞에서 인사하기 직전의 허루와 지마의 딸들을 연상시킨다. 토우의 형태는 소박하나, 딸들은 옥 목걸이 등으로 화려하게 치장했을 것이다.

도 알지의 후손으로서 한기부로 이주한 세력이었다.

이처럼 허루와 마제는 모두 김씨의 유력한 세력으로 유찬 못가의 사냥을 기회로 지마태자에게 접근했다. 김씨 집단이 권력의 중심으로 들어갈 수 있는 기회였던 것이다. 그러나 허루와 마제가 모두 기회를 잡으려고 하다 보니 양 집안 사이에 경쟁이 붙고 말았다.

연회를 준비하는 과정으로 보아 그 주도권은 허루에게 있었던 것 같다. 그러나 우열의 차이는 크지 않았다. 두 딸이 경쟁적으로 춤을 추고 후세에도 그 춤이 잘 알려진 것은 이를 말해준다.

지마태자의 고민

어머니에게 이끌려 나와 춤을 춘 딸들에게도 태자 앞에서 춤을 추는 것은 인생의 극적인 순간이었다. 여기서 태자의 눈에 들면 궁궐로 들어가 장차 왕비로서 살아갈 것이었다. 그렇지 않으면 한기부 안의 어떤 집안으로 시집가서 조금은 평범하게 살 수도 있었다. 연회에 순순히 참여하고 어머니가 이끄는 대로 나와 춤을 춘 것은 이 순간의 중요성을 딸들이 누구보다 잘 알았기 때문이다. 딸들은 온갖 치장을 하고서 이 자리에 참석했다.

이 연회가 중요하기는 지마태자도 마찬가지였다. 두 여자를 놓고 저울질하는 것은 행복한 고민이기도 했다. 그러나 한 번의 선택은 결혼 생활뿐만 아니라 자신의 정치적 입지에 엄청난 영향을 줄 수 있었다.

신라 왕실의 혼인 풍습을 따른다면 지마태자는 삼촌인 일성(逸聖)

의 딸을 데려올 수도 있었다. 역사 기록에는 그 딸이 보이지 않지만, 지마가 속한 박씨 집단 내에도 혼기가 찬 여자들이 여럿 있었을 것이다. 파사왕에 앞서 왕위를 차지한 탈해왕 계통의 여자들도 물망에 올랐고, 계림 주변에 거주하는 김씨 집단의 여성들도 마찬가지였다. 그럼에도 지마태자는 한기부에 가서 두 여자의 춤에 시선을 고정시켰다. 지마태자는 한기부의 김씨 집단에서 배필을 구하기로 이미 마음을 먹고 있었던 것이다. 유찬 못가 사냥 이전부터 파사왕과 지마태자는 그렇게 의견을 모았던 것으로 보인다.

허루의 딸이 춤을 추기 시작하자 지마태자는 술기운이 얼근한 가

❀ **춤추는 여인** | 신라 유물 중에서 춤추는 여인에 대한 것은 전하지 않는다. 무용총의 벽화에 그려진 여인은 무덤 주인공을 위해 춤을 추고 있다. 혼인을 전제로 했던 애례의 춤은 이와 사뭇 달랐을 것이다.

운데 그 모습을 바라보았다. 그 춤이 어떠했는지는 알 길이 없다. 신라 토우(土偶)에 묘사된 춤추는 여인이나 고구려 무용총에 그려진 고구려 여인들의 모습과 비슷했을지도 모를 일이다.

허루의 딸은 최선을 다했지만 태자의 마음을 끌지는 못했다. 이어 마제의 딸 애례가 춤을 추자 그는 기쁜 마음을 감추지 못했다. 이 때문에 허루는 매우 언짢아했으나, 지마태자의 마음은 더 이상 움직이지 않았다.

파사왕의 선택

파사왕은 태자의 마음을 헤아리고 허루에게 말했다. "이곳 땅 이름이 대포(大庖)인데, 공은 이곳에서 잘 차린 음식과 맛 좋은 술을 마련해 짐을 즐겁게 해주었소. 이에 그대에게 주다(酒多)의 자리를 주어 이찬보다 높게 하겠소."

그러고는 마제의 딸 애례를 지마태자의 짝으로 삼았다. 파사왕은 왜 이런 결정을 내렸을까?

그는 무엇보다도 알지가 탄생한 뒤 확대되어온 김씨 집단의 세력기반을 이용하려 했다. 탈해가 죽고서 석씨 집단을 대신해 왕이 된 파사왕으로서는 이들을 견제할 세력이 필요했다. 이런 상황에서 한기부에 세력기반을 구축한 김씨 집단은 좋은 파트너가 될 수 있었다. 한기부 연회의 참여는 바로 이러한 제휴를 추진하는 연장선에서 이루어진 것이다.

그런데 이를 위해서는 한쪽만 포용하기보다 허루와 마제 모두를 끌어안는 편이 유리했다. 파사왕은 두 세력에게 모두 기회를 주었다. 어느 쪽 여자와 혼인할 것인가는 태자의 선택에 맡겼으나 이것도 위와 같은 정략적 판단의 테두리 내에서만 허용되었다.

원래 기존 왕실 안에서는 허루 집단 쪽의 세력이 훨씬 컸다. 유리왕 시대 이래 왕비로 들어온 허루 집안의 딸들이 이를 잘 말해준다. 파사왕의 비도 같은 계통이었으므로 아마 허루의 딸이 태자비로 들어오기를 바랐을 것이다.

❈ 뿔잔 | 연회에는 술과 음식이 넘쳐나기 마련이다. 신라의 술잔은 흔히 뿔의 모양을 하고 있었다.

그러나 파사왕은 새롭게 떠오른 마제 집단의 여자를 점찍었으며 이로써 전략적 제휴의 범위를 넓히려 했다. 지마태자도 아버지의 뜻을 의식할 수밖에 없었다. 무엇보다도 애례에게는 진심으로 마음이 끌리기도 했다. 애례의 춤을 보고 기뻐한 것은 그녀에 대한 호감인 동시에 아버지 파사왕의 의도에 따르겠다는 의지의 표현이었다.

파사왕은 마제의 딸을 받아들이는 대신 허루에게는 주다의 지위를 주었다. '주다'는 글자 그대로 술과 음식을 많이 제공했다는 뜻이다. 연회 장소였던 '대포'도 원래 대규모 요리소를 의미한다. 그만큼 허루 집단에게는 이를 뒷받침할 만한 경제력이 아직 충분했던 것이다. 연회를 베풀어주어 고맙다고 파사왕이 말한 것은 바로 이러한 경제력을 인정하면서 적절히 이용하겠다는 희망의 표현이었다. 그래서 파사왕은 허루에게 이찬보다 높은 지위를 준 것이다.

박씨 왕실의 손익계산

주다는 훗날 신라의 제1등 관직이 되었다. 다른 이름으로는 이벌찬(伊伐湌), 서불한(舒弗邯), 각간이라고도 했다. 관직만 보면 허루는 신라에서 처음으로 최고의 자리를 차지한 셈이다.

그러나 이를 액면 그대로 받아들이기에는 문제가 있다. 이미 남해왕 시대에는 탈해가 대보(大輔)로 임명되었고 탈해왕 때에는 우오(羽鳥)가 각간이 되었다고 전한다. 이러한 직책은 국정총괄을 담당했지만 당시에는 아직 정식 관직으로는 편성되지 않았다. 신라 초기에 정무를 총괄한 관직은 실제로는 '이찬'이었다. 이찬은 경주의 유력자들이 왕이나 촌장의 지배조직으로 흡수되면서 얻은 직책이었다. 그러다가 파사왕 시대에는 왕의 통치에 참여하던 이찬 휘하의 사람들도 관직을 수여받았다.

관직자들을 전체적으로 총괄하는 역할을 한 것이 바로 주다였다. 그러나 『삼국사기』의 파사왕 때 기록에는 주다가 보이지도 않는다. 이는 주다가 아직 공식적인 관직으로는 설치되지 않았기 때문이다. 그럼에도 불구하고 파사왕은 주다에게 이찬보다 높은 지위를 부여해 자신에 대한 충성을 유도한 것이다.

주다의 임명은 촌들에 대한 통제와도 관련이 있었다. 신라 초기에 촌주들은 자기 촌에 대한 자치권을 인정받았다. 그런데 촌의 하나였던 한기부에서 파사왕은 촌주와 별개로 이찬을 임명했다. 한기부 이찬의 임명은 원래 그 촌주의 소관이었으나, 이때 촌주는 별다른 역할을 하지 못했다. 허루를 주다로 임명하는 과정에서도 이는 마찬가지였다. 촌주는 자치권을 가진 세력가에서부터 왕의 신하에 가까운 존재로 변하고 있었다. 파사왕 23년 왕은 음즙벌국(안강), 금관국(김해)과의 분쟁에서 희생당한 한기부의 촌주를 위해 군사를 동원하기도 했다.

이제 신라 왕은 주변 촌의 군사적 사안도 책임지기 시작했다. 주다의 임명에는 촌들에 대한 지배를 강화하려는 박씨 왕실의 계산도 깔려 있었다.

굴어진 인연의 끈

지마태자가 애례부인을 맞이한 목적은 단순하지 않았다. 왕실의 권력을 안정시키고 촌들에 대한 지배를 강화하려는 정치적 의도가 담겨 있었다. 애례의 춤을 바라보는 파사왕의 마음은 이런 생각으로 복잡했을 것이다. 지마태자도 이 같은 의도를 벗어나지는 않았다. 그러나 애례의 춤에 매우 기뻐한 것을 보면 이 순간만큼은 모든 것을 잊고 그녀의 매력에 도취되었던 것 같다.

애례부인을 맞이한 지마태자는 파사왕이 죽은 뒤 왕위에 올라 23년 동안 신라를 다스렸다. 그동안 애례부인에게서 내례(內禮)를 낳았으나 아들은 낳지 못했다. 그래서 파사왕이 죽은 뒤에는 왕위가

삼촌인 일성왕으로 넘어가게 되었다. 또 지마왕은 아버지 파사왕
만큼 치적을 남기지도 못했다. 그러나 처음 애례부인에게 느꼈던
설렘은 끝까지 간직했을 것이다.

| 이부오 |

김철준, 「신라상대사회의 Dual Organization」(상) 《역사학보》 1, 1952 : 『한국고대사회
　　연구』, 서울대학교 출판부, 1990.
신학태, 「신라초기 박씨 · 석씨집단의 대립에 대한 소고」 《명지사론》 11 · 12, 2000.
이부오, 「이사금대 초기 사로국 간위의 성립과 분화」 《한국상고사학보》 36, 2002 : 『신
　　라 군 · 성(촌)제의 기원과 소국집단』, 서경, 2003.
이형우, 『신라 초기 국가성장사 연구』, 영남대학교 출판부, 2002.

근친혼으로 신라 최고의 왕을 낳다
—입종과 지소부인

객토 작업 중 발견한 비석

1988년 1월 20일 무렵, 경북 울진군 죽변면 봉평리의 한 주민이 논에서 객토 작업을 하다가 오래전부터 이곳에 박혀 있던 커다란 돌 하나를 마침내 포클레인으로 들어내어 동네 개울가에 내다 버렸다. 논바닥에 뒹구는 돌은 농사에 방해만 될 뿐이었다.

그로부터 두 달가량 지난 같은 해 3월 20일 무렵, 이 돌이 쓸 만하니 마을 숲에 옮겨다가 조경석으로 쓰는 게 어떻겠느냐는 마을 사람들의 의견에 따라 돌은 마침 마을 앞을 지나던 포클레인에 옮겨 실려 마을 성황당 옆 빈 터로 옮겨졌다.

그런데 우연히 이 돌에 신라시대의 글자가 새겨져 있음이 확인됨으로써 사학계를 흥분의 도가니로 몰아넣게 된다.

524년 정월 대보름의 거벌모라 남미지촌

'울진봉평신라비(국보 제242호)'라고 하는 이 비는 변성화강암을 네 면에서 대강 다듬고는 그 전면에만 촘촘히 총 398자를 새겨넣은 것이다. 높이는 204cm로 현역 프로농구 선수 중에 최장신 센터인 서장훈의 키와 거의 같다. 하지만 너비는 좁은 편이라 비석 위쪽이 32cm, 가운데가 36cm, 아래쪽이 54.5cm가량 된다.

현재는 이 비가 원래 발견된 장소에서 50m가량 떨어진 곳에 어엿한 비각을 세워 그 안에 보존하고 있다. 전면에서만 확인된 398자는 10행에 걸쳐 기록되어 있으나, 각 행마다 글자수는 들쭉날쭉이다. 논에서 포클레인으로 이 비석을 캐내어 냇가에 버렸다가, 다시 포클레인을 이용해 성황당으로 옮기는 과정에서 비문 중간쯤이 손상되는 바람에 일부 글자를 읽을 수 없다는 점이 아쉽기만 하다. 이에 더해 건립 이후 1,500년에 달하는 장구한 세월에 많은 글자가 닳아버리고, 나아가 당시 사정에 대한 정보가 매우 불충분하므로 글자별 정확한 판독이라든가, 그에 대한 해석이 구구한 실정이다.

그럼에도 이 비문에 거벌모라(居伐牟羅) 남미지촌(男彌只村)이라는 곳에서 발생한 어떤 사건에 대해 신라 조정이 내린 결정의 내용이 기록되어 있다는 점에 대해서만은 이견이 있을 수 없다. 나아가 비문 그 자체 기록에 의해 이 비가 세워진 때는 갑진년(甲辰年) 정월 15일이라는 사실도 확인된다.

또한 비문에 신라 법흥왕(514~540)임이 분명한 '모즉지(牟卽智) 매금왕(寐錦王)'과 그의 동생 '사부지(徙夫智) 갈문왕(葛文王)'이라는 존재가 함께 보인다는 점에서, 여기서 말하는 갑진년이 법흥왕 재위 12년째이면서 서기로는 524년임이 밝혀졌다.

거벌모라 남미지촌이 어느 곳인지 확실히 알 수는 없으나, 이 비가 발견된 지금의 울진군 봉평리 일대를 말할 가능성이 크다. 신라 조정까지 나서 판결을 내릴 수밖에 없던 사건이 무엇인지에 대해서는 비문 자체가 완전하지 못하다는 등의 이유로 인해 확실히 알 수 없다. 구구한 설명이 있기는 하나, 한결같이 추정이라는 범주를 벗어날 수 없다.

그 사건이 도대체 무엇이었건, 신라 조정이 내린 판결을 비문 자체는 '교(敎)' 혹은 '교사(敎事)'라는 말로 표현하고 있다. 또 비문에

❀ **울진봉평신라비** | 기존의 사료들이 담고 있지 않은 새로운 사실들을 많이 담고 있어 신라 역사 연구의 새로운 장을 연 계기가 되었다. 국보 제242호.

는 판결(판정)을 내리는 데 관여한 신라 조정의 군신 14명이 실명으로 죽 나열되어 있다. 여기에는 모즉지 매금왕이 맨 먼저 나오고, 사부지 갈문왕이 그 뒤를 따르고 있다.

봉평비문은 이 군신들을 표기할 때 거주지를 먼저 밝힌 다음에 이름을 거론하고, 다시 그의 현재 관위(벼슬의 등급)를 덧보태는 방식을 구사하고 있다.

예컨대 현재 직책이 매금왕(즉, 왕)인 모즉지와 그 친동생인 갈문왕 사부지는 각각 '탁부(啄部) 모즉지 매금왕'과 '사탁부(沙啄部) 사부지 갈문왕'이라고 기록되어 있다. 여기서 모즉지와 사부지는 그들의 실제 이름이며, 매금왕과 갈문왕은 그들의 현 직책이고, 탁부와 사탁부란 그들의 현재 거주지를 말한다.

봉평비문에 의하면, 신라 왕과 그 신하를 합쳐 모두 14명이 공론

울진 봉평비 공론자 집단		
이름	주거지	관위
모즉지(牟卽智)	탁부(啄部)	매금왕(寐錦王)
사부지(徙夫智)	사탁부(沙啄部)	갈문왕(葛文王)
口부지(口夫智)	본피부(本彼部)	간지(干支)
미사지(美斯智)	잠탁부(岑啄部)	간지(干支)
이점지(而粘智)	사탁부(沙啄部)	대아간지(大阿干支 ⑤)
길선지(吉先智)	사탁부(沙啄部)	아간지(阿干支 ⑥)
일독부지(一毒夫智)	사탁부(沙啄部)	일길간지(一吉干支 ⑦)
물력지(勿力智)	탁부(啄部)	일길간지(一吉干支 ⑦)
진육지(愼宍智)	탁부(啄部)	거벌간지(居伐干支 ⑨)
일부지(一夫智)	탁부(啄部)	대나마(大奈麻 ⑩)
일이지(一尒智)	탁부(啄部)	대나마(大奈麻 ⑩)
모심지(牟心智)	탁부(啄部)	나마(奈麻 ⑪)
십사지(十斯智)	사탁부(沙啄部)	나마(奈麻 ⑪)
실이지(悉尒智)	사탁부(沙啄部)	나마(奈麻 ⑪)

(共論), 다시 말해 함께 토론해서 거벌모라 소속 남미지촌이라는 마을에서 일어난 어떤 사건을 판결한 셈이 된다. 이들 14명을 편의상 '공론자 집단'이라고 할 때 그들을 도표로 나타내면 138쪽과 같다.

그렇다면 사부지 갈문왕은 도대체 누구인가? 이에 대한 탐구에 앞서 우리는 봉평비보다 18년 전에 발견된 또 다른 신라시대 금석문을 찾을 필요가 있다. 여기에도 그가 등장하기 때문이다. 이 과정에서 우리는 당시 신라 왕실과 조정을 주름잡은, 신라의 측천무후를 마주하게 된다.

여동생과 함께 서석곡을 찾은 갈문왕 사부지

1970년 12월, 황수영(黃壽永) 교수와 문명대(文明大) 교수가 이끄는 '동국대학교 울산지구 불적(佛蹟)조사대'가 경남 울주군 천전리라는 심산유곡 마을을 관통하는 강가의 한 바위 면에서 상징문자로 생각되는 무수한 그림과 1,000자 이상을 헤아리는 많은 글자를 발견했다. 새겨진 명문은 특정 시기에 한꺼번에 작성된 것이 아니라, 구역별로 각기 시대를 달리하고 있음이 분석 결과 밝혀졌다.

다양한 명문 자료 중에서도 명문 자체 분석에 의해 소위 을사년(乙巳年)에 처음으로 작성되었음이 밝혀져 나중에 학자들이 '을사년 원명(原銘)'이라고 이름 붙인 명문과, 이것과 연속되는 사건을 기록한 것으로 을사년보다 시간이 흐른 다음인 기미년(己未年)에 추가 작성되었다고 해서 '기미년 추명(追銘)'이라 명칭이 붙은 두 가지 명문은 특히 주목을 받고 있다.

그렇다면 두 명(銘)은 어떤 내용을 담고 있으며, 정확히 어느 시점에 작성되었고, 또 서로 어떤 관계에 있을까?

두 명문을 간단히 비교하면 '을사년 원명'은 을사년이라는 해에 실제 이름을 알 수 없는 어떤 갈문왕이 그의 우매(友妹), 즉 친구와 같은 누이동생인 어사추(於史鄒)와 함께 지금의 울주 천전리 일대에 '유래(遊來)', 즉 놀러 왔다는 내용을 담고 있다. 아울러 이 명문은 갈문왕 일행이 이 계곡에 아무런 이름도 없음을 발견하고는 이 일대에 '서석곡(書石谷)'이라는 명칭을 붙였다는 사실을 덧붙이고 있다. '서석곡'은 글자 그대로는 '글자를 새긴 바위가 있는 계곡' 정도라는 뜻이다.

반면 '기미년 추명'은 '을사년 원명'에 기록된 과거 갈문왕과 어

🈂 **천전리 전경** | 태화강 상류인 대곡천이 만들어낸 계곡이다. 경치가 아름답고 사철 수량이 풍부해 갈문왕 입종 일행도 이곳으로 놀러 나왔을 것이다.

사추 일행의 서석곡 행차를 회상하는 내용을 담고 있다. 이때 행차한 주인공은 앞선 을사년에 행차한 사부지라는 갈문왕의 정비인 지몰시혜비(只沒尸兮妃)이며, 아울러 이 행차에는 무즉지태왕(另卽知太王)의 비(妃)인 부걸지비(夫乞支妃)와 사부지왕의 아들인 심□부지(深□夫知)가 동행했다.

우리가 이들 명문이 작성된 정확한 연대와 서석곡에 동행한 인물들이 『삼국사기』라든가 『삼국유사』와 같은 문헌에 등장하는 누구에 해당하는지를 비교적 정확하게 알게 된 것은, 두 명문 중에서도 나중에 작성된 '기미년 추명'을 통해서였다.

무즉지태왕이란 이름이 무즉지인 태왕이란 의미로서, 태왕은 왕이란 존칭을 더욱 높인 것이다. 무즉지란 사람은 봉평비문에도 등장하는 '모즉지'와 같은 발음을 글자만 약간 다르게 표기한 것으로 바로 신라 법흥왕의 이름이다. 아울러 무즉지태왕비인 부걸지비가 법흥왕의 정비(正妃)로서 이름이 부걸지라는 의미가 되므로, 바로 『삼국사기』라든가 『삼국유사』와 같은 문헌에서 법흥왕의 부인으로 '보도(保刀)' 혹은 '파도(巴刀)'라고 기록한 여인임을 동시에 파악할 수 있게 되었다.

그렇다면 '기미년 추명'에 보이는 갈문왕 사부지(徙夫知)는 누구인가? 그에 앞서 우리는 우선 이 천전리 각석(刻石) 명문에 새겨진 이 사부지가 524년 건립된 울진봉평신라비에서 보이는 갈문왕 '사부지(徙夫智)'와 동일인임을 직감하게 된다. 신라 남자 인명이면 으레 붙는 글자가 각각 '지(知)'와 '지(智)'로 약간 다르기는 하지만, 두 글자의 발음이 같은 것은 말할 것도 없고 뜻도 같기 때문이다.

하지만 아쉽게도 울진봉평신라비와 천전리 각석 명문에 모두 보이는 갈문왕 사부지가 도대체 누구인지를 확정하기에는 아직까지 정보가 부족하다. 이를 해명하기 위해서는 무엇보다 '기미년'에 서석곡이라는 계곡으로 행차한 주인공 갈문왕 사부지의 비, 즉 첩이 아닌 정식 부인인 '지몰시혜비'와 그의 아들로 기록된 '심□부지'(深□夫知)가 누구인지를 밝혀내야 한다.

갈문왕비 지몰시혜와 그 아들

천전리 각석 명문 중에서도 기미년 추명에 등장하는 사부지 갈문왕의 아들은, 그 이름의 중간 글자를 판독하기 어려워 편의상 '심□부지'라고 처리했으나, □라는 부분은 자세히 보면 '맥(麥)'일 가능성이 매우 크다. 이 글자가 무엇이건 천전리 각석 명문에 의해 심□부지는 아버지가 갈문왕 사부지이며, 어머니는 지몰시혜비임을 알 수 있다.

그러므로 심□부지는 큰아버지이자 외할아버지인 법흥왕의 뒤를 이어 즉위하게 되는 진흥왕(540~576)임이 확실하다. 그의 본명이 바로 '삼맥종(三麥宗)' 혹은 '심맥부(深麥夫)'였기 때문이다. 『삼국사기』는 진흥왕에 대해 "이름은 삼맥종이라고도 하고 심맥부라고도 한다"고 했으며, 『삼국유사』에서는 "삼맥종이라고도 하고 심□(深□)라고도 한다"고 했다. 현존 『삼국유사』 판본에는 '심□(深□)'이라고 해서 글자가 지워졌으나 『삼국사기』를 아울러 참조할 때 '심맥(深麥)'임에 틀림없다.

고려시대 승려인 각훈(覺訓)이 쓴 삼국시대 승려 열전인 『해동고

승전(海東高僧傳)』에서는 진흥왕에 대해 "속명(俗名, 출가 이전 세속에서 쓴 이름)을 삼맥종이라 한다"고 하고 있다. 이로 볼 때 진흥왕은 본래 이름이 삼맥종 혹은 심맥부였을 것이다. 삼(三)과 심(深)의 발음이 지금은 약간 다르나 옛날에는 같았다. 아울러 신라시대의 인명 끝에 흔히 붙는 종(宗)이라는 글자도 일종의 접미사이며, 부(夫)라는 글자도 그런 면모가 농후하다는 점에서 진흥왕의 본래 이름은 삼맥 혹은 심맥이라고 해도 될 것이다. 문헌에서 보이는 진흥왕의 본래 이름이, 천전리 각석 명문에서 보이는 '심□부지'라고 볼 수 있는 근거는 여기에 있는 셈이다.

이 사실은 그의 어머니이자, 천전리 서석 명문에 기록된 지몰시혜라는 여인을 검토할 때 명백해진다. 그는 '심맥부', 즉 진흥왕의 어머니였다. 이를 염두에 두고 『삼국사기』와 『삼국유사』의 관련 기록을 검토하면 매우 재미있는 현상이 벌어진다.

❀ **천전리 원명** | 갈문왕 입종 일행이 지금의 울주군 천전리 서석곡 일대를 방문했을 때 그 기념으로 남긴 기록이다.

먼저 전자에서는 진흥왕 어머니의 실명을 전혀 공개하지 않은 반면에, 후자에는 그 실명을 드러내 보인다는 점이 명백한 대비를 이룬다. 『삼국사기』에는 진흥왕의 계보에 대해 "법흥왕의 동생인 갈문왕 입종(立宗)의 아들이며 어머니는 김씨로 법흥왕의 딸이다"고 했다. 이는 『삼국사기』가 각 왕에 대해서는 부모가 누구인지, 그 계보는 물론이요, 그 실명도 공개하는 것을 원칙으로 하고 있다는 점에서 매우 이례적이다. 여기에서 우리는 『삼국사기』가 진흥왕의 어머니가 누구의 딸인지는 정확히 알고 있으면서도 그 실명을 공개하지 않고 있다는 데는 모종의 의도가 작용할 결과라는 사실을 짐작할 수 있다. 그 어머니가 누구의 딸인지 알고 있으면서도 그 이름을 모른다는 것은 선뜻 납득하기 힘들다. 따라서 『삼국사기』는 무슨 이유에서인지 진흥왕 어머니의 이름을 알고서도 빼버렸다고 봐야 한다.

이는 『삼국사기』보다 훨씬 늦은 시기에 편찬된 『삼국유사』의 관련 기록과 대비할 때 명백해진다. 즉 『삼국유사』에서는 진흥왕에 대해 "아버지는 곧 법흥왕의 동생인 갈문왕 입종이고, 어머니는 지소(只召) 부인인데, 식도(息道) 부인이라고도 한다"고 하고 있다. 여기서는 갈문왕 입종과의 사이에서 진흥왕을 낳은 여인이 '지소'라는 이름으로 분명히 보이고 있다.

아울러 우리는 이 '지소'가 천전리 각석 명문에 보이는 '지몰시혜'라는 여인과 같다는 사실을 알게 된다. 문헌에는 보도 혹은 파도라고 기록된 법흥왕비가 부걸지로 기록되어 있듯이, 문헌에는 지소라고 보이는 진흥왕 어머니는 금석문에서는 지몰시혜로 나타나고 있다. 고려시대에 편찬된 후대 문헌 기록과 신라 당대에 작성된 금석문을 비교할 때 인명의 첫 글자만 같다는 흥미로운 사실이 드러난다. 즉, 보도(保刀)의 보(保) 혹은 파도(巴刀)의 파(巴)와 부걸지(夫乞支)의 부(夫)는 같은 발음임이 명백하며, 같은 논리로 지소(只召)와 지몰시혜(只沒尸兮)의 지(只) 또한 상통하고 있다.

아울러 천전리 각석이라는 금석문에 보이는 지몰시혜비가 다름 아닌 진흥왕의 어머니요, 갈문왕 입종의 부인이라는 사실이 밝혀지게 됨으로써 우리는 더욱 많은 정보를 캐낼 수 있게 되었다.

첫째, 지몰시혜비, 즉 지소는 법흥왕(모즉지 혹은 무즉지)과 보도 부인(파도 부인 혹은 부걸지비)의 딸이라는 사실이다.

둘째, 그녀가 남편으로 삼은 갈문왕 입종은 삼촌이기도 했다는 점이다. 앞서 말한 여러 기록에서 보았듯이 갈문왕 입종은 법흥왕의 친동생이었다. 그러므로 입종 또한 부모는 법흥왕과 보도 부인임을 알 수 있다. 입종과 지소의 결혼은 삼촌과 조카딸 사이의 이른바 근친결혼이었던 것이다.

셋째, 기미년이라는 해에 지몰시혜비가 서석곡이라는 계곡에 행차했을 때 그와 동행한 부걸지비, 즉 법흥왕비와 지몰시혜비는 다름 아닌 모녀 관계라는 사실도 캐낼 수 있다. 지몰시혜비는 어머니인 부걸지비와 함께, 아울러 그의 아들인 심맥부지(진흥왕)를 데리고 서석곡에 행차했던 것이다. 이런 고찰을 통해 자연히 심맥부지의 아버지요, 지몰시혜비의 남편인 갈문왕 사부지가 『삼국사기』와 『삼국유사』에 모두 보이는 갈문왕 입종이라는 사실이 분명해지게 되었다. 나아가 울진봉평신라비에 보이는 갈문왕 사부지 역시 갈문왕 입종이었던 것이다.

우리는 이를 발판으로 천전리 각석 명문 중에서도 원명이 작성된 '을사년'이 법흥왕 재위 12년인 525년이며, 추명이 완성된 '기미년'

은 을사년보다 14년이 지난 뒤인 법흥왕 재위 26년(539)이라는 사실도 밝혀내게 되었다. 두 명문을 비교할 때 또 하나 우리가 잊지 말아야 할 대목은 525년 당시에 갈문왕 사부지, 즉 갈문왕 입종이 살아 있었으나 그보다 14년이 지난 539년에는 이미 그는 죽고 없다는 사실이다. 이는 '기미년 추명'에서 지몰시혜비가 죽은 남편을 사모하는 마음을 표출하고 있다는 점에서 유추할 수 있다. 다만 갈문왕 입종이 정확히 언제 죽었는지는 확실치 않다.

지몰시혜비가 그리워한 갈문왕 입종

천전리 각석 중 을사년 원명에는 실명 없이 그냥 '갈문왕'이라고만 보이다가 14년 뒤, 법흥왕 26년(539)인 기미년 7월 3일 무렵에 작성된 추명에서야 비로소 사부지라는 이름으로 나타난 갈문왕 입종은 각종 문헌 자료에서도 적지 않은 흔적을 남기고 있으니, 그것을 정리하면 다음과 같다.

입종은 지증왕과 그의 정비인 연제(延帝) 사이에서 태어난 아들 중의 하나로서 원종(原宗)이라고 일컫는 법흥왕의 동생이다. 그는 조카딸이자 법흥왕의 딸인 지소와 결혼해 그 사이에서 아들 진흥을 낳았다. 뿐만 아니라 입종은 만호(萬呼)라는 딸을 두니, 이 딸이 진흥왕의 아들인 동륜태자와 혼인해 진평왕을 낳았다. 나아가 입종은 숙흘종(肅訖宗)이라는 아들을 두었다. 숙흘종은 정식 부인인 지소가 아니라 후첩에게서 난 아들임이 거의 확실하다. 숙흘종은 아버지는 같고 어머니가 다른 자매 만호와의 사이에서 김유신의 어머니가 되

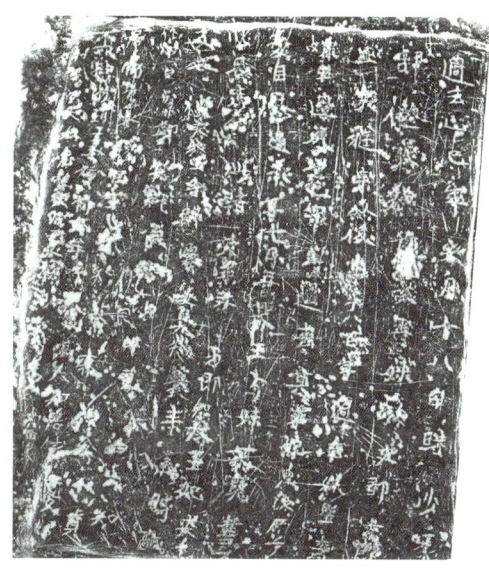

는 만명(萬明)이라는 딸을 낳기도 했다. 나아가 울진봉평신라비라든가 천전리 각석과 같은 금석문 기록을 종합할 때, 입종은 왕위에 오르지는 못했으나 왕에 못지않은 위세를 생전에 누렸으며, 사후에는 그 아들 진흥왕을 필두로 그 직계 후손들이 신라 왕위를 독점하게 됨으로써 그 위상은 더욱 높아졌다고 할 수 있다.

권력을 농단하고 남자들을 거느린 지소부인

후손들이 대를 이어 신라 왕이 된 입종이지만, 부인 지소보다 먼저 죽었음이 분명하다. 그의 정확한 사망 시점을 알 수 없으나, 그가 540년에 사망한 형 법흥왕보다 먼저 죽었다는 사실도 명백하다. 입

❀ 서악동고분군 ┃ 무열왕릉 뒤쪽에 자리한 4기의 능에 무열왕의 선조가 묻혔을 것으로 생각된다. 이 중에 지소의 고분도 있을 것이다.

종의 죽음과 더불어 당시 신라 지배계층 내부에서는 법흥왕 후계자를 둘러싸고 권력 투쟁의 일대 회오리가 몰아쳤다고 생각된다. 그것은 법흥왕이 정비에게서 아들을 두지 못한 데서 비롯된 필연적인 결과였다.

이를 해명할 수 있는 적극적인 자료는 없으나, 아마도 부녀(婦女) 간 권력 투쟁이었다고 생각된다. 투쟁에서 승리한 지소는 권력까지 움켜쥐게 되었다.

540년 진흥왕이 즉위할 때의 나이에 대해『삼국유사』에서는 15살이었다고 하지만, 여러 정황으로 보아 7살이었다는『삼국사기』쪽이 사실에 더욱 가깝다. 진흥왕은 즉위 초반기에는 어린 나이 때문에 직접 통치를 하지 못했다. 이럴 경우에는 섭정(攝政)이라고 해서,

왕실의 어른 중 명망이 높은 사람이나 왕의 어머니인 태후가 왕 노릇을 대신하기도 한다. 왕실 여인 중 어른이 왕 노릇을 하는 일을 흔히 수렴청정(垂簾聽政)이라 했다. 수렴 너머로 신하들의 의견을 물어 통치했다는 의미다.

진흥왕 즉위 초반기에는 그의 어머니 지소가 태후로서 정권을 농단했다는 흔적이 기록에서 보인다. 먼저 『삼국사기』 신라본기 진흥왕 즉위년조에서는 "(진흥)왕이 어리므로 왕태후(王太后)가 섭정했다"고 기록되었고, 『삼국유사』 기이편 진흥왕조에서도 "진흥왕이 즉위할 때 15살이므로 태후가 섭정했다"고 했다.

실제적인 통치자로서 지소가 남긴 행적으로 가장 주목을 끄는 것은 화랑도 창설이다. 『삼국사기』라든가 『삼국유사』와 같은 기록들을 보면, 신라에 화랑도가 설치된 시점이 대단히 불명확하며 그렇기 때문에 그 설치 주체도 알 수가 없다. 하지만 조선 초기에 편찬된 『삼국사절요(三國史節要)』라든가 『동국통감(東國通鑑)』에서는 그 설치 시점이 진흥왕이 즉위한 해(540)이며, 이에 더해 화랑도 우두머리를 풍월주(風月主)라고 불렀다는 기록까지 명확히 보이고 있다. 나아가 이들 문헌은 화랑도를 설치하고 풍월주를 둔 주체가 진흥왕 자신이라고 하고 있다.

하지만 화랑도를 설치한 이가 진흥왕이라는 기록은 이치에 닿지 않는다. 7살(혹은 15살)에 지나지 않는 꼬맹이 왕이, 더구나 실권이라고는 전혀 없는 어린 왕이 도대체 무엇을 직접 할 수 있었겠는가?

따라서 진흥왕 즉위년에 화랑도가 설치됐으며 나아가 그것이 국가적 차원에서 추진되었다면, 적어도 그 설치를 최종 허락한 최고 책임자는 당시 섭정을 맡고 있던 지소태후였음이 확실하다. 이런

점에서 지소태후가 540년에 화랑도를 창설했다는 기록은 주목받을
만하다.

창설 이유에 대해 『삼국사기』는 인재 선발을 위한 것이었다고 강
조하는 반면 『삼국유사』는 진흥왕이 신선술(神仙術)을 매우 숭상했
기 때문이라고 밝히고 있다. 『삼국사기』를 존중한다면 화랑도는 대
학과 같은 일종의 교육기관이 되는 셈이며, 『삼국유사』의 기록을
존중한다면 영원히 죽지 않는 신선이 되고자 열망하는 도교라는 종
교 집단의 조직 혹은 교단이 되는 셈이다. 또한 이 두 가지 측면을
동시에 볼 수도 있을 것이다. 즉 화랑도는 도교의 교단이면서 아울
러 인재를 길러내는 조직이었다고 할 수도 있다. 실제 여러 기록을
참조할 때 화랑도는 도교 교단이면서 교육기관이기도 했음이 명백
하다.

화랑도가 신선이 되기 위한 끊임없는 내외적 수양을 강조하는 도
교 교단이라는 측면과 관련해서 우리가 주목할 것은, 도교에서는
영원히 죽지 않는 삶을 얻기 위한 방편 중 하나로 이른바 방중술(房
中術)이라고 해서, 섹스를 유난히 강조하고 있다는 사실을 그냥 지
나칠 수는 없다. 이 방중술의 구체적 실태에 관한 언급은 생략하지
만, 요점을 추린다면 남자와 여자는 각각 젊고 싱싱한 여자와 소년
들과 되도록 많은 섹스를 해야 신선이 될 수 있다고 가르친다.

이와 관련해서 우리가 소홀히 할 수 없는 대목이 화랑도의 우두
머리인 풍월주에 대한 각종 기록에서 한결같이 그가 미소년이라는
점을 특히 강조하고 있다는 사실이다.

그렇다면 왜 이렇게 미소년과 화랑도의 관계가 밀접할까? 그것
은 미소년으로 조직된 화랑도 구성원, 특히 그 우두머리인 풍월주

가 적어도 지소태후 집권 시절, 혹은 진성여왕 재위 당시에는 태후와 왕을 위해 성적으로 봉사하는 일을 했기 때문이라고 볼 수 있을 것이다. 때문에 후대 기록들은 이들 여인이 성적으로 문란했다고 비난하기도 한다. 그러나 당시 신라사회 저변을 관통하던 종교사상이 도교였고, 도교에서 방중술을 유난히 강조했다는 사실을 감안한다면, 하등 이상할 것도 없는 전통이다.

남편이 일찍 죽는 바람에 팔팔한 나이에 과부가 된 지소는 다른 남편을 받아들이고, 나아가 젊고 잘생긴 청년들을 잠자리에 끌어들이기는 했으나, 이것이 신라 당시에는 통용될 수 있는 관습이었다고 인정한다면 하등 이상할 것이 없다. '자유부인'이었다는 관점으로 지소를 바라볼 수는 없는 것이다.

※ **가랑이를 벌린 토우** | 진흥왕 즉위년 화랑도를 설치하고 미소년 풍월주를 둔 배후에는 지소의 성적 충족이라는 목적이 있었다.

입종과 지소부인. 이들은 삼촌과 조카딸이었으나 근친혼에 의해 진흥왕이라는 신라 역사상 손꼽히는 걸출한 군주를 배출해냈다. 이들의 사랑은, 그 형적이 천전리 각석 명문에 미미하게 보이고 있으나 생전에 금실이 간단치 않았음을 알 수 있다.

| 김태식 |

김용선, 「울주 천전리서석 명문의 연구」《역사학보》81, 1979.
문경현, 「울주 신라 서석명기의 신검토」《경북사학》10, 1987.
문화재관리국, 『울진 봉평신라비 조사보고서』, 1988.
한국고대사연구회, 《한국고대사연구》2(울진봉평신라비특집호), 지식산업사, 1988.
주보돈, 「울주천전리서석 금석문에 대한 검토」『금석문과 신라사』, 지식산업사, 2002.
김태식, 「천전리 서석곡에 새긴 이름」《학예연구》5·6, 2004.

172센티미터의 8등신 신라여왕
─진덕여왕

거푸 등장하는 여왕

선덕여왕이 죽자 사촌 동생인 승만공주가 바로 왕위를 잇는데, 그녀가 바로 신라의 두 번째 여왕인 진덕여왕이다.

> 이름은 승만이고 진평왕의 친동생인 국반 갈문왕의 딸이다. 어머니는 박씨 월명부인이다. 승만은 생김새가 풍만하고 아름다웠으며, 키가 일곱 자였고 손을 내려뜨리면 무릎 아래까지 닿았다고 한다
>
> 『삼국사기』 권5 신라본기5 진덕여왕 즉위년

위의 기록을 보면 진덕여왕이 풍만한 몸매에 키가 큰 소위 글래머 여왕이었음을 알 수 있다. 그리고 여왕이 손을 내리면 무릎까지 내려왔다는데 보통 사람의 경우는 거의 불가능하다. 여왕이 왕위를 계승했으므로 다소 과장된 모습으로 서술했기 때문은 아닐까 생각되기도 한다.

이것은 여왕을 지지한 세력들이 왕위 계승자로서 그녀가 갖춘 자격과 아울러 왕위 계승의 정당성을 드러내려고 한 것이다.

그런데 진덕여왕이 왕위를 계승할 무렵의 나이는 꽤 많았던 것으로 파악된다. 아마도 50세가 넘은 나이로 왕위를 계승한 것으로 생각된다. 선덕여왕의 경우가 그러했으므로 그녀도 당연히 그 정도 나이로 왕위를 계승했을 것이기 때문이다.

선덕여왕이 진덕여왕을 후계자로 삼은 이유는 그녀가 동륜태자의 직계였기 때문이다. 진덕여왕의 아버지는 진평왕의 친동생인 진안 갈문왕이며, 그녀의 어머니는 박씨 월명부인으로 이름이 전해지지 않는 어느 갈문왕의 딸이라고 되어 있다. 두 사람의 신분이 모두 성골이므로 딸인 진덕여왕 역시 성골이었다.

따라서 선덕여왕이 죽자 남아 있는 마지막 성골이었던 그녀가 왕위를 계승한 것이다.

그렇지만 그녀의 왕위 계승에서 보다 중요한 사실은 선덕여왕의 의도였다고 할 수 있다. 선덕여왕 때 상대등이었던 비담(毗曇)은 여왕이 죽으면 자신이 왕이 될 것으로 기대했던 것 같다.

그런데 선덕여왕이 말년에 사촌 여동생인 진덕여왕을 후계자로 삼게 되자, 비담은 반발하고 염종(廉宗)과 더불어 난을 크게 일으켰다. 선덕여왕은 비담에게는 왕위를 물려주지 않으려는 의도였던 것이다.

즉 후사가 없던 선덕여왕이 마지막 성골 신분인 진덕여왕에게 왕위를 물려주고자 한 것으로 볼 수 있다. 비담이 난을 일으키자 선덕여왕은 충격을 받아 자리에 눕게 되고, 김유신 일파가 난을 평정한 이후 진덕여왕이 왕위를 계승했다.

진덕여왕의 대당외교

많은 연구서들은 진덕여왕이 왕으로서 실질적인 통치는 하지 않았다고 보았다. 그러한 설명을 하는 연구자들의 대부분은 당시 그녀가 재위하던 7년 2개월 동안 실질적으로는 김유신의 확고한 지원을 받아 김춘추가 지배하던 시기나 다름이 없었다고 본 것이다. 더나아가 김춘추가 왕위를 계승하기 위해 의도적으로 잠시 진덕여왕을 왕으로 두었다는 것이다.

그렇지만 이러한 설명은 당시의 정치적인 상황을 어떻게 보느냐에 따라 얼마든지 다르게 해석할 소지가 많다. 도리어 진덕여왕은 선덕여왕이 정치를 하는 것을 옆에서 지켜보면서 정치적인 감각을 키웠을 가능성도 얼마든지 있다. 정치적인 감각이 뛰어난 김춘추를

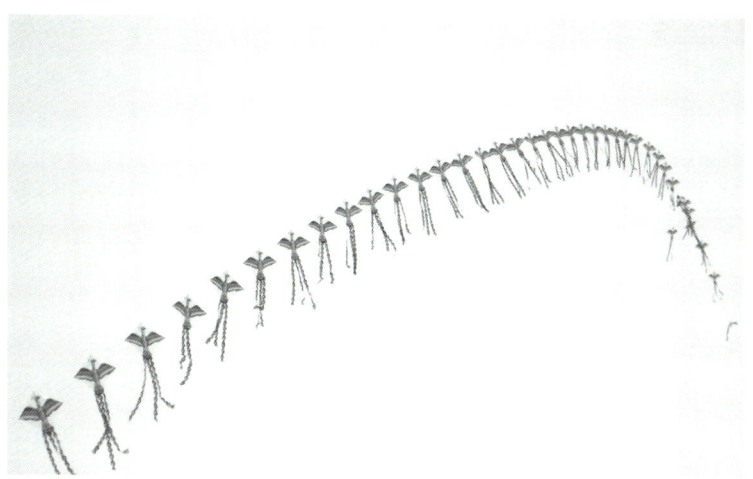

❀ **연을 이용한 전략** | 비담과 염종은 하늘에서 큰 별이 떨어지자 진덕여왕이 패망할 징조라고 했다. 그러자 김유신이 불을 붙인 인형을 연에 실어 띄우고는 떨어졌던 별이 다시 하늘로 올라갔다는 소문을 퍼뜨려 적군을 혼란에 빠뜨렸다고 한다.

전면에 내세워 대당외교를 수행한 것으로 볼 수도 있다. 따라서 진덕여왕의 용병술이 뛰어났다는 해석도 가능하다.

　진덕여왕은 즉위하자 바로 당나라에 사신을 보내 책봉을 받았다. 이는 그동안 당나라와 소원한 관계를 청산하고 새로운 관계를 유지하려는 의도였다. 사실 선덕여왕 재위 시에 당나라는 신라의 여왕에 대해 애써 무시했었다. 여자가 왕이 되었으므로 정치를 잘하지 못한다는 논리를 내세웠던 것이다. 이런 사정을 잘 헤아리고 있던 진덕여왕은 사신을 보내 당나라의 비위를 잘 맞춰주었고, 당나라에서는 여왕을 문제 삼지 않았을 뿐만 아니라 우호관계를 더욱 강화하고 환대한다는 표시로 봉작을 내렸다. 이에 진덕여왕은 같은 해 7월 당에 사신을 보내어 감사를 표했다.

　그리고 즉위 다음 해인 648년 봄과 겨울에도 당나라에 사신을 보내어 조공을 했다. 또한 김춘추와 그의 아들을 당에 보내어 군사를 요청하기도 했다. 이러한 일련의 노력은 당 왕조의 마음을 움직였으며 더 나아가 신라 왕실의 변모를 가져오는 계기가 되기도 했다. 진덕여왕 재위 3년째 되던 해인 649년 정월에는 왕실에서 관복의 개혁이 이루어졌다. 이어서 여왕 재위 4년에는 진골 재위자로 하여금 아홀을 지니게 하고 중국의 연호인 영휘(永徽)를 사용했다. 이러한 조치들은 바로 진덕여왕이 대당외교를 통해 얻어낸 귀중한 결과이다. 즉 여왕의 왕권을 강화하고 여자로서가 아닌 실제 왕권을 행사하는 주인으로 변모한 것이다. 중국의 권위를 빌어 왕권 강화에 성공했다고 할 수 있다.

　진덕여왕은 650년 6월에 자신이 직접 지은 「태평송」을 김춘추의 맏아들인 김법민(金法敏)을 통해 당 고종에게 전했다.

대당 큰 왕업을 개창하니

높디높은 황제의 포부 빛나도다.

전쟁을 그치니 천하가 안정되고

전 임금 이어받아 문치를 닦았도다.

하늘을 본받음에 기후가 순조롭고

만물을 다스림에 저마다 빛나도다.

지극한 어짐은 해 달과 짝하고

시운을 어루만져 태평으로 나가네.

깃발들은 저다지도 번쩍거리며

군악 소리 어찌 그리 우렁찬가.

명을 어기는 자 외방 오랑캐여

칼날에 엎어져 천벌을 받으리라.

순후한 풍속 곳곳에 퍼지니

원근에서 다투어 상서를 바치도다.

사철이 옥촌처럼 고르고

해와 달은 만방에 두루 도네.

산악의 정기 어진 재상을 내리시고

황제는 신하를 등용하다.

삼황오제와 같은 덕을 이루시니

길이길이 빛나리라 우리 당나라

『삼국사기』 권5 신라본기5 진덕왕 4년 6월

진덕왕의 「태평송」은 어서 군대를 보내어 백제를 멸망시켜달라
는 내용이다. 백제의 계속되는 침입은 신라를 더욱 병들게 했던 것

이다. 진덕여왕도 백제의 침입으로 잠을 제대로 잘 수 없었다. 상황이 급박하게 돌아가자 그녀는 이러한 글도 직접 지어 당 고종에게 보냈던 것이다.

진덕여왕의 국내 개혁

진덕여왕 때 신라의 관부 개혁이 본격적으로 실시되었다. 먼저 종래의 품주를 개편해 국왕 직속의 최고 관부로 집사부를 만들었는데 이는 당의 정치제도를 모방한 것이라고 한다. 집사부의 임무가 기밀사무를 관장하는 곳이라는 기록으로 볼 때 '왕의 기밀사무'를 관장하는 부서였음을 알 수 있다. 이렇게 보면 집사부는 귀족들의 대표회의나 화백회의의 대표자인 상대등과는 대조적인 입장에 놓여 있음을 의미한다. 특히 집사부가 품주의 개편으로 설치되었다는 점을 주목할 때, 집사부가 왕권의 기밀을 관장하는 공적인 기구가 되었음을 알 수 있다. 이로써 품주의 본래 기능이었던 재정 수지와 관련된 업무는 창부로 넘어가게 되었다.

그리고 집사부의 최고 책임자는 중시였다. 중시는 임기가 3년이었는데 왕의 수족과 같은 역할을 했으므로 오랫동안 그 직책에 머물게 하지는 않았다. 그리고 중시는 왕권의 방파제와 같은 구실을 했으며 그것은 귀족들의 왕에 대한 비판을 희석시키는 기능을 담당했던 것으로 볼 수 있다.

여왕은 여기서 더 나아가 중앙의 입법관서로 좌리방부를 설치했다. 물론 진덕왕 이전인 법흥왕 시대에도 율령 반포가 있었으나 이

때 율령을 관장하던 관서는 알려져 있지 않다. 그러나 진덕여왕 5년(651)에 좌리방부의 설치는 법흥왕 시대에 율령이 반포된 사실과는 다른 새로운 의미를 가진다. 즉 좌리방부의 임무가 국가 질서를 확립하는 율령 제정이었음을 생각할 때 이는 개혁정치와도 궤를 같이하는 것이다.

그리고 여왕은 시위를 맡는 친위군영인 시위부를 재편했다. 이는 선덕여왕 말년 비담의 난이 일어났을 때 관군이 열세를 면치 못했던 것과 관련이 있다. 특히 이러한 군대의 성격은 왕의 직속부대로 귀족의 영향력을 배제한 편제가 되어야 했다. 따라서 시위부의 장군 여섯 명을 비교적 하위 관등인 급찬에서 아찬에 이르기까지 임명했다는 점은 귀족세력의 반발에 대비하고자 한 것으로 보인다. 결국 시위부는 단순히 왕궁의 시위만을 담당한 것이 아니라 왕권을 행사하는 데 있어 주요한 군사적인 배경이 되었던 것이다.

다음으로 7세기의 유동적인 동북아시아의 국제적인 정세 속에서 능동적인 외교를 행할 수 있는 영객부와 예부를 정비했던 것이다. 영객부는 외국 사신을 접대하는 곳이었다. 그리고 예부는 진평왕 8년(586)에 설치되어 진덕여왕 5년에 정비되었다. 여기에서는 교육 및 외교 그리고 의례 등을 관장했다. 그런데 나중에 국학 등이 예부에 소속되는 것으로 보아 진덕여왕 당시에도 대당외교에 필요한 유교적 소양과 외교문서의 작성, 유교의 정치이념 등을 교육했을 것으로 생각된다.

이 외에도 진덕여왕 5년에는 음성서와 전사서 등에 대한 손질도 있었다. 음성서는 그 명칭에서 드러나듯이 음악을 관장하는 부서이다. 전사서는 예부 부속 관서로 그 명칭으로 보아 제사와 관련이 있

는 관서로 추정된다.

이상에서 보았듯이 진덕여왕은 왕권의 강화를 위해 노력했으며, 선덕여왕과는 달리 제도의 개편을 통해 독자성을 드러냈다. 여왕이 라고 해서 아무것도 하지 못한 것이 아니라 적극적으로 사람을 활용 하고 그것을 통해서 신라가 한 걸음 더 나아가도록 한 것이다.

진덕여왕은 결혼했던가

진덕여왕이 결혼하지 않고 혼자 살았는지 아닌지에 대해서는 자 세하게 알 수 없다. 그녀에 대한 기록이 없어 구체적인 것은 알 수 없는데, 이와 관련해 진덕여왕이 결혼하지 않았을 것으로 보는 이도 있다.

하지만 선덕여왕의 예로 볼 때 진덕여왕이 결혼했을 가능성은 얼마든지 있고, 선덕여왕과 달리 자식이 있었을 가능성도 부정할 수 없다. 아마도 그녀와 관련된 기록이 없는 것은 김춘추가 뒤를 이어 왕위를 계승했기 때문이 아닐까 생각된다. 김춘추는 왕위를 계승한 이후 어떤 방식으로든 선덕여왕 계통의 정계 진출을 허락하지 않았을 것이다. 사정이 이렇게 되자 그들은 점차 중앙에서 멀어지게 되고 결국 역사서에도 남겨지지 못하는 존재로 전락하게 된 것으로 보인다.

| 조범환 |

참고문헌

이기백, 「신라 집사부의 성립」 《진단학보》 25 · 26 · 27, 1964 ; 『신라정치사회사연구』, 일조각, 1974.

이문기, 「신라 시위부의 성립과 성격」 《역사교육논집》 9, 1986 ; 『신라병제사연구』, 일조각, 1997.

임경빈, 「신라 진덕여왕대의 정치개혁」 《북악사론》 3, 1993.

조범환, 『우리 역사의 여왕들』, 책세상, 2000.

김덕원, 「신라 중고기 사륜계의 정치활동 연구」, 명지대학교 박사학위논문, 2002.

언니의 월경 덕에 왕비가 되다
─김춘추와 문희

단재 신채호와 김유신

독립운동가요 역사가인 단재 신채호는 김유신을 대단히 증오했다. 이민족인 당나라 군대를 끌어들여 같은 민족국가인 백제와 고구려를 멸망케 했다는 이유 때문이었다. 단재는 그의 저서 『조선상고사』(1931)에서 김유신을 평가하기를, "지략과 용기가 있는 이름난 장군이 아니요, 속이 엉큼하기 짝이 없는 정치가로서 그가 이룩한 평생의 큰 공로는 전장에 있지 않고 음모로써 이웃나라를 어지럽힌 자"라고 했다.

단재는 같은 책에서 모략가 김유신을 말해주는 대표적 증거로 그가 김춘추와 처남 매부가 된 사연을 들었다. 김유신은, 그 선조가 신라에 투항한 금관가야 혈통이니 여간해서는 신라에서는 출세하지 못할 줄 알고 당시 촉망받던 김춘추와 결탁하기 위해 안간힘을 썼으며, 작전이 멋지게 성공함으로써 신라를 좌지우지하게 되고 나아가서는 이를 발판으로 백제와 고구려까지 집어삼킬 수 있었다는 것이다.

그렇다면 김유신이 기획했다는 작전, 즉 '제기 차기' 작전은 도대체 무엇인가?

엇갈린 자매의 운명

금관가야(42~532) 왕족의 후손인 김유신의 여동생 자매 중에서 동생 문희가 언니 보희를 제치고 김춘추와 혼인하게 된 사연은, 널리 알려져 있다. 이 이야기는 『삼국사기』와 『삼국유사』를 비롯한 여러 기록에도 전해지고 있다.

각종 문헌에 실린 두 자매와 김춘추에 얽힌 이야기는 사소한 차이를 보이기는 하나 그 내용은 대단히 닮아 있다. 이를 요약하면 다음과 같다.

정월 오기일(烏忌日), 그러니까 1월 15일 대보름날에 김유신이 자기 집 앞에서 김춘추를 불러다가 축국(蹴鞠)이라는 일종의 축구 경기를 하다가 일부러 그의 옷고름을 찢었다. 유신은 이 옷을 기워준다면서 자기 집으로 춘추를 데리고 들어가 고즈넉한 방에 몰아넣고는 처음에는 큰누이동생 보희를 불러 옷고름을 꿰맨다는 구실로 춘추가 있는 방에 들어가도록 했다. 유신의 속셈이야 뻔했다. 큰누이 보희를 춘추와 짝 지워줄 요량이었다.

하지만 보희는 하필 이날 무슨 일이 있어 춘추와 자리를 함께하지 못했다. 그러자 유신이 이번에는 작은누이동생 문희를 불러 춘추가 머물고 있는 방에 들어가게끔 하니 역사는 여기에서 이뤄졌

❀ **태종무열왕릉 귀부** | 무열 왕릉비는 없어졌지만 비의 받침대인 귀부는 남아 있다. 우리나라의 많은 귀부 가운 데 대표적이라 할 만큼 조각 이 크고 아름답다.

다. 말하자면 문희는 보희 대신 김유신이 고른 대타였던 셈이다. 춘 추가 문희를 본 순간을 『삼국사기』 신라본기 문무왕 즉위년(661)조 에는 "엷은 화장과 날렵한 옷차림에 빛나는 어여쁨이 사람을 부시 게 했다. 춘추가 보고 기뻐하여 혼인을 청하고 예를 올렸다"고 하고 있다.

왜 이 이야기가 문무왕 즉위년조에 나오는가? 이때 김춘추와 문 희의 결합으로 태어난 아들이 바로 문무왕 김법민이기 때문이다. 『삼국사기』의 기록은 김춘추가 문희에게 첫눈에 반해 그 자리에서 결혼을 결심했고, 곧이어 결혼한 것처럼 기술돼 있으나 너무 많은 이야기가 탈락된 데서 비롯된 축약 현상일 뿐 다른 사료를 비교할 때 적지 않은 우여곡절이 있었음은 분명하다.

여하튼 재위 4년 만에 왕위에서 쫓겨난 진지왕의 손자인 김춘추는 나중에 매부가 된 김유신의 절대적인 지원을 등에 업고는 왕으로 즉위하니 그가 바로 태종무열왕(654~661)이다. 문희 또한 덩달아 왕비가 되니 그가 바로 문명왕후이다.

사실 신채호는 이러한 춘추와 문희의 결합을 비상히 주목하면서 김유신의 모략가적인 특성이 유감없이 발휘된 장면이라고 보고 있다. 하지만 이 사건에는 단재가 생각한 것보다 더욱 빛나는 김유신의 계략이 숨어 있다.

김춘추와 문희의 드라마틱한 결합을 보면서 정말로 궁금하기 짝이 없는 대목이 있다. 그것은 도대체 보희에게 그날 무슨 일이 있었느냐 하는 것이다.

그날 무슨 일만 없었다면 『삼국사기』는 물론이요, 『일본서기』에까지 미끈한 미남이라는 기록이 남아 있는 왕족 김춘추를 남편으로 얻을 수 있었고 나아가 왕비까지 될 수 있었을 보희. 김춘추가 왕이 되고 동생 문희가 왕후가 되는 날, 보희가 여전히 살아 있었다면 아마도 하늘을 우러러 원통함을 고하고 땅을 치는 일로 분통을 삭였을 것이다.

하지만 현존 어느 역사기록에도 보희의 심정이 어떠했는지를 전하는 곳이 없다. 오직 하나만을 제외하고는 말이다. 그러한 원통함이 어떠했을지를 살펴보기 전에 우선 가장 큰 궁금증 하나를 풀어야 한다. 도대체 김유신과 김춘추가 축국을 하던 그날, 보희에게는 무슨 일이 있었는가?

피 냄새가 나는 보희

이에 대해서는 다음과 같은 다섯 가지 문헌 기록이 있다. 첫째, 『삼국사기』에는 다음과 같이 기록되어 있다.

> (김유신이) 술상을 차려놓고 조용히 보희를 불러 바늘과 실을 가지고 와서 (째진 옷고름을) 꿰매게 했다. 그의 언니(보희)는 무슨 일이 있어 나오지 못하고, 그 동생(문희)이 나와서 꿰매드렸다. 옅은 화장과 산뜻한 옷차림에 빛나는 어여쁨이 눈부실 정도였다. 춘추가 보고 기뻐하여 (유신에게 문희와의) 혼인을 청하고 예식을 치루었다. 곧 아이를 가져 아들을 낳으니 그가 법민이다.
>
> 『삼국사기』 권6 신라본기6 문무왕 원년

이처럼 『삼국사기』는 보희에게 '유고(有故)', 다시 말해 어떤 사고가 생겼다고 했다. 하지만 그러한 사고가 무엇인지 더 이상 말이 없다. 다만 대단히 주의해야 할 대목은 김유신이 원래는 보희를 김춘추 짝으로 염두에 두었기에 처음에는 보희에게 시중을 들라고 했고, 김유신은 보희에게 사고가 생긴 사실을 이때서야 비로소 알았다는 사실이다.

둘째, 『삼국유사』의 일화이다. 여기에는 춘추가 문희를 얻게 된 사정이 더욱 자세히 전해지고 있으니, 보희가 완강히 오라비 김유신의 뜻을 거부했다고 밝히고 있다.

> 유신이 아해(阿海, 보희)에게 옷고름을 달아드리도록 하니 아해가 말

하기를 "어찌 사소한 일로 귀공자에게 경솔히 다가갈 수 있겠습니까?" ① 이에 (유신이) 아지(阿之, 문희)에게 (옷고름을 달아주게끔) 시켰다. 춘추는 유신의 뜻을 알고는 마침내 문희와 사랑했다. 이후 (춘추는) 자주 (김유신 집에) 내왕했다.

『삼국유사』권1 기이2 태종춘추공

이는 『삼국사기』와 아주 다른 내용이다. 보희 스스로가 거부한 것으로 나오고 있기 때문이다. 그런데 보희가 김유신의 뜻을 거스르면서 내세운 논거가 소위 '남녀칠세부동석'이라는 완연한 유교적 윤리관이라는 점이다.

하지만 이것이 얼마나 우스꽝스런 설명인지는, 그럼에도 동생 문희가 자발적으로 춘추가 있는 방으로 들어갔다는 점에서 전혀 이치에 닿지 않으므로 증명된다. 언니와 동생을 지배하는 도덕관념이 이렇게도 달랐다는 말인가?

다만 이러한 『삼국유사』 또한 『삼국사기』와 동일하게 김유신이 애초에는 김춘추의 짝으로 보희를 점찍었다고 서술한 것을 주목해야 한다.

셋째, 앞에서 인용한 『삼국유사』의 중간(①이라고 표시한 대목)에 달려 있는, "옛 책에는 (보희가) 병(病)으로 나오지 못했다고 했다"는 협주(挾註, 덧보탠 설명)이다.

『삼국유사』의 저자는 다른 책을 보았음에 틀림없다. 그런데 우리가 정말로 주의해야 할 것은 『삼국사기』에는 보희에게 생긴 일이 '유고'로 되어 있음에 비해 여기서는 '병'이 났기 때문이라고 나온다는 점이다. 보희가 도대체 무슨 병 혹은 사고가 났기에 김유신은 그러한 사실도 까마득히 모르고 있다가 병든 혹은 사고 난 보희에게 김춘추를 시중들라고 했다는 말인가? 이러한 의문이 시작되는 바로 그곳에 우리가 찾는 해답이 숨어 있다.

넷째, 조선 초기에 김종서와 정인지 등이 왕명을 받들어 편찬한 『고려사(高麗史)』첫 대목에 실린 고려 건국시조 태조 왕건의 할아버지 작제건(作帝建) 탄생신화이니, 이 설화는 각종 구전과 설화를 섞어 만든 이야기임은 말할 나위가 없다. 이렇게 녹아 들어간 설화 중 하나가 바로 보희와 문희 이야기이다.

작제건 탄생설화는 그가 어떻게 탄생하게 되었는지를 김유신−김춘추−보희−문희라는 신라 역사상 실제 인물을 장소와 배경 및 이름만 바꾼 채 고스란히 표절하고 있다. 즉 김유신은 신라의 송악 (松嶽)에 사는 보육(寶育)이라는 인물로, 김춘추는 당나라 황제로 바뀌어 있는가 하면, 시간적 배경 또한 신라 말기로 옮겨져 있으며, 공간은 송악(개경)으로 둔갑한다. 심지어 『삼국사기』와 『삼국유사』에서 보희가 서형산(西兄山)에 올라 오줌을 누니 서울이 온통 물바다가 되었다는 꿈을 꾸었고, 이 이야기를 듣고 그 동생 문희가 언니에게서 꿈을 샀다는 이야기조차 이 작제건 탄생설화에는 그대로 반복되고 있다.

신라 송악의 보육 집에 와서 묵다가 찢어진 옷을 깁는데 (보육의 두 딸 중) 언니는 코피가 나서 나오지 못하고 아우가 대신했다. 이것이 인연이 되어 황제는 (동생인) 진의(辰義)와 동침해 임신을 하고 아들을 낳으니 그가 바로 작제건이었다.

『고려사』 고려세계

작제건 설화는 보희와 문희 이야기의 완연한 표절이다. 보육은 김유신이며 당나라 황제 진의는 김춘추이고, 언니는 보희이며, 동생은 문희임을 이미 지적했다. 그런데 여기서 주목할 것은 보희의 변신임이 분명한 언니는 하필 이날 코피가 났다는 사실이다. 『삼국사기』가 말한 사고, 『삼국유사』의 협주에 인용된 옛 책의 병이 작제건 설화에 와서는 코피로 변질되었다. 보희에게 피 냄새가 물씬 풍기기 시작했음을 알 수 있다.

다섯째, 『화랑세기』에 나오는 내용이다.

> 유신이 일부러 (춘추)공의 치마를 밟아 옷섶의 옷고름을 찢었다. 들어가 꿰매기를 청하니 공이 따라 들어갔다. 유신이 보희에게 시키고자 했으나 병 때문에 할 수가 없었다. 이에 문희가 나아가 바느질을 해드렸다.
>
> 『화랑세기』 18세 풍월주 춘추공

『화랑세기』에서도 분명히 유신이 처음에는 보희를 지목했으나 병 때문에 할 수 없어 그 동생 문희가 대신했다고 하고 있다.

보희의 사고는 '월경'

보희에게 일어난 유고 혹은 병으로 표현된 실체는 무엇인가? 유고나 병은 이 글 제목에서 명시되고 있듯이 월경(月經, menstruation)에 대한 은유적인 표현에 다름 아니다. 이러한 추정에는, 애초에 당나라 황제를 시중들기로 했던 언니가 코피를 흘리는 바람에 동생이 그 일을 대신하게 되었다는 작제건 설화가 결정적으로 작용한다. 월경으로 인한 출혈이 코피로 둔갑한 것이다.

혹자는 코피라는 표현이 『화랑세기』나 『삼국사기』 및 『삼국유사』보다 후대 문헌인 『고려사』에 나온다 해서 그 사료적 신빙성을 반박할 수도 있을 것이다. 하지만 적어도 병, 사고 등 보희에게 일어난 일이 『고려사』 편찬자, 혹은 작제건 탄생설화를 만들어낸 인물들에게는 자동적으로 월경으로 인식되었다는 강력한 증거로 보아야 할 것이다.

다시 말하면, 여성의 사고 혹은 병은 전통시대에 월경의 은유로 자동적으로 인식되었다는 뜻이다. 또, 앞서 지적했듯이 『고려사』에 수록된 작제건 탄생설화는 고려 의종(1146~1170) 때 활약한 김관의(金寬毅)의 『편년통록(編年通錄)』에서 채록했다는 점에서 『삼국사기』(1145년 편찬)와 거의 같은 시기에 씌어졌으며, 『삼국유사』보다는 편찬 시기가 빠르다.

같은 맥락에서 이 사건을 전하고 있는 다섯 가지 기록이 한결같이 김유신이 애초에 보희에게 병, 혹은 사고가 있는 줄을 모르고 있다가 뒤늦게서야 알았다고 하는 부분이 매우 주목된다. 이때 보희가 정말로 사고를 당했거나 병을 앓고 있었다면, 어떻게 김유신이 처음에 이런 보희에게 바느질을 빙자해 김춘추를 시중드는 일을 맡기려 했다는 말인가?

김유신은 적어도 김춘추와 축국을 할 때에는 보희, 문희와 같은 집에 살고 있었음이 명백하다. 같은 집에 사는 김유신이 보희에게 무슨 사고가 있는 줄을 몰랐다는 게 이치에 맞지 않는다. 따라서 답은 하나밖에 없다. 보희는 달거리 중이었다고 봐야 한다. 그러한 사실을 뒤늦게 알고 김유신은 보희의 대타로 문희를 골랐던 것이다.

그렇다면 우리는 이러한 보희 이야기를 통해 신라인들이 월경을 어떻게 바라보았는지도 엿볼 수 있다. 월경 중이니 몸이 더러운 것이며, 그래서 월경을 유고라든가 심지어 병이라고 표현했으며 그랬기에 김춘추를 시중들지 못했던 것이다.

보희가 김춘추와 보희의 이야기와 똑같은 내용이 『일본서기』에도 보이고 있다. 『일본서기』에는 미노〔美濃〕라는 곳에 간 천황이 이곳에 근거지를 둔 것으로 추측되는 야사카노 이리비코〔八坂入彦〕라는 황자(皇子)의 첫째 딸인 야사카노 이리비메〔八坂入媛〕를 만나 왕비로 삼게 된 흥미로운 사연이 소개되어 있다. 천황은 처음에는 이리비메〔入媛〕의 동생인 오토히메〔弟媛〕를 먼저 만나 추파를 던졌다고 한다. 하지만 장막까지 불러들인 오토히메는 다음과 같은 말로 천황의 수청 요청을 거부한다.

첩은 성격이 교접(交接)의 도를 바라지 않으니, 지금은 황명(皇命)의 위엄에 못 이겨 잠시 장막 안으로 들었습니다만, 마음이 내키지 않고 모습 또한 더럽고 누추해 오래도록 후궁에서 모시고 있을 수 없을 듯합니다. 하지만 첩의 언니 야사카노 이리비메는 얼굴이 아름답고 마음이 정결하니, 후궁에 넣게 해주십시오.

『일본서기』 권7 게이코천황 4년 봄 2월 갑자

성적인 냄새가 짙게 풍기는 답변임은 말할 나위가 없다. 그런데 천황의 육체적 수청 요청을 거절하는 오토히메가 그 논거로 강조하는 대목이 '예루(穢陋)', 즉 더럽다는 것이며 이에 대비해 그 언니는 미려하고 정결하다는 사실이 특출 나게 대비되고 있다. 이러한『일본서기』의 일화는 여러 가지 점에서 보희와 문희의 김춘추를 둘러싼 색공(色供) 장면을 연상케 하는데, 보희가 월경 중이었기 때문에 동생에게 색공을 양보할 수밖에 없었듯이 이 게이코 천황조의 이야기는 동생이 월경 때문에 언니에게 천황을 양보할 수밖에 없었던 정황으로 보아도 될 것이다.

그렇다면 보희로서는 얼마나 억울한 일인가? 하고 많은 날 중에서도 하필 그날 달거리 중이었다는 말인가? 하지만 앞서 지적했듯이 김춘추의 배필, 나아가 황후가 될 수 있는 기회를 한꺼번에 날려버린 보희의 나중 심정이 어떠했을지를 알려주는 자료는 딱 하나를 제외하고는 없다.

> (춘추와 문희가) 포사(鮑祠)에서 길례(吉禮)를 치렀다. 얼마 안 있어 보량궁주가 아이를 낳다가 죽자, 문희가 뒤를 이어 정궁이 되었다. 이에 이르러 화군(花君, 풍월주의 부인)이 되어 아들(법민)을 낳았다. 보희는 꿈을 바꾼 일을 후회해서 다른 사람에게는 시집가지 않았다. 공은 이에 (보희를) 첩으로 삼아 아들 지원(知元)과 개지문(皆知文)을 낳았다. 이 이야기는『문명황후사기(文明皇后私記)』에 나온다.
>
> 『화랑세기』 18세 풍월주 춘추공

종래에는 전혀 알 수 없던 사실이 드러나니, 김춘추가 김유신의 여동생을 아내로 맞이하기 전에 보량(寶良)이라고 하는 부인이 엄연히 있었다는 사실이다. 하지만 문희에게는 얼마나 다행인 일인지, 그만 이 보량이라는 여자가 아이를 낳다가 죽어버리고 만다. 이에 김춘추는 문희를 정식 아내로 맞아들이게 되니, 나중에는 김춘추를 이어 즉위해 문무왕이 되는 아들 김법민까지 낳았다고 전하고 있다. 김춘추와 문희가 길례, 즉 결혼식을 올린 포사라는 곳은 『화랑세기』다른 부분에서는 포석사(鮑石祠)라고도 하는 곳으로 지금의 경주 남산 자락 포석정이 바로 그곳이다. 우리는 지금까지 포석정이 흥청망청 술 마시고 노는 곳인 줄 알았으나 사실은 길례와 같은 신성한 의식이 베풀어지던 말 그대로 사(祠), 즉 사당(祠堂)이었던 것이다.

장작불과 연기로 연출한 드라마

김춘추와 문희가 정식으로 혼인하기까지는 또 하나의 커다란 난관이 기다리고 있었다. 그것은 김춘추가 문희를 덜커덩 임신시켜 놓고도 시치미 뚝 떼고 아무런 조치를 취하지 않았기 때문에 발생한 일이었다. 그 이유를 지금까지는 알 수 없었으나 최근 공개된 『화랑세기』에서 당시 김춘추에게 부인이 있었기 때문임을 알게 되었다.

어떻든 이렇게 되자 더욱 안달이 나고 다급해진 이는 김유신이었다. 김유신은 어떻게든 김춘추를 자기 누이동생의 남편으로 삼고자 했으니 말이다. 이미 이 당시에 김유신은 김춘추를 왕으로 만들고자 했던 듯하다. 하지만 그럼에도 김춘추에게서 뚜렷한 조치가 없자 김유신은 이번에는 더욱 기발한 최후통첩 카드를 꺼내든다.

남편 없이 임신했다는 이유로 누이동생을 섶(薪, 혹은 장작불)에다

가 불을 질러 태워 죽이고자 한 작전이 그것이었다. 김유신은 정말로 누이동생을 죽이고자 했을까? 하지만 그렇지 않았음을 이와 관련되는 기록 스스로가 폭로한다. 다시 말하면, 이것은 김유신이 기획하고 감독하고 주연까지 맡은 1인 3역의 드라마였다.

이 장작불 드라마는 『삼국사기』에는 보이지 않는다. 즉 문무왕 즉위년(661)조에는 김춘추가 김유신이 기획한 축국 드라마에서 문희와 맞닥뜨린 그 즉시 미모에 홀딱 반해 헤어나지 못하고 곧바로 혼인해서 문무왕을 낳은 것처럼 돼 있으나, 사실은 혼인과 장자 탄생에 이르기까지 적지 않은 우여곡절이 있었음을 『삼국사기』의 관련 기록 자체가 드러낸다. 그들의 결합이 순탄했다면 다른 무엇보다 김유신이 축국 드라마를 기획하고 연출할 하등의 까닭이 존재하지 않는다. 자연스럽게 결합될 수 있을 것 같으면 왜 김유신이 힘들게 축국 드라마를 연출했다는 말인가? 따라서 문희와 김춘추가 결혼에 이르기까지의 과정에는 『삼국유사』에서 전하고 있는 다음과 같은 우여곡절이 게재돼 있었음은 명백하다.

유신은 그 누이가 임신했음을 알고 꾸짖기를 "너는 부모에게 알리지도 않고 아이를 배었으니 그게 무슨 일이냐"고 했다. 그러고는 온 나라에 말을 퍼뜨려 그 누이를 불태워 죽인다고 소문을 냈다.

어느 날 선덕여왕이 남산에 거동한 틈을 타서 유신은 마당 가운데 나무를 쌓아놓고 불을 질렀다. 연기가 일어나자 왕이 바라보고 무슨 연기냐고 물으니, 좌우에서 "유신이 누이동생을 불태워 죽이는 것인가 봅니다" 하고 아뢰었다.

왕이 그 까닭을 물으니, 그 누이동생이 남편도 없이 임신한 때문이라고 했다. 왕이 "그건 누구 소행이냐"고 물으니 이때 춘추공이 왕을 모시고 앞에 있다가 얼굴빛이 몹시도 변했다. 왕은 말하기를 "그건 네가 한 짓이니 빨리 가서 구하도록 하라"고 했다. 춘추공이 명을 받고 말을 달려 유신에게 왕명을 전하면서 죽이지 못하게 하고는 그 뒤에 버젓이 혼례를 올렸다.

『삼국유사』 권1 기이2 태종춘추공

위 기록에서 위기에 빠진 문희를 구출케 한 주인공이 선덕여왕이라는 기록은 덕만공주의 명백한 오류이다. 문무왕은 681년 사망할 때 나이가 56세였으니 그 출생은 626년이 된다. 이때는 선덕여왕 김덕만이 즉위(634년)하기 8년 전이다.

가뭄에 몸을 태우는 무당

그렇다면 정말로 궁금한 대목은 김유신이 기획한 장작불에 태워 죽이기 쇼는 도대체 어디에서 나왔을까 하는 점이다. 김유신이 인류 역사상 처음으로 화형을 창안했다면 그는 인류 역사의 한 페이지를 장식했을 테지만, 그것은 분명 아닐 것이다. 장작불에 태워 죽이기를 기획했다고 하면, 그러한 습속이 김유신이 살던 당대 신라 사회에는 어떠한 형태로든 나름의 확고한 뿌리를 내리고 있었다고 봐야 할 것이다. 그렇지 않고서야 김유신이 누이동생을 죽이고자 하는데 왜 하고 많은 수단 중에 장작불을 택했는지를 설명하지 못한다.

수많은 전쟁터에서 다른 누구도 아닌 김유신 그 자신이 그랬듯이 적병을 쓰러뜨리듯 간단히 칼로 베어 죽이거나, 진흥왕 원년(540) 화랑도 제도가 창설되기 이전 화랑도 전신격인 무리를 이끌었던 여성 우두머리 원화 중 한 명인 준정(俊貞)이 라이벌격 다른 원화인 남모(南毛)에게 그러했듯이 술을 먹여 취하게 한 다음 익사한 것으로 가장하는 등의 실로 다양한 방책이 있을 텐데 김유신은 그 많은 방법 중에서도 유독 장작불을 골랐다.

당시 신라에 불교가 유행했으므로 불교도의 화장법을 모방했다고 할 것인가? 그러기에는 석연치 않은 대목이 한두 군데가 아니다. 그렇다면 왜 그 장소로 사찰이 아닌 자기 집을 택했을까? 왜 유독 연기가 많이 나는 섶을 연료로 이용하고자 했는가? 불교의 화장법은 좀처럼 살아 있는 사람에게 쓰이지 않는다.

이런 점에서 우리는 폭무(暴巫, 曝巫)라는 의식을 주목하게 된다.

폭무란 무엇인가? 글자 그대로 무당을 뙤약볕에 폭로(暴露)하는 의식이다. 그렇다면 폭무는 어떤 때 하는가? 극심한 가뭄 때 주로 한다. 왜 폭무를 하는가? 비를 내리기 위함이다. 그러니 폭무는 기우제의 일종이다. 그렇다면 폭무와 기우제는 무슨 상관인가? 폭무는 한편으로는 신에 대한 애걸이며, 다른 한편으로는 신에 대한 협박이요 겁박이다. 그렇다면 폭무가 어떻게 작동해서 강우를 불러올 수 있다는 말인가? 폭무란, 비를 내리게 할 수 있는 주술력을 띠었다고 생각되는 무당과 강우를 주관한다고 생각되는 신과의 힘겨루기이다.

동아시아 전근대는 물론이고 요즘 현지 민속 조사에서도 폭무 혹은 그 변형이나 모형으로서의 기우제는 광범위하게 존재하고 있다. 다시 말해 폭무란 뙤약볕에 무당을 노출시킴으로써 이를 불쌍히 여긴 하늘이 비를 내려준다는 소박한 발상에서 비롯된 주술 행위라 할 수 있다. 실제 폭무가 비를 불러오는가 아닌가는 상관없다. 비록 이미 전국시대 순자가 "기우제 뒤에 비가 오는 것은 무슨 까닭인가? 가로되 기우제를 지내지 않아도 비가 오는 것과 같다"(『순자』권11)는 말로 기우제의 주술성을 여지없이 폭로해버리기는 했으나, 폭무가 대표하는 기우제는 간단없이 인류 역사와 흐름을 같이하며 지금 이 순간에도 지속되고 있다.

이러한 폭무 의식이 중국에서는 얼마나 성행했는지, 불후의 역사서 『사기』의 저자인 사마천과 동시대 인물인 전한(前漢) 무제(武帝) 때의 동중서(董仲舒)는 『춘추번로(春秋繁露)』에서 아예 폭무를 정기적 의례로 고정화할 것을 획책하고 있다. 즉 『춘추번로』 구우(求雨) 편에서는 봄과 가을 각각 8일간과 9일간의 폭무를 공식화하고 있

다. 이는 가뭄이 있건 없건 매년 특정한 시기에 폭무를 하도록 규정한 셈이다.

폭무 의식이 한국사에서도 적어도 기록상으로는 고려시대 이후에 활발히 나타나고 있고, 아울러 민속학자들의 현지 조사 결과에 의하면 전형적인 폭무 의식이 아주 최근까지도 우리 사회에 존재하고 있음이 드러난다. 예컨대 가뭄 때 마을 사람들이 인근 무당집에 몰려가 무당의 어린 자식을 잡아다가 바짝 마른 농경지나 햇볕이 쨍쨍 내리쬐는 강변에 세워놓는 것이 그것이다. 한 민속학자의 조사에 의하면 마을 사람들은 이 아이 주변을 빙 돌아 막고 소리를 지르고 때리는 시늉을 하면서 아이를 위협하는 등의 해코지를 하면 하늘이 비를 내려준다고 생각했다고 한다. 그러한 생각은 무당이 하늘과 땅을 연결하는 중개자라는 특성에서 말미암는다는 것이다.

사랑의 결실

김유신이 기획한 축국 쇼와 장작불 쇼에 의해 우여곡절 끝에 결합한 김춘추—김문희 커플은 이후 신라라는 왕국을 주름잡았다. 왕이 된 김춘추는 660년에는 숙적 백제를 멸망케 함으로써 그 아들 문무왕 시대에 이르러서는 고구려까지 병합하고 소위 삼국을 통일하는 발판을 마련했다. 남편 김춘추가 왕이 되었으니 그 정식 부인인 김문희 또한 정식 왕비에 책봉되어 부귀영화를 누렸다. 우리는 김춘추가 661년에 58세로 죽었다는 사실을 알 수 있으나 그 부인 문희가 언제까지 살았는지는 알 수 없다. 다만 다른 자료에 의하면 681년에 아들 문무왕과 거의 동시에 세상을 떠난 듯하다.

『삼국유사』의 기록에 의하면 문희는 김춘추와의 사이에서 문무왕이 되는 큰아들 법민 외에도 각간 인문(仁問), 각간 문왕(文王), 각간 노차(老且), 각간 지경(智鏡), 각간 개원(愷元)을 낳았다고 했다. 각간이란 모두 17개 등급으로 나누어진 신라의 관위체계에서 제1등이니, 아들 모두가 부귀영화를 한 몸에 누린 셈이다. 하기야 그 아버지가 태종무열왕이니, 문희가 낳은 왕자들이 모두 출세와 함께 고귀한 신분을 지녔을 것임은 말할 나위가 없을 것이다.

김춘추와 문희 사이에서 난 자식 중에 지소라는 딸이 있으니, 이 여인은 나중에 김유신에게 시집갔다. 외삼촌과 혼인했으니 요즘 도덕적 관념으로는 있을 수 없는 일이나, 신라시대에는 이런 일은 오히려 일반적이었다. 김춘추-문희가 그 인연을 맺게 해준 데 대한 배려로 그들의 딸을 김유신에게 시집보냈던 것일까?

| 김태식 |

문경현, 「삼국통일과 신김씨 가문 ─ 김유신 조손 4대의 공헌」 《군사》 2, 1981.
이만열, 『역주 조선상고사』 하, 단재신채호선생기념사업회, 1983.
이필영, 『마을신앙으로 보는 우리문화 이야기』, 웅진닷컴, 1994.
김태식, 『화랑세기, 또 하나의 신라』, 김영사, 2002 ; 「월경과 폭무, 두 키워드로 본 '모략가' 김유신」 《백산학보》 70, 2004.

환갑에 50살 아래의 외조카를 신부로 맞다
―김유신과 지소부인

김유신에게 내린 환갑 선물

고려 인종 때 정치가요 문장가인 김부식이 편찬을 감독해 1145년에 완성한 역사서 『삼국사기』는 김유신을 여느 역대 왕들보다도 아주 파격적으로 대접하고 있다. 이는 다른 무엇보다 김부식이, 왕이 아닌 사람 중에서 언제 누구와 결혼을 했다는 기록을 거의 유일하게 김유신에 대해서만 남기고 있는 점에서도 단적으로 확인된다. 『삼국사기』 신라본기 태종무열왕 2년(655) 겨울 10월조를 보면 "왕(김춘추)이 자기 딸 지소를 대각찬 유신에게 시집보냈다"는 구절이 나온다.

그렇다면 지소는 누구인가? 아버지가 김춘추, 즉 태종무열왕임은 의심할 여지가 없다. 문제는 어머니다. 『삼국사기』와 『삼국유사』를 보면 김춘추의 정비로 문희가 모습을 보인다. 그 외 후궁들이 있었을 테지만 다른 이름은 알 길이 없고 오로지 문희만 나타난다.

이 문희란 여인은 신라가 삼한을 통일하는 데 혁혁한 전공을 세

운 김유신-김흠순(金欽純) 형제의 여동생이다. 따라서 문희는 부모가 김서현(金舒玄)과 만명 부인이다. 기록만으로 볼 때 김유신에게 서기 655년 시집간 지소는 김춘추와 문희 사이에서 난 딸이다. 그렇다면 지소는 외삼촌에게 시집간 셈이다. 신라가 극심한 근친혼 사회였음은 잘 알려져 있으므로 이런 혼인관계가 특별히 이상할 것은 없다.

그렇지만 한 가지가 아주 묘하다. 지소와 결혼할 때의 김유신 나이가 그것이다. 김유신은 각종 기록을 볼 때 지금 기준으로 보면 부모의 반대를 무릅쓰고 야합한 김서현과 만명 부인 사이에서 595년에 태어난 아들이다. 그러니 지소를 맞아들였을 때 김유신은 만 60

세, 환갑이었다. 따라서 김춘추가 지소를 내려준 것은 김유신에 대한 환갑 선물인 셈이 된다.

물론 이때 아주 우연히도 김유신이 60세였다고 볼 수도 있다. 또 이런 의문을 품을 수도 있다. 신라인에게도 환갑이 의미가 있었는 가? 그래야만 김유신 환갑 선물 운운하는 주장이 성립하기 때문이다. 이에 대해 명확한 증거를 찾기는 어렵다. 다만 60갑자가 신라를 비롯한 한반도 여러 왕조에 도입된 것은 김유신 훨씬 이전부터인 것이 확실하므로 어떤 식으로든 신라인에게도 환갑은 커다란 의미가 있었을 것이다.

이를 방증하는 자료가 있다. 『삼국사기』 문무왕 4년(664)조를 보면 "봄 정월에 김유신이 나이가 많아 벼슬에서 물러나고자 했으나 (왕이) 허락하지 아니하고 안석(案席)과 지팡이(杖)를 내려주었다"고 하고 있다. 여기서 안석이란 책상이나 의자를 가리킨다. 이때 김유신은 신라식 나이로 정확히 70세가 되던 해였다. 김유신은 70세가 됨에 따라 관직에서 물러나고자 한 것이다.

이로 보아 신라인들에게 70세가 개인의 일생에 커다란 분기점으로 인식되었음은 분명하다. 70세가 신라인에게 큰 의미였다면 60세도 당연히 그러했을 것이다.

60세 외삼촌과 10대 공주

그렇다면 60세 외삼촌 김유신과 결혼할 때 지소는 몇 살이었는가? 또 김유신은 지소와 혼인하던 환갑까지 쭉 독신으로 지냈는가?

적어도 『삼국사기』의 기록대로라면 김유신은 환갑 때 지소를 맞아들인 후 무려 5남 4녀를 보는 '노익장'을 과시한다.

이에 의한다면 김유신은 지소에게서 5남 4녀를 낳았고, 79세(만 78세)에 죽었다고 했으므로 환갑부터 죽을 때까지 18년 동안 평균 2년에 한 명꼴로 자식을 생산한 셈이 된다. 어떻든 지소의 출생 연대와 김유신이 지소 이전 누군가와 결혼했는지 여부를 일부나마 알 수 있는 기록이 있다.

그 기록에 의하면, 단 한 가지 사실만은 분명하다. 지소는 김유신보다 수십 살가량 어렸다는 것이다. 김유신은 지소의 아버지인 김춘추보다 아홉 살이 많다. 또 어머니 문희가 김유신의 여동생이므로 김유신과 지소의 나이 차이가 매우 클 것은 명백하다.

그렇다면 지소는 환갑이 된 늙은 외삼촌 김유신에게 도대체 몇 살에 시집갔는가. 그 대략을 추정할 수 있는 자료가 『삼국사기』 신라본기 성덕왕 11년(712) 기록에 있다. 여기에 이르기를 "가을 8월에 김유신의 아내를 '부인'으로 책봉하고는 해마다 곡식 1,000섬을 내려 주었다"고 하고 있다. 이때는 서기 673년에 김유신이 죽고 나서도 이미 39년이나 흐른 뒤다. 이때까지 김유신의 부인 지소는 여전히 살아 있었다.

그렇다면 성덕왕은 왜 하필 이때 지소를 부인으로 봉했을까? 여담이지만 지금은 아무에게나 사모님, 부인이라는 호칭을 붙이는데 신라시대에는 정말로 고관대작 부인들에게만 부인이라고 했다. 김유신이 관직에서 물러나고자 한 때가 70세였음을 보았듯이 지소 부인에게 이 해는 환갑이나 칠순같이 특별한 때였을 것이다. 그렇지 않고서야 하필 하고 많은 해 중에서도 서기 712년에 난데없이 부인으로 봉할 까닭이 없기 때문이다.

아울러 지소가 김유신과 결혼한 것이 서기 655년이므로 결혼한 지 무려 57년이 지난 뒤에야 '부인'에 봉해졌다는 점도 여간 예사롭지 않다. 지소가 이때 환갑이라면 세 살 때 김유신에게 시집갔다는 말이 되므로 가능성이 배제된다.

명확한 증거는 없으나 712년에 지소는 70세가 되었을 가능성이 있다. 그렇다면 지소는 641년(혹은 642년)에 태어나 열세 살에 김유신에게 시집간 셈이 된다. 혹자는 열세 살이 결혼 연령으로는 너무 어리다고 할지 모르겠다. 그런 이들을 위해 『화랑세기』 필사본에 등장하는 신라인의 결혼 연령 사례를 몇 가지 들어본다.

첫째, 19대 풍월주(우두머리 화랑) 김흠순의 경우다. 김유신의 동생인 그는 18세에 16세의 보단낭주라는 여인과 결혼했다.

둘째, 12대 풍월주 보리공은 13세에 7세의 만룡낭주라는 여인과 결혼했다.

셋째, 사도(思道)라는 여인 역시 7세에 진흥왕(540~576)에게 시집갔다.

이에 의하면 신라인들은 10대 초반에도 결혼을 했던 것이며 지소부인 또한 이 무렵에 결혼했을 개연성이 높다. 이 『화랑세기』의 15대 풍월주 김유신 열전을 보면 그가 18세 되던 건복 29년, 즉 서기 612년이자 진평왕 재위 34년째인 임신년에 영모(令毛)라는 여자에게 장가든 것으로 나온다.

태후가 하종공(夏宗公)의 딸인 영모라는 여인을 (김유신의) 아내로 맞도록 함으로써 미실(美室)을 위로하려 했다. 영모는 유모(柔毛)의 동생이었다. 형제(＝자매)가 모두 선화(仙花, 풍월주)의 아내가 되었다.

『화랑세기』 제15대 풍월주 김유신

족보가 상당히 복잡하게 얽혀 있고, 처음 듣는 이름들이 많이 보이는데 이를 하나씩 차근차근 풀어본다. 여기서 태후란 만호태후(萬呼太后)라는 여인으로, 원래는 진지왕의 정식 왕비였으나, 남편이 왕위에서 쫓겨나고 진지왕 조카인 진평왕(579~632)이 즉위하자 태후가 되었다. 하종공이란 인물은 11대 풍월주를 역임하게 되는데 세종(世宗)이라는 남자와 미실이라는 여인 사이에서 난 아들이다.

그런데 김유신에게 시집간 영모라는 여인은 미실에게 손녀가 된다. 만호태후가 영모를 김유신과 결합시킴으로써 미실을 위로하려 했다 함은 이를 두고 한 말이다.

또 자매가 모두 선화의 아내가 되었다 함은 영모의 언니 유모 또한 14대 풍월주가 되는 호림(虎林)이라는 사람과 결혼한 사실을 두고 한 말이다. 즉 언니는 14대 풍월주 부인, 그 동생은 15대 풍월주 부인이 되었다는 뜻이다.

김유신이 655년 지소와 결혼하기 이전에 다른 누군가와 결혼했다는 기록은 『화랑세기』를 제외한 어느 기록에도 보이지 않는다. 지금까지 알려진 자료에 의하는 한, 김유신은 오직 환갑의 나이에 결혼한 지소라는 여인만을 아내로 맞아들인 셈이 된다.

그렇다면 김유신은 과연 다른 여인과 결혼했는가? 그런 증거를 『삼국사기』나 『삼국유사』 같은 기록에서 찾을 수는 없는가? 있다면 무엇인가?

김유신의 맏아들 삼광

김유신에 대해 파격적인 분량을 할애해 그 생애를 전하고 있는 『삼국사기』를 보면 다음과 같은 구절이 있다.

> 아내 지소 부인은 태종대왕의 셋째 딸이다. 아들 다섯을 낳으니 맏이는 이찬 삼광(三光)이요, 다음은 소판 원술(元述)이요, 다음은 해간(海干) 원정(元貞)이요, 다음은 대아찬 장이(長耳)이며, 다음은 대아찬 원망(元望)이다. 딸은 넷이다. 서자로는 아찬 군승(軍勝)이 있는데, 그 어머니 성씨는 전하지 않는다. (유신이 죽은) 뒤에 지소 부인은 머리를 깎고 거친 옷을 입고 비구니가 되었다.
>
> 『삼국사기』 권43 열전3 김유신 하

이에 의하면 삼광 이하 원망까지 아들 다섯과 이름이 전하지 않는 딸 넷을 모두 지소 부인이 낳은 셈이 된다. 지금껏 거의 모든 신라사 연구자가 이들의 어머니가 누구인지 의심을 품지 않았던 것은 바로 이 기록 때문이었다.

과연 이들의 어머니가 지소 부인이 될 수 있는지를 그나마 그 행적이 기록으로 많이 남아 있는 맏이 삼광을 중심으로 살펴본다.

❀ **얼굴무늬 수막새** | 경주 영묘사 터에서 발굴. 신라 시대 수막새 기와 무늬는 연화나 문자 등이 많은데 이 수막새는 사람 얼굴이 새겨 있어 특이하다.

『삼국사기』 문무왕 6년(666)조의 기록을 보면 여름 4월에 영묘사(靈妙寺)라는 사찰에 불이 나자 죄수를 크게 사면한 일과 함께 "천존(天存)의 아들 한림(漢林)과 유신의 아들 삼광은 모두 나마(奈麻)로서, 당나라에 들어가 숙위(宿衛)케 했다"고 나온다. 숙위란 당나라 인접국의 왕자나 고위관리의 자제가 당나라 황실에 머물면서 황제의 호위를 맡은 의장대에 속하던 것을 가리킨다.

김유신이 지소와 결혼한 때가 655년 12월이고, 『삼국사기』의 기록대로 삼광이 과연 이들의 맏아들이라면 아무리 빨라도 삼광은 656년 이전에 태어날 수가 없다.

넉넉잡아 삼광이 656년에 지소에게서 태어났다고 하자. 그렇다면 불과 11살짜리 어린애가 나마라는 관위에 있으면서 당에 들어가 숙위했다는 말인가? 잠꼬대 같은 소리다.

이보다 2년 뒤의 기록을 보면 신라가 당나라 군대와 연합해 고구려를 정벌하는 내용이 나오는데 여기에 당나라에서 숙위하던 삼광이 돌아오고 있는 모습이 포착된다.

6월 12일에 (중략) 유인궤(당나라 신하)가 (당나라 고종) 황제의 칙명(명령서)을 받들고 숙위하던 사찬(沙湌) 김삼광과 함께 당항진(當項津)에 도착했다. 왕이 각간 김인문에게 성대한 예식으로 맞게 했다.

『삼국사기』 권6 신라본기6 문무왕 8년

나마 관위를 받고 당으로 떠난 삼광이 불과 2년 만에 3단계나 뛰어오른 제8위 사찬이 되어 귀국한 셈이다.

삼광이 정말로 지소의 아들이라면 이때는 아무리 나이가 많아봐야 13세인데 이런 어린아이가 당나라 황제의 칙사를 모시고 신라로 귀국한다는 말인가? 삼광이란 인물은 문무왕을 뒤이은 신문왕 3년 (683)에도 다시 모습을 드러내는데, 다음과 같이 기록되어 있다.

> (왕이) 순지(順知)를 중시로 삼았다. 일길찬(一吉湌) 김흠운(金欽運)의 작은 딸을 맞아들여 부인으로 삼았다. 먼저 이찬 문영(文穎)과 파진찬 삼광을 보내 기일을 정하는 한편, 대아찬 지상(智常)을 보내어 납채(納 采, 결혼 폐물을 들임)를 하게 했는데 예물로 보낸 비단이 15수레이고 쌀, 술, 기름, 꿀, 간장, 된장, 포, 젓갈이 135수레였으며, 조(租)가 150수레 였다.
>
> 『삼국사기』 권8 신라본기8 신문왕 3년 봄 2월

사찬 삼광이 15년 뒤에는 다시 4단계를 뛰어 17관위 중 제4위이 며 진골만이 될 수 있다는 파진찬이 되어 있다. 그가 지소의 아들이 라면 이때 아무리 많아봐야 나이 27세를 넘지 않는데 이런 애송이 가 어떻게 기라성 같은 나이 많은 다른 진골들을 제치고 파진찬이 될 수 있다는 말인가? 이 또한 어불성설이다.

『삼국사기』의 김유신 열전을 보면 "건봉(乾封) 원년(문무왕 6년, 666)에 당 황제(고종)가 칙명으로 유신의 맏아들 대아찬 삼광을 불 러 좌무위익부중랑장(左武衛翊府中郎將)으로 삼아 숙위하게 했다"는 기록이 보인다.

하지만 신라본기와 비교해볼 때 '대아찬 삼광'은 '나마 삼광'의 잘못일 가능성이 크다. 설혹 이 열전 기록이 사실에 부합한다 해도 대아찬 역시 파진찬 바로 아래 제5위 고위 등급이니, 10대 어린아이가 앉을 수 있는 자리는 아니다.

따라서 이런 고찰들을 통해 결론은 하나밖에 나오지 않는다. 삼광은 지소 부인의 아들이 결코 아니며 지소 이전 누군가에게서 본 자식임이 명백하다.

『삼국사기』 기록 자체만으로도 삼광의 어머니가 누구인지는 이렇게 의문투성이다. 그렇지만 삼광이 지소 부인이 낳은 자식이 아님은 명명백백하게 밝혀졌다.

같은 돌림자를 쓴 영모의 자식들

『화랑세기』를 보면 612년에 결혼한 김유신과 영모 사이에 난 자식들이 여기저기 흩어져 나온다. 이를 종합하면 둘 사이에는 딸만 넷 있었다. 첫째가 진광(晋光)이니 27대 풍월주 김흠돌의 아내가 되었다. 둘째는 신광(信光)이니, 문무왕 김법민이 태자로 있을 때 그의 첩이 되었다. 셋째 딸은 작광(作光)인데 26대 풍월주 진공전을 보면 보로전군(寶路殿君)이라는 남자에게 시집갔다고 했다. 마지막 넷째 딸은 영광(令光)이니 19대 풍월주 흠순공 열전을 보면 흠순의 셋째 아들인 반굴(盤屈)에게 시집가서 영윤(令胤)을 낳았다고 했다.

『삼국사기』에는 김영윤의 전기가 실려 있다. 이에 따르면 영윤은 할아버지 김흠순, 아버지 김반굴과 함께 서기 660년 백제 정벌에 참여해 계백이 이끄는 백제 5천결사대와 황산벌 전투에서 싸우다 아버지 반굴과 함께 장렬히 전사했다. 기존의 기록에서는 김영윤은 어머니가 누구인지에 대해 전혀 흔적이 없으나 다른 기록에는 김유신의

❀ **김유신 탄생지** | 김유신은 아버지 김서현의 집무지에서 태어났다. 이곳은 큰 담이 둘러 있어 담안밭이라고도 부른다. 충북 진천군에 위치.

넷째 딸 영광이라고 나오고 있다. 김유신과 김흠순은 친형제이니 반굴과 영광의 결합은 사촌 간 근친혼이었다.

『삼국사기』에는 이처럼 김유신과 영모의 자식으로 네 딸만 나오고 있다. 아들이 있었는지 없었는지 모르나 아들은 전혀 모습을 드러내지 않고 있다. 또한 지소에 대한 이야기도 전혀 없다. 영모가 낳은 김유신의 네 딸이 모두 빛 광(光)이라는 글자를 돌림자로 쓰고 있음이 매우 주목된다. 『삼국사기』 김유신 열전에 나오는 김유신의 여러 아들 중에서도 유독 맏아들만이 삼광(三光)이라고 해서 '광(光)'자를 사용하고 있는 점이 예사롭지 않다. 이는 삼광이 『화랑세기』에 보이고 있는 김유신과 영모 사이에 난 네 딸, 즉 진광·신광·작광·영광으로 이어지는 영모 계통의 아들임을 보여주는 명확한 증거가 될 수 있다. 따라서 『삼국사기』 열전에 나오는 여러 김유신의 자식 가운데 적어도 맏이 삼광만큼은 지소 부인의 소생이 아님은 다시금 명백해진다.

수절한 과부, 원술을 돌려보낸 냉정한 어머니

655년에 환갑이 된 외삼촌과 결혼한 지소는, 확실한 증거는 없으나 결혼 생활 18년 만인 673년에 남편 김유신이 79세로 죽어 과부가 될 때까지 금슬은 좋았을 것이다. 그것은 다른 무엇보다 소판 원술을 필두로 해간 원정, 대아찬 장이, 대아찬 원망의 네 아들을 낳았다는 점에서 방증된다.

나아가 지소 부인은 김유신이 죽자 머리를 깎고 거친 옷을 입고 비구니가 되었다. 비구니가 되었다는 것은 속세와 인연을 끊는다는 뜻인 동시에 남편에 대한 정절을 끝까지 지킨다는 의미도 있었을 것이다.

확실한 증거는 없으나, 지소가 13세 무렵에 김유신과 혼인했다고 가정하면, 31세 무렵에 그는 과부가 된 셈이다. 30대 한창일 나이에 과부가 된 그는 출가한 뒤 39년이 더 지난 성덕왕 11년(712)까지도 생존해 있었음이 확인된다.

당시 신라사회에서는 재혼이 일반적이었으나 정절을 지킨 지소는, 어머니로서 자식들에게 냉혹했던 듯하다. 그런 면모는 너무나 잘 알려진 원술과 관련된 일화가 극명하게 보여준다.

(김유신이 죽은) 뒤에 지소 부인은 머리를 깎고 거친 옷을 입고 비구니가 되었다. 이때 대왕이 부인에게 말했다. "지금 온 나라가 편안하고 임금과 신하가 베개를 높이 베고는 근심을 잊을 수 있게 된 것은 태대각간(김유신)의 공이니, 생각건대 부인이 집안을 잘 다스리어 조심하고 훈계함 또한 숨은 공이 컸으므로, 과인이 그 덕을 갚고자 하는 마음을 단하루도 잊은 적이 없습니다. 이에 남성(南城, 지방 이름)의 조를 매년 1,000섬씩 주겠소."

나중에 흥덕대왕이 공(유신)을 흥무대왕(興武大王)에 책봉했다. 그에 앞서 법민왕(法敏王, 문무왕)이 고구려의 반란한 무리를 받아들이고, 또 백제 옛 땅을 점거해 소유하니 당 고종이 크게 노해 군사를 보내 신라를 치게 했다.

당나라 군대가 말갈군과 함께 석문(石門)이라는 들판에 주둔하니, 왕이 장군 의복(義福)과 춘장(春長) 등을 보내 막게 하니, 대방(帶方)이라는 들판에 군영을 설치했다. 이때 장창당(長槍幢, 군부대 이름)만이 따로 주둔하고 있다가 당나라 군사 3,000여 명을 만나 그들을 잡아 대장군 진영으로 보냈다.

이에 여러 당(幢)에서 함께 말하기를 "장창당이 홀로 진을 쳐서 일을 성공했으니 후한 상을 받게 될 것이니 우리가 모여 있다 해서 고생만 하게 될 뿐이다"고 하면서 드디어 각각 자기 군대를 분산했다. 이에 당나라 군사가 말갈과 함께 (신라 군사들이) 미처 진을 치지 못한 틈을 타 공격을 개시하니 우리 군사가 크게 패하고는 장군 효천(曉川)과 의문(義文) 등이 죽었다.

유신의 아들 원술(元述)은 그 비장(裨將, 장군의 부관)으로서 그 또한 싸우다 죽으려고 하니, 그 부하 담릉(淡凌)이 말리기를 "대장부는 죽는

태백산 | 어머니인 지소 부인이 전장에서 살아 돌아온 원술을 만나주지 않자 그는 낙담해 태백산으로 들어가 나오지 않았다.

일이 어려운 것이 아니라 죽을 곳을 택하기가 어려운 일이니, 만일 죽어서도 성공한 바가 없다고 하면 살아서 나중에 공을 세울 일을 도모함만 못합니다"고 했다.

　이에 원술이 대답하기를 "남아 구차하게 살지 않을 것이니 (이렇게 도망쳤다가) 장차 무슨 면목으로 아버지(김유신)를 뵙겠는가?" 하고는 말을 채찍질해 달려 나가려 하니 담릉이 고삐를 잡아당기며 놓아주지 않아 그만 죽지 못하고, 상장군을 따라 무이령(蕪荑嶺)이란 곳으로 나오니 당군이 뒤를 추격해왔다.

　거열주(居烈州) 대감(大監)인 일길간(一吉干) 아진함(阿珍含)이 상장군에게 말하기를 "공 등은 힘을 다해 빨리 떠나시오. 나는 나이 이미 70이니 얼마나 더 살 수 있으리오. 오늘이야말로 내가 죽을 날이오"라고 하고는 창을 비껴들고 적진으로 뛰어들어 전사하니, 그 아들 또한 따라 죽었다. 대장군 등이 몰래 서울로 들어왔다.

대왕(문무왕)이 듣고는 유신에게 "군사가 실패한 일이 이러니 어찌하겠습니까"라고 하니 유신이 말하기를 "당나라 사람들이 꾀하는 책략은 헤아릴 수 없으니 장졸들에게 각기 길목을 지키도록 해야겠습니다. 단 원술은 왕명을 욕되게 하고 가훈 또한 저버렸으니 목을 베어야 합니다"라고 했다. 대왕이 말하기를 "원술은 비장인데 그 혼자에게만 중벌을 내림은 불가합니다"라고 하고는 용서해주었다. 이에 원술이 부끄럽고 두려워 감히 아버지를 뵙지 못하고 별장으로 숨어 다니다가 아버지가 죽은 뒤에야 어머니를 보고자 했다.

하지만 어머니는 "부인에게는 따라야 할 세 가지 의리가 있으니 내가 지금 과부가 되었으니 아들을 따라야 하나, 원술 같은 놈은 이미 선군(先君, 죽은 아버지)에게 아들 노릇을 하지 못했으니 내 어찌 그 어머니가 될 수 있겠느냐?"라고 하고는 만나지 않았다.

원술이 통곡하며 가슴을 두드리고 땅을 구르면서 차마 떠나지 못했으나, 부인은 끝내 그를 만나지 않았다. 이에 원술이 탄식하기를 "담릉 때문에 잘못된 일이 여기에까지 이르게 되었다"라고 하고는 태백산으로 들어갔다.

을해년(문무왕 15년, 675)에 당나라 군사가 매소천성(買蘇川城)을 치니, 원술이 듣고 죽어서 전날의 수치를 씻으려 드디어 힘써 싸워 공(功)과 상(賞)을 받았다. 하지만 부모에게 용납되지 못한 일을 분하고 한스럽게 여겨 벼슬하지 아니하고 한세상을 마쳤다.

『삼국사기』 권43 열전3 김유신 하

아들을 만나지 않겠다는 어머니 지소의 뜻이 어찌 본심이었으랴? 모르긴 해도 평생 부모에게 버림받았다는 사실을 한으로 품고 살다 간 원술만큼이나 그 어머니 지소 또한 아들을 내쳐야만 했던 한을 부처님께 속죄하며 살다 갔을 것이다.

| 김태식 |

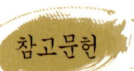

전길회, 「신라사회의 서족에 대한 소고」《이대사원》 2, 1960.
황선영, 「신라 무열왕가와 김유신가의 적서문제」《부산사학》 9, 1985.
김태식, 『화랑세기, 또 하나의 신라』, 김영사, 2002 ; 「반굴과 복숭아, 그리고 귀신 – 신라에 스민 도교사상」《문헌과해석》 29, 2004.

돈키호테 스님과 과부 공주
—원효와 요석공주

원효와 의상

한국의 불교사와 사상사에서 원효
(617~686)는 의상(625~702)과 함께 절대
적인 위치를 차지하고 있다. 두 사람은
깨달음을 얻기 위해 구도(求道)의 길을 함
께했던 도반(道伴)이었으며, 심지어는 형
제라고까지 인식되었다. 이것은 이미 두
사람이 하나와 같은 존재로 인식되고 있
음을 의미하는 것이며, 따라서 두 사람을
서로 분리해서 언급하는 것도 어려운 일
이다.

그러나 원효와 의상 사이에는 타고난
신분을 비롯해 여러 가지 차이점이 있다.
원효는 의상과는 달리 대중교화를 위해

※ **원효 진영** | 원효는 의상과 함께 한국
불교의 대표적인 인물로 평가되고 있다.

🔅 **임당동 고분군** | 원효는 압량군(지금의 경산)에서 태어났는데, 이곳은 이전에 압독국이었다. 원효는 압독국 왕족의 후손으로 추정된다.

서 기이한 행동도 서슴지 않았기 때문에 이와 관련된 이야기가 많이 전해지고 있다. 그러한 이야기 중에서도 특히 요석궁(瑤石宮) 공주와의 사랑이야기는 널리 알려져 있다.

돈키호테 스님 원효

원효와 요석공주와의 사랑이야기를 이해하기 위해서는 먼저 원효의 성격에 대해서 살펴보아야 할 것이다. 왜냐하면 파계를 하면서까지 요석공주와 사랑을 하게 된 것도 결국은 원효의 성격에서 비롯되었을 가능성이 크기 때문이다.

원효의 속성(俗姓)은 설씨(薛氏)로 617년(진평왕 39)에 압량군(押梁

郡) 남쪽에 있는 불지촌(佛地村)의 북쪽 율곡(栗谷)의 사라수(裟羅樹) 밑에서 태어났다. 따라서 설씨인 원효는 6두품 출신이었다. 당시 신라에서 엄격하게 적용되고 있던 골품제에서 진골귀족이 아닌 6두품이라는 신분적인 한계는 원효를 이해하는 데 중요한 열쇠가 된다. 그리고 이러한 신분적인 한계는 이후 그의 생애에서 정치적, 사상적으로도 많은 영향을 주었다.

원효는 대중교화를 위해서 천촌만락(千村萬落)을 돌아다니면서 가난하고 무지몽매한 사람들을 노래와 춤으로 교화했다. 이인로(李仁老)의 『파한집』에는 "원효가 백정 노릇하고 술장사하는 시중 잡배들 속에 섞여 지냈다"라고 기록되어 있듯이 그의 행동은 일종의 파격적인 것이었다. 이러한 원효의 모습에서 신분의 한계를 극복하려는 듯한 모습을 볼 수 있다. 특히 원효는 불교의 평등사상에 대해서 많은 관심과 깊은 이해를 가지고 있었다. 이것은 그가 당시의 엄격한 골품제 사회에서 6두품으로서 받아야만 했던 정치·사회·신분적인 한계에 대해서 남다르게 느끼고 있었을 것이라는 점을 생각하면 충분히 이해된다. 『삼국유사』를 편찬한 일연은 이와 같은 원효를 활달 무애(無碍)한 자유인으로 이해하고, 그에 대한 기록의 제목을 '원효불기(元曉不羈, 원효가 굴레에 메이지 않다)'라고 한 것은 설득력이 있어 보인다. 원효는 한마디로 말해 거침없고 적극적인 성격의 소유자였던 것 같다.

또한 원효는 평소에도 말이 많았던 것 같다. 이것은 원효가 사복(蛇福)의 죽은 어머니를 위해서 게송(偈頌)을 지었는데, 사복이 사(詞)가 너무 번거롭다고 원효에게 핀잔을 주었던 사실에서도 알 수 있다. 다음 기록은 원효의 성격을 잘 보여주고 있다.

그의 발언은 미친 듯 난폭하고 예의에 어긋났으며, 행동은 상식의 선을 넘었다. 그는 거사와 함께 주막이나 기생집에도 들어가고 지공(誌公)과 같이 금빛 칼과 쇠지팡이를 가지기도 하였으며, 혹은 주석서를 써서 『화엄경』을 강의하기도 하고, 혹은 사당에서 거문고를 타면서 즐기고, 혹은 여염집에서 유숙하기도 하고, 혹은 산수에서 좌선하는 등 계기를 따라 마음대로 해 일정한 규범이 없었다.

『송고승전』 권4, 당신라국황룡사원효전

원효는 한편 자신에 대한 강한 자신감 내지는 자부심을 가지고 있었던 것으로 보인다. 즉 요석공주와 결혼하기 전에 "하늘을 떠받칠 기둥을 다듬고자 한다"라고 스스로를 평가한 것이나 황룡사에서

『금강삼매경론』에 대한 법회가 끝난 후에 "하나의 대들보를 가로지름에 있어서는 오직 나만이 가능하다"라고 한 사실에서 그 대강의 모습을 살펴볼 수 있다.

원효의 거침없고 적극적인 성격을 가장 잘 보여주는 일화는 바로 요석공주와의 만남이라고 할 수 있다. 원효가 파계도 불사하면서까지 요석궁 공주와의 만남을 실행했던 것은 그의 강한 자신감 또는 자부심의 또 다른 면이라고도 할 수 있을 것이다.

요석공주와의 만남 이외에도 원효는 여자와 관련된 일화들이 많았다. 원효는 아무런 거리낌없이 주막이나 기생집에 출입했고, 여염집에서 유숙하기도 하였다.

또한 낙산사(洛山寺)에 가는 도중에 벼를 베는 여인에게 말을 건네기도 하고, 빨래하는 여인에게 물을 청하며 희롱하기도 했다. 이러한 기록들을 통해서 평소에 구애됨이 없고 거침이 없었던 원효의 성격을 알 수 있다.

요석공주와의 만남

원효의 거침없고 적극적인 성격은 요석공주와의 만남에서도 그대로 나타났다.

원효가 일찍이 어느 날 상례에서 벗어나 거리에서 노래를 부르기를 "누가 자루 빠진 도끼를 허락하려는가? 나는 하늘을 받칠 기둥을 다듬고자 한다"라고 하였다. 사람들이 그 뜻을 알지 못하였는데, 이때 태종이 그것을 듣고서 말하기를 "이 스님께서 아마도 귀부인을 얻어 훌륭한 아들을 낳고 싶어하는구나! 나라에 큰 현인이 있으면 그보다 더한 이로움이 없을 것이다"라고 하였다.

그때 요석궁[지금의 학원(學院)]에 홀로 사는 공주가 있었다. 궁중의 관리를 시켜서 원효를 찾아서 (궁중으로) 맞아들이게 하였다. 궁중의 관리가 칙명을 받들어 원효를 찾으려고 하는데, 벌써 (그는) 남산에서 내려와 문천교[蚊川橋, 사천(沙川)이나 세간에는 연천(年川) 또는 문천(蚊川)이라 하고, 또 다리 이름을 유교(楡橋)라고 한다]를 지나고 있어 만나게 되었다.

(원효는) 일부러 물에 떨어져 옷을 적셨다. 관리는 스님을 궁으로 인도해 옷을 벗어 말리게 하니, 이 때문에 (그곳에서) 묵게 되었다. 공주가 과연 태기가 있어 설총(薛聰)을 낳았다.

『삼국유사』 권4 의해5 원효불기

원효의 생애에서 요석공주와의 만남은 그 자체가 하나의 중요한 사건이었고, 또한 전환의 계기가 되었다. 그러나 원효가 언제 요석공주를 만났는지 그 정확한 시기는 알 수가 없다. 다만 위의 기록을 통해서 그 시기가 무열왕 때이며, 원효가 37세에서 43세였던 것으로 추정할 수 있다.

요석공주에 대해서도 자세한 기록은 없다. 태종 무열왕의 둘째 딸이라고도 하지만 정확하지가 않고, 무열왕과는 가까운 친척으로 추정된다.

그녀는 과부였는데 원효와 만나서 설총을 낳았다. 설총은 신라 10현(賢)의 한 명이고, 이두를 만들었던 대학자였다. 설총이 태어나면서 원효는 자신이 예언했던 것과 같이 과연 '하늘을 받칠 기둥'을 다듬었던 것이다.

요석공주와의 만남은 원효가 거리에서 노래를 부르고 다녔다거나 무열왕이 보낸 관리와 만나자 일부러 물에 빠졌다는 기록을 통해서 원효가 먼저 시도한 것으로 생각할 수 있다. 이것은 그의 성격으로 미루어 생각하면 충분히 짐작할 수 있다.

그러나 원효는 처음부터 요석공주만을 염두에 두지는 않았던 것 같은데, 무열왕이 보낸 관리를 만남으로써 요석공주를 만나게 되는 결과로 이어졌을 것이다. 따라서 원효와 무열왕은 요석공주를 매개로 하여 서로가 의도하던 어떤 목적을 이룰 수 있게 되었다.

요석공주와의 만남으로 원효는 무열왕의 사위가 되었고, 김유신

문천교터 | 원효는 문천교에서 일부러 떨어진 후에 태종무열왕의 주선으로 요석공주를 만났다.

⊗ **설총 묘** ｜ 설총은 원효와 요석공주 사이에서 태어났다. 그는 이두를 만들어 신라의 유학을 크게 발전시킨 학자이다.

과는 동서가 되었다. 이러한 관계를 통해서 원효가 당시의 지배층과도 깊은 관련을 맺었으리라는 사실은 쉽게 추정할 수 있다. 그러나 원효는 요석공주와의 만남을 계속해서 이어나가지 않고, 오히려 세속으로 다시 돌아오는 계기로 삼았던 것 같다. 따라서 원효가 지배층과 일정한 관련을 맺었다고 하더라도 현실정치에 적극적으로 참여한 것은 아니었다.

그는 왕실을 비롯한 지배층에 대해서 비판적이고 원칙적인 문제를 제시하는 입장에 있었을 것이고, 자문에 응하는 정도였을 것으로 생각된다.

대중교화에 나선 소성거사

원효는 요석공주와 만남으로써 계율을 어기게 되었다. 그리고 설총을 낳은 이후에는 스스로 소성거사(小姓居士)라 하고 본격적으로 대중교화를 시작했다.

원효가 이미 실계(失戒)해 설총을 낳은 이후로는 속인의 옷으로 바꾸어 입고 스스로 소성거사라고 하였다. 우연히 광대들이 놀리는 큰 박을 얻었는데, 그 모양이 괴이하였다. 그 모양대로 도구를 만들어 『화엄경』의 '일체 무애인(無碍人)은 한길로 생사를 벗어난다'라는 (문구를 따서) 이름을 '무애'라 하고, 이에 노래를 지어서 세상에 퍼뜨렸다. 일찍이 이것을 가지고 천촌만락에서 노래하고 춤추며 교화하고 음영해 돌아오니, 가난하고 무지몽매한 무리들까지도 모두 부처의 이름을 알게 되었고, 모두 나무(南無)를 칭하게 되었으니, 원효의 법화가 컸던 것이다.

『삼국유사』 권4 의해5 원효불기

원효의 대중교화활동은 그의 학문만큼이나 중요한 의미가 있다. 왜냐하면 그의 사상적인 깊이나 학문적인 업적보다도 불교의 대중화를 위한 교화활동에 대해서 가장 큰 평가를 하고 있기 때문이다. 물론 불교의 대중화를 위한 교화활동은 원효 이전에도 이미 혜숙(惠宿)·혜공(惠空)·대안(大安) 등에서 찾을 수 있고, 이 중에서 혜공과 대안은 원효와도 깊은 인연이 있는 고승이었다. 특히 혜공으로부터는 무애행(無碍行)을 통한 대중교화에 대해서 많은 영향을 받았다.

원효는 천촌만락을 돌아다니며 대중들을 교화했다. 당시 신라에는 정토신앙이 크게 유행했는데, 원효의 대중교화도 정토신앙에 그 토대를 두었다. 원효는 광대들이 가지고 노는 큰 박을 얻었는데 『화엄경』에서 말한 "일체의 무애인은 한길로 죽고 사는 것을 벗어난다"라는 문구를 따서 이름을 무애라 하고, 계속해서 노래를 지어 세상에 퍼뜨렸다.

원효는 대중의 교화를 위해서 전문적인 술어나 어려운 이론을 사용하기보다는 간단한 염불·게송·노래 혹은 춤 등을 사용했다. 원효의 대중교화는 누구에게나 쉽게 다가가는 거침없는 그의 성격으로 인해 더 많은 효과를 가져오게 되었고, 마침내 가난하고 무지몽매한 사람들까지도 모두 부처님의 이름을 알게 되었으며, '나무아미타불(南無阿彌陀佛)'을 부를 수 있게 되었다. 그렇기 때문에 원효의 대중교화에 대해 일연도 "원효의 교화야말로 참으로 컸다 할 것이다"라고 평가했다.

구도의 도반

원효와 의상 사이의 차이점 중에서도 특히 주목되는 것은 두 사람의 성격이 정반대라는 점이다. 원효는 적극적이고 활달하다 못해 구애됨이 없이 행동하는 성격이었지만, 의상은 다소 소극적이고 조용한 성격이었던 것 같다. 이러한 두 사람의 성격을 현대적인 의미에서 표현한다면 원효는 구애됨이 없이 거침없고 적극적인 '돈키호테형'이고, 의상은 소극적이고 내성적인 '햄릿형'이라고 할 수 있을 것이다.

그러나 두 사람이 평생에 걸쳐서 깨달음을 얻기 위해 구도의 길을 함께했던 도반이었다는 사실에서 원효와 의상의 위대한 면을 찾을 수 있을 것이다.

| 김덕원 |

이기백, 「신라 육두품 연구」《성곡논총》2, 1971 : 『신라정치사회사연구』, 일조각, 1974.
김영태, 「신라 불교대중화의 역사와 그 사상 연구」《불교학보》6, 1969 : 『신라불교연구』, 민족문화사, 1987.
전미희, 「원효의 신분과 그의 활동」《한국사연구》63, 1988.
남동신, 『원효』, 새누리, 1999.
김상현, 『원효연구』, 민족사, 2000.
김덕원, 「원효와 의상의 신분적, 정치적 차이에 대한 고찰」『덕봉오환일교수정년기념 사학논총』, 2006.

5

질투를 불러온 외사랑

살인을 부른 미모에 대한 질투심
─남모와 준정

화랑의 뿌리가 된 두 여인

신라의 화랑도라고 하면 누구나 김유신과 관창을 생각하게 되고, 또 많은 화랑과 낭도들이 전쟁터에서 용감히 싸우다가 나라를 위해서 장렬히 전사하는 모습을 떠올릴 것이다. 우리는 이들의 노력과 희생으로 마침내 신라가 삼국통일의 위업을 완수한 것으로 이해하고 있다. 이러한 인식을 갖고 있다는 사실은 결국 대부분의 사람들이 화랑도가 신라에서 중요한 역할을 수행했음을 인정한다는 것이다. 그리고 이러한 인식이 바탕이 되어 화랑도는 오늘날에도 한국의 대표적인 정신과 사상이라는 평가를 받고 있다.

화랑도가 있기까지에는 그 뿌리와 같은 역할을 한 원화(源花, 原花)라는 제도가 있었다. 그리고 원화에는 많은 남자들을 휘하에 두었던 두 명의 아름다운 여인들이 있었으니, 그들이 바로 남모(南毛)와 준정(俊貞, 姣貞)이다.

따라서 화랑도를 이해하기 위해서는 먼저 원화를 이해할 필요가 있고, 원화를 이해하기 위해서는 남모와 준정에 대해서 이야기해야 할 것이다.

원화의 설치

원화라는 제도는 인재를 양성하려는 목적으로 만들어졌다. 이렇게 양성된 인재들은 이후 국가에서 관리로 선발했다. 따라서 원화는 인재를 양성하고 관리를 선발하기 위해서 만들어진 일종의 교육기관의 역할을 담당했다.

4~6세기의 삼국은 철제 농기구의 보급으로 농업 생산력의 향상을 꾀했다. 그리고 이를 바탕으로 강력한 철제 무기를 사용하여 영토 확장을 추진하면서 고대국가로 성장했다. 이러한 과정을 거치면서 발전한 삼국은 확대된 영토를 효과적으로 지배하기 위해서 이전보다 많은 관리들이 필요했고, 그 결과 관리를 양성하고 선발하기 위한 교육기관을 설치하게 되었다. 소수림왕 2년(372)에 설치된 고구려의 태학(太學)이 가장 대표적인 교육기관이라 할 수 있다.

원화도 바로 이러한 시대적인 요청에 따라 탄생했다. 원화가 만들어질 당시의 신라는 진흥왕에 의해서 활발한 정복 활동이 추진되어 한강 유역과 낙동강 유역을 차지했고, 북으로는 함경도 일대까지 진출했다. 이러한 사실은 오늘날까지 전해지고 있는 진흥왕순수비를 통해서 확인할 수 있다. 따라서 신라에서도 확대된 영토를 효과적으로 지배하기 위해서는 이전보다 많은 관리들이 필요했는데, 원화는 바로 이러한 목적을 위해서 만들어졌다.

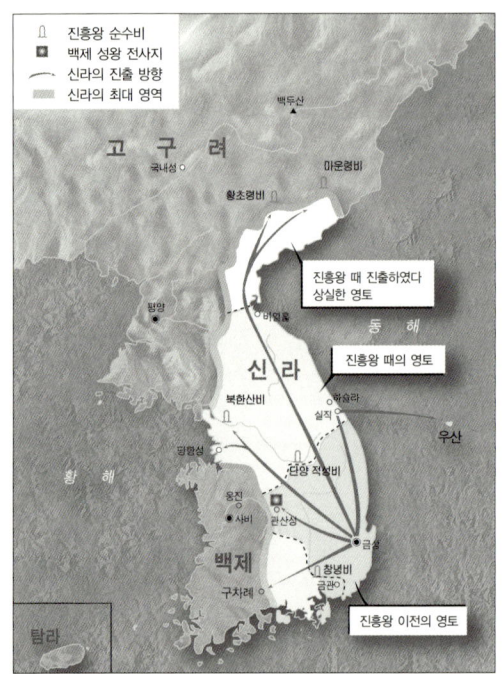

진흥왕 순수비
백제 성왕 전사지
신라의 진출 방향
신라의 최대 영역

백두산

고 구 려

국내성

마운령비

황초령비

진흥왕 때 진출하였다 상실한 영토

탐라

ㅇ비열홀

동 해

신 라

진흥왕 때의 영토

북한산비

ㅇ하슬라
실직

우산

당항성

단양 적성비

황 해

웅진

사비
관산성

금성

백 제

창녕비
금관

구차례

진흥왕 이전의 영토

탐라

❋ **신라 진흥왕 때의 영토 확장** | 진흥왕은 강력한 군사력을 기반으로 영토 확장에 힘썼다. 또한 새로 개척한 영역들을 직접 순수하고 이를 기념하고자 순수비를 세웠다.

봄에 처음으로 원화를 받들었다. 일찍이 임금과 신하들이 인물을 알아볼 방법이 없어서 걱정하다가 무리들이 함께 모여 놀게 하고, 그 행동을 살펴본 다음 발탁해 쓰고자 해 마침내 미녀 두 사람, 즉 남모와 준정을 뽑고, 무리 300여 명을 모았다.

『삼국사기』 권4 신라본기4
진흥왕 37년 봄

(진흥왕은) 천성이 풍미(風味)하고 신선을 매우 숭상해 민가의 낭자 중에서 아름답고 예쁜 자를 택해 받들어 원화로 삼았다. 이것은 무리를 모아서 인물을 뽑고 그들에게 효도와 우애, 그리고 충성과 신의를 가르치려고 함이었으니, 또한 나라를 다스리는 대요(大要)이기도 했다. 이에 남모랑(南毛娘)과 교정랑(姣貞娘)의 두 원화를 뽑았는데, 모여든 무리가 300~400명이었다.

『삼국유사』 권3 탑상4 미륵선화 · 미시랑 · 진자사

신라는 이러한 관리들을 중심으로 확대된 영토를 효과적으로 지

배했고 이후 삼국의 주도권을 장악하게 되었다.

그런데 여기서 주목되는 것은 인재의 양성과 선발을 위해서 만들어진 원화의 우두머리에 여자를 임명했다는 사실이다. 이것은 신라 초기부터 여성들이 제사를 비롯한 종교적 행사에 활발하게 참여했던 전통이 그대로 반영된 것으로 보인다. 따라서 인재를 양성하고 선발하기 위해서 만들어진 원화는 여

❋ **진흥왕순수비** | 진흥왕순수비 중의 북한산비. 진흥왕은 한강 유역으로 진출해 신라의 발전을 이룩했지만, 이후 신라는 고구려와 백제의 계속되는 침입을 받게 되었다.

러 활동 중에서도 특히 종교적인 활동이 큰 비중을 차지했으므로, 남모와 준정은 종교적인 지도자의 역할을 담당했던 것이다.

남모와 준정의 질투

아름다운 두 여자를 원화로 뽑아서 무리들을 맡게 했는데, 이들이 바로 남모와 준정이었다. 그러나 두 사람은 서로의 아름다움을 시기해 질투하기 시작했다. 두 사람의 시기와 질투는 시간이 지나면서 더욱 심해졌고, 끝내는 준정이 남모를 죽이는 끔찍한 사건으로 이어지게 되었다.

두 여인이 아름다움을 다투어 서로 질투했는데, 준정이 남모를 자기 집에 유인해 억지로 술을 권해 취하게 되자 끌고 가서 강물에 던져 죽였다. 준정이 사형에 처해지자 무리들은 화목을 잃고 흩어지고 말았다.

『삼국사기』 권4 신라본기4 진흥왕 37년 봄

교정은 남모를 질투했다. (그래서) 술자리를 마련해 남모에게 (술을) 많이 마시게 하고, 취하게 되자 몰래 북천(北川)으로 메고 가서 돌로 묻어서 죽였다. 그 무리들은 남모가 간 곳을 알지 못해서 슬프게 울다가 헤어졌다. (그러나) 그 음모를 아는 사람이 있어서 노래를 지어 동네 아이들을 꾀어 거리에서 부르게 했다. 남모의 무리들이 노래를 듣고, 그 시체를 북천에서 찾아내고 곧 교정랑을 죽였다. 이에 대왕은 영을 내려서 원화를 폐지시켰다.

『삼국유사』 권3 탑상4 미륵선화 · 미시랑 · 진자사

준정은 질투에 눈이 멀어서 결국 라이벌 관계였던 남모를 죽이는 끔찍한 살인을 저지르게 되었다. 그러나 이러한 준정의 음모를 알고 있던 사람이 마치 서동이 선화공주를 유혹할 때처럼 노래를 지어서 아이들에게 부르게 함으로써 그 사실이 세상에 알려지게 되었다. 마침내 준정도 죽임을 당했고, 원화도 폐지되었다.

남모와 준정 사이에서 발생했던 사건을 단순히 서로의 아름다움을 시기하고 질투했기 때문에 일어난 비극이라고 생각할 수도 있을 것이다.

그러나 이 사건은 신라가 국가적으로 새롭게 발전하던 과정에서 전통을 유지하려는 세력과 변화를 추구하려던 세력 사이에서 발생

한 갈등의 결과라고 이해할 수 있다. 당시 신라는 이러한 갈등을 극복하기 위해서 좀더 많은 시간을 필요로 했다.

화랑도의 설치

남모와 준정의 시기와 질투에서 벌어진 사건의 결과, 원화는 폐지되었다. 그 후 이러한 폐단을 사전에 방지하기 위해서 남자들로 구성된 조직을 다시 만들었는데, 이것이 바로 화랑도이다.

그 후 다시 미모의 남자를 택해 곱게 꾸며 화랑이라 이름하고 그를 받드니, 무리들이 구름처럼 모여들었다. 혹은 도의로써 서로 연마하고, 혹

❀ **천전리 서석** | 높이 약 2.7m, 너비 약 9.5m인 서석에는 이곳으로 수련을 왔던 많은 화랑들의 이름이 기록되어 있다.

은 노래와 음악으로 서로 즐겼는데, 산과 물을 찾아 노닐고 즐기니 멀리 이르지 않은 곳이 없었다. 이로 인해 사람의 사악함과 정직함을 알게 되어 착한 사람을 택해 조정에 천거했다.

『삼국사기』 권4 신라본기4 진흥왕 37년 봄

여러 해 뒤에 왕은 또 나라를 흥하게 하려면 반드시 풍월도(風月道)를 먼저 해야 한다고 생각해 다시 영을 내려서 좋은 가문 출신의 남자로서 덕행이 있는 자를 뽑아 (이름을) 고쳐서 화랑이라고 했다. 처음 설원랑(薛原郎)을 받들어 국선으로 삼았는데, 이것이 화랑 국선의 시초이다. 이 때문에 명주(溟州)에 비를 세웠다. 이로부터 사람들로 하여금 악을 고쳐서 선행을 하게 하고, 윗사람을 공경하고 아랫사람에게 온순하게 하니, 5상(五常)·6예(六藝)·3사(三師)·6정(六正)이 왕의 시대에 행해졌다[국사(國史)에는 진지왕 대건(大建) 8년 병신에 비로소 화랑을 받들었다고 했으나 아마도 사전(史傳)의 잘못일 것이다].

『삼국유사』 권3 탑상4 미륵선화·미시랑·진자사

『삼국사기』에 의하면 화랑도는 진흥왕 37년(576)에 만들어진 것으로 기록되어 있다. 그러나 진흥왕 23년(562)에 대가야를 정벌할 때 이미 화랑 사다함(斯多含)이 활동했기 때문에 화랑도가 설치된 것은 진흥왕 초기로 이해하는 것이 일반적이다.

화랑도는 1명의 화랑 밑에 천여 명에서 수백 명에 이르는 낭도로 구성되었다. 그리고 화랑과 낭도 사이에는 1명의 승려가 포함되어 있어서 화랑에게 자문의 역할을 하고 낭도들의 교육을 담당했는데, 이러한 승려를 이른바 승려낭도라고 부른다. 승려낭도들은 화랑과

※ **삼일포** | 신라시대에 국선(國仙)들이 절경으로 유명한 이곳을 찾아와 뱃놀이를 하다가 아름다운 경치에 매료되어 그만 3일 동안 돌아가는 것을 잊었기 때문에 삼일포라 부르게 되었다.

낭도들이 전쟁에 출전하기에 앞서서 승리와 안전을 기원하거나 또는 진쟁에서 돌아온 후에는 전사한 사람들을 위해 종교의례를 주관하기도 했다. 오늘날까지 전해지는 향가(鄕歌)의 작가들이 대부분 승려인 까닭은 바로 이러한 화랑도와의 관계에서 비롯된다.

화랑도의 역할

화랑도는 평상시에 도의로써 서로 연마하거나 혹은 노래와 음악으로 서로 즐겼으며, 산천을 찾아서 노닐다가 유사시에는 전쟁에 참전해 나라를 위해서 목숨을 걸고 용감하게 싸웠다. 화랑과 낭도

들은 이러한 과정을 통해서 인재로 양성되었고, 또한 관리로 선발
되었다. 이후 신라에서는 화랑도 출신들이 활발하게 활동했고, 이
들의 활동은 삼국통일을 이룩하는 데 중요한 원동력이 되었다.

신라에서 화랑도가 중요한 역할을 수행할 수 있었던 것은 원광법
사(圓光法師)의 세속오계의 영향 때문이라고 할 수 있다. 『삼국사기』
열전에 수록된 69명 중에서 절반이 7세기에 활동했고, 그중에서 21
명이 나라를 위해서 죽었다는 사실은 당시 화랑도가 신라에서 어느
정도의 역할을 했는지 충분히 짐작할 수 있게 한다. 신라가 삼국을
통일한 이후에 김대문은 화랑과 낭도들의 전기로 추정되는 『화랑세
기』를 지었는데, 그는 여기에서 "어진 보필자와 충신은 이로부터 나
왔고, 훌륭한 장수와 용감한 병졸은 이로부터 생겼다"라고 화랑도
를 한마디로 평가했다. 화랑도에 대한 이와 같은 평가는 김대문뿐
만 아니라 당시 신라인들의 공통적인 생각이었을 것이다. 그러나
중요한 것은 신라가 삼국을 통일하는 데 결정적인 역할을 담당했던
화랑도는 원화에서 비롯되었는데, 이것은 곧 원화가 삼국통일을 이
룩하는 데 뿌리로서의 역할을 수행했음을 의미한다.

| 김덕원 |

참고문헌

이병도, 「신라인의 육체미관 – 원화화랑제 불상 및 설화문학을 통하여」 『이상백박사회
　　갑기념논총』, 1964 ; 『한국고대사회와 그 문화』, 서문당, 1973.
이기동, 「신라 화랑도의 기원에 대한 일고찰」 《역사학보》 69, 1976 ; 『신라골품제사회
　　와 화랑도』, 일조각, 1984.
김기흥, 「화랑도이야기와 7세기 신라사회」 《역사비평》 22, 1993.
김열규, 「원화와 화랑 – 성의 갈등과 화랑도 : 왜 '원화' 라고 했는가?」 『화랑문화의 신
　　연구』, 문덕사, 1996.
주보돈, 「신라 화랑도 연구의 현황과 과제」 《계명사학》 8, 1997.

장군의 첫사랑 — 김유신과 천관녀

영웅엔 전설이 따르고

김유신이라고 하면 신라의 화랑 출신으로 삼국을 통일한 위대한 장군으로 평가되고 있다. 높게 평가되는 만큼 그에 대한 이야기는 신비로운 내용이 많이 포함되어 오늘날까지 전해지고 있다. 이러한 이야기는 김유신이 태어날 때부터 화랑 시절의 수련 과정을 포함하며 그 이후에 삼국을 통일하는 과정에서 절정을 이루고, 그가 죽은 이후에도 계속 이어지고 있다.

이렇게 신비로운 이야기로 가득한 김유신의 생애에서도 평범한 인간의 삶과 같은 이야기가 전해지는데, 그중의 하나가 김유신의 사랑에 관한 이야기다. 비록 신비로운 이야기를 지니고 태어났지만, 그도 어쩔 수 없는 인간이었기에 평범한 사람과 마찬가지로 성장하면서 누구나 한 번씩은 겪게 되는 경험을 하게 되는데, 그것이 천관녀와의 사랑이었다. 이제 한 영웅의 애틋한 사랑과 가슴 아픈 이별의 이야기 속으로 들어가보자.

화랑 출신의 김유신

김유신이 활동했던 당시의
신라에서는 인재를 양성하고,
관리를 선발하는 방법으로 화
랑도라는 제도를 실시했다.
화랑도는 15세에서 18세 사이
의 진골귀족 출신의 자제 중
에서 외모가 아름다운 사람을
뽑아 화랑이라 하여 받들었던
제도이다. 화랑도는 1명의 화
랑을 중심으로 많게는 수천
명에서 적게는 수백 명의 낭

※ **김유신** | 김유신은 신라의 화랑을 대표하는 인물로 평가
받고 있다.

도들로 구성되었다. 이들은 평상시에는 서로 도의(道義)를 연마하거
나 음악과 노래를 즐기며 명산(名山)과 대천(大川)을 찾아다니며 몸
과 마음을 단련하고, 유사시에는 전쟁에 참가해 나라를 위해서 아
낌없이 목숨을 바쳤다.

김유신도 15세에 화랑이 되었는데, 당시 사람들은 특별히 그의
문도(門徒)를 가리켜서 '용화향도(龍華香徒)'라고 불렀다. 용화향도
란 미륵을 받드는 집단 또는 무리라는 뜻이다. 곧 김유신의 화랑도
는 미륵을 신앙으로 했던 집단이었다.

기생에 빠져 허우적이며

화랑인 김유신은 다른 화랑의 무리들과 마찬가지로 평상시에는 도의를 연마하면서도 음악과 노래를 즐겼으며, 또 언제 있어날지 모르는 전쟁에 대비하며 무예를 연마하는 생활을 했을 것이다. 그런 생활을 하던 중에 김유신은 우연히 한 여자를 만나게 되는데, 그녀가 바로 천관녀였다.

김유신은 계림(鷄林) 사람으로 이루어놓은 업적이 혁혁하게 『국사』에 실려 있다. 어렸을 때 어머니가 날마다 엄하게 훈계하여 함부로 사귀어 놀지 못하게 했다. 하루는 우연히 기생집에서 잤다. 그의 어머니가 보고 꾸짖어 말하기를 "나는 이미 늙었다. 밤낮으로 네가 성장하여 공명(功名)을 세우고 임금과 어버이를 위해서 영예롭게 되기를 바랐는데, 이제 네가 천한 아이들과 어울려 기생집과 술집에서 놀아나느냐?"라 하고 울음을 그치지 않으니, 유신이 즉시 어머니 앞에서 다시는 그 집 문을 지나가지 않겠다고 맹세했다.

어느 날 술이 취해 집에 돌아오는데, 말이 전에 다니던 길을 따라 기생집에 잘못 이르렀다. 기생이 기쁨과 원망이 뒤섞여 눈물을 흘리며 나와서 맞이하자 유신이 벌써 깨닫고 타고 온 말을 베고 안장을 버린 채 돌아왔다. 그 여자가 원망하는 노래를 한 곡 지었는데, 세상에 전해지고 있다. 동도(東都)에 있는 천관사(天官寺)가 바로 그 여자의 집이다.

『파한집』 권중

위의 기록은 김유신과 기생과의 만남에 대한 것으로 고려시대에 이인로가 지은 『파한집』에 수록된 것이다. 그리고 이와 거의 유사한 내용이 『신증동국여지승람』과 『각간선생실기』에도 기록되어 있다.

천관녀와의 만남

『파한집』에는 기생의 이름에 대해서 아무런 언급이 없지만, 『신증동국여지승람』이나 『각간선생실기』에는 기생의 이름을 '천관'이라고 기록하고 있다. 따라서 위의 기록에 보이는 '천관사'라는 절의 이름은 그녀의 이름에서 비롯되었다는 사실을 알 수 있다.

김유신과 천관녀와의 사랑을 전하는 자료는 두 사람의 만남과 헤어짐에 대해서만 기록하고 있고, 두 사람이 만났던 시기나 기간에 대해서는 아무런 기록도 남기고 있지 않다. 따라서 두 사람이 언제 만났으며, 얼마나 오랫동안 사랑했던가에 대해서는 정확히 알 수가 없다. 그러나 『파한집』의 내용을 검토하면 어느 정도 이 문제들을 해결할 수 있다.

『파한집』의 기록에 의하면 김유신은 어렸을 때부터 어머니로부터 엄격한 교육을 받으며 자랐기 때문에 친구들도 함부로 사귀지 못했다고 한다. 이것은 김유신이 어머니로부터 과다할 정도의 기대를 받으며 성장했음을 의미한다. 이러한 상황에서 그는 천관녀를 만나게 되었고, 곧 그녀에게 빠져들었을 것이다. 김유신은 천관녀를 통해서 자신이 받고 있는 부담스러울 정도의 기대를 벗어나는 돌파구를 발견했을지도 모른다. 이러한 김유신의 모습은 마치 부모의 간섭에서 벗어나기 위해서 반항하는 사춘기 청소년의 전형적인 모습이라고 할 수 있다. 따라서 이와 같은 면을 고려하면 김유신이 천관녀를 만났던 시기는 그가 화랑이 된 직후였을 것으로 생각할 수 있다.

김유신과 천관녀와의 만남은 비교적 오랜 기간 동안 계속되었던 것 같다. 그것은 말이 술에 취한 김유신을 태운 채 천관녀의 집으로 갔다는 사실을 통해서 어느 정도 알 수 있다. 즉 김유신의 말이 평소와 같이 자연스럽게 천관녀의 집으로 향했다는 것은 결국 그 말이 길을 알고 있었다는 것을 의미한다. 이것은 김유신이 상당히 오랜 기간 동안 천관녀의 집에 드나들었기 때문에 가능했을 것이다. 그리고 천관녀가 기쁨과 원망이 뒤섞여 눈물을 흘리며 나와서 맞이했다는 기록도 두 사람의 만남이 비교적 오래 계속되었음을 알 수 있게 한다. 짧은 만남으로는 이러한 상황과 감정이 이루어지기가 어렵기 때문이다.

김유신과 천관녀는 김유신이 화랑이 된 직후부터 만나서 사랑을 하게 되었으며, 이후에도 두 사람의 사랑은 오랫동안 계속되었다. 이러한 두 사람의 사랑이 김유신의 어머니에게까지 알려지게 되었고, 결국 두 사람의 사랑도 슬픈 이별로 끝났다.

김유신과 천관녀의 사랑은 당시 사람들에게 널리 알려졌던, 상당히 유명한 로맨스였던 것 같다. 이것은 천관녀가 매정하다고 할 정도로 냉정하게 돌아서는 김유신을 원망하며 지은 노래가 세상에 전한다는 기록에서 어느 정도 추측할 수 있다. 또한 『각간선생실기』에는 후대의 사람이 천관녀를 위해 그녀의 집을 고쳐서 천관사를 지었다고 하는데, 이 기록 역시 비운의 여인인 천관녀를 연민했던 사람들의 마음의 표현이었을 것이다.

　여기서 몇 가지 다시 생각해야 할 문제들이 있다. 지금까지는 천관녀를 기녀(妓女)로 이해했으나 그녀가 제사를 담당했던 여사제(女司祭)라는 견해가 새롭게 제기되어 상당한 설득력을 얻고 있다는 점이다.

　즉 천관녀는 신라의 전통신앙(민간신앙)과 깊은 관련을 맺고 있었다는 것이다. 따라서 김유신은 천관녀와 사랑을 더 이상 계속해서 이어갈 수가 없었다. 그러나 이러한 사정을 떠나서 한 가지 확실한 것은 김유신과 천관녀는 서로 사랑하는 연인이었으며, 그 사랑이 결실을 맺지 못함으로써 끝내 비극의 주인공으로 전해지고 있다는 사실이다.

　또한 『삼국사기』에는 김유신의 아들에 대해서 기록되어 있는데,

그중에는 군승이라는 서자가 있었다고 한다. 이 군승을 김유신과 천관녀 사이에서 태어난 아들로 이해하는 견해도 있으나 그에 대한 다른 특별한 기록이 없어서 확인할 수는 없다.

이별의 슬픔을 가슴에 묻고

어머니로부터 심한 꾸지람을 들은 후 김유신은 사랑하는 연인과 가슴 아픈 이별을 하게 되었다. 이후 그는 학문과 무예를 연마하는 일에 더욱 충실했을 것이다. 그것은 곧 어머니의 뜻을 따르는 것이었고, 또한 이별의 슬픔을 달래는 방법이기도 했을 것이다.

천관녀와의 이별을 겪은 이후에 김유신은 오로지 나라를 위하는 일에만 전념했던 것 같다. 당시 신라는 고구려와 백제의 침략으로 매우 어려운 상황에 처해 있었다. 김유신은 위기에 처한 나라를 구하기 위해 혼자 깊은 산속에 들어가서 수련을 했다.

진평왕 건복 28년 신미(辛未)에 공(公)의 나이 17세였는데, 고구려 · 백제 · 말갈이 국경을 침범하는 것을 보고 의분에 넘쳐 침략한 적을 평정할 뜻을 품고 홀로 중악(中嶽)의 석굴에 들어가 재계하고 하늘에 고하여 맹세하기를 "적국이 무도하여 승냥이와 호랑이가 되어 우리 강역을 침략하여 거의 평안한 해가 없습니다. 저는 한낱 미약한 신하로서 재주와 힘을 헤아리지 않고, 화란(禍亂)을 없애고자 하오니 하늘께서는 굽어 살피시어 저에게 수단을 빌려주십시오"라고 했다.

거기에 머문 지 4일이 되는 날에 문득 거친 털옷을 입은 한 노인이 나

⊠ 단석산 신선사 마애불상군 | 단석산은 김유신과 같은 신라의 화랑들이 심신을 수련했던 곳으로 알려져 있다. 신선사는 김유신이 삼국통일을 기원하던 곳이기도 하다.

타나서 말하기를 "이곳에는 독충과 맹수가 많아 무서운 곳인데, 귀하게 생긴 소년이 여기에 와서 혼자 있음은 무엇 때문인가?"라고 했다. (유신이) 대답하기를 "어른께서는 어디서 오셨습니까? 존함을 알려주실 수 있겠습니까?"라고 하니, 노인이 말하기를 "나는 일정하게 머무르는 곳이 없고, 인연에 따라 가고 머물며, 이름은 난승(難勝)이다"라고 했다. (중략) 공이 눈물을 흘리며 간청하기를 예닐곱 번 하니, 그제야 노인은 "그대는 어린 나이에 삼국을 병합할 마음을 가졌으니 또한 장한 일이 아닌가?"라 하고, 이에 비법(秘法)을 가르쳐주면서 말하기를 "삼가 함부로 전하지 말라! 만일 의롭지 못한 일에 쓴다면 도리어 재앙을 받을 것이다"라고 하며 작별을 했는데, 2리쯤 갔을 때 쫓아가 바라보니, 보이지 않고 오직 산 위에 빛이 보일 뿐인데 오색 빛처럼 찬란했다.

『삼국사기』 권41 열전1 김유신 상

김유신은 17세의 나이에 위기에 처한 나라를 구하고, 고구려와 백제를 평정하기 위해서 중악의 석굴에 들어가 난승이라는 도인을 만나서 비법을 전수받았다. 그는 여기에 그치지 않고 그 다음 해에도 다시 한 번 깊은 산속에 들어가서 수련을 했다.

건복 29년에 이웃의 적병이 점점 닥쳐오자 공(公)은 더욱 장한 마음을 불러일으켜 혼자서 보검을 가지고 열박산(咽薄山) 깊은 골짜기 속으로 들어갔다. 향을 피우며 하늘에 고하고 빌기를 중악에서 맹세한 것처럼 하고, 이어서 "천관신(天官神)께서는 빛을 드리워 보검에 신령을 내려주소서!"라고 기도했다. 3일째 되는 밤에 허성(虛星)과 각성(角星) 두 별의 뻗친 빛이 환하게 내려오더니, 칼이 마치 흔들리는 것 같았다.

『삼국사기』 권41 열전1 김유신 상

김유신이 중악의 석굴에서 비법을 전수받은 다음 해에도 열박산의 깊은 산속에 들어가 수련을 하면서 칼에 별의 정기를 받았다는 내용이다. 이러한 기록을 통해서 고구려와 백제의 침입으로부터 나라를 구하려고 했던 김유신의 마음이 어떠했는지를 알 수 있다.

이와 같은 수련을 거친 후에 그는 고구려와 백제를 멸망시키기 위해서 좀더 적극적인 방법을 선택했다. 그는 적국의 내부 사정을 파악하기 위해서 자신이 직접 그 영토 안으로 들어가서 정탐을 시도했다.

(유신의) 나이 18세가 되는 임신년(壬申年)에 검술을 익혀서 국선이 되었다. 이때 백석(白石)이라는 자가 있었는데, 어디서 왔는지 알 수는 없었지만 여러 해 동안 낭도들의 무리에 속해 있었다. 이때 유신이 고구려와 백제를 치려고 밤낮으로 깊이 생각하고 있었다. 백석이 그 계획을

알고 유신에게 말하기를 "제가 공과 함께 은밀히 적국에 가서 그들의 실정을 정탐한 뒤에 일을 도모하는 것이 어떻겠습니까?"라고 했다.

유신은 기뻐하여 친히 백석을 데리고 밤에 길을 떠나 고개 위에서 쉬고 있는데, 두 여자가 그를 따라왔다. 골화천(骨火川)에 이르러 자게 되었는데, 또 한 여자가 홀연히 나타났다. (중략) 세 여자들은 갑자기 신의 모습으로 변하여 말하기를 "우리들은 나림(奈林), 혈례(穴禮), 골화(骨火) 등 세 곳의 호국신(護國神)이다. 지금 적국의 사람이 낭(郎)을 유인해 가는데도 낭은 알지도 못하고 따라가므로 우리는 낭을 말리려고 여기까지 온 것이다"라는 말을 하고 자취를 감추었다. (중략) 공은 이에 백석을 처형하고 온갖 음식을 갖추어 삼신에게 제사를 지내니, 모두 나타나서 제물을 흠향했다.

『삼국유사』 권1 기이1 김유신

김유신은 이미 18세부터 고구려와 백제를 멸망시키려는 뜻을 품고 평소에 깊은 논의와 함께 직접 고구려에 가서 내부 사정을 정탐하려고까지 했다.

이러한 기록은 김유신이 화랑으로 있었을 때부터 이미 고구려와 백제를 멸망시키고 삼국을 통일하기 위해서 치밀한 계획을 세우며 준비했음을 알 수 있게 해준다.

이와 같은 김유신의 행동은 물론 위기에 처한 나라를 구하려는 마음에서 비롯되었지만, 다른 시각으로 생각해볼 수도 있을 것이다. 이러한 행동은 모두 천관녀와의 가슴 아픈 이별 이후에 이루어졌다. 다시 말하면 천관녀와 이별한 슬픔을 떨쳐버리기 위해서 몸부림치는 김유신의 인간적인 모습을 보여주는 것이라고 할 수 있다.

✿ **천관사지** | 천관녀는 김유신을 원망하는 노래를 지었는데 그것이 세상에 전해졌으며, 또한 후대 사람이 그녀의 집을 고쳐서 천관사를 지었다. 현재는 탑의 기단석과 탑재 일부, 그리고 불상의 대좌 등이 남아 있다.

천관사의 흔적

『각간선생실기』에는 김유신과 이별한 이후, 언제인지는 알 수 없으나 뒷사람이 천관녀를 위하여 그녀의 집에 천관사를 지었다고 기록되어 있다.

천관녀의 비극적인 사랑이야기는 당시 신라에 널리 알려졌을 것이고, 또 비운의 여인인 천관녀를 연민했던 사람들이 그녀를 위해서 천관사를 지었을 것이다.

천관사가 언제 창건되었는지에 대해서는 그것을 밝혀줄 수 있는 기록이 없어서 정확히 알 수가 없다.

그러나 제38대 원성왕으로 즉위하는 김경신(金敬信)이 왕위에 오

르기 전에 꾸었다는 꿈에 천관사에 대한 내용이 포함되어 있었음은
알 수 있다.

이찬(伊湌) 김주원(金周元)이 처음에 상재(上宰)가 되고, 왕은 각간으로서 이재(二宰)의 자리에 있었는데, 꿈에 머리에 쓴 두건을 벗고 흰 갓을 썼으며, 12현금(玄琴)을 들고 천관사 우물 속으로 들어갔다. (왕은) 꿈에서 깨어 사람을 시켜서 점을 치게 했는데, "두건을 벗은 것은 관직을 잃을 징조요, 가야금을 든 것은 칼을 쓸 조짐이며, 우물 속으로 들어간 것은 옥에 갇힐 징조입니다"라고 했다. 왕은 이 말을 듣고 매우 근심하여 문을 잠그고 밖으로 나오지 않았다.

이때 아찬 여삼[餘三, 다른 책에는 여산(餘山)이라고도 한다]이 와서 뵙기를 청했으나 왕은 병을 핑계로 사양하고 나오지 않았다. (중략) 여삼이 말하기를 "두건을 벗은 것은 위에 앉을 사람이 없다는 것이요, 흰 갓을 쓴 것은 면류관을 쓸 징조요, 12줄 가야금을 든 것은 12대 자손에게 왕위를 전할 조짐이요, 천관사 우물에 들어간 것은 궁궐에 들어갈 상서로운 조짐입니다"라고 했다.

『삼국유사』 권2 기이2 원성대왕

김경신이 제38대 원성왕으로 즉위하는 과정에 대한 내용이다. 김경신이 원성왕으로 즉위하는 것은 785년이다. 기록이 없어서 천관녀가 죽은 정확한 시기를 알 수가 없지만, 김유신과 천관녀가 만난 것이 김유신이 화랑이 된 직후였다고 한다면 그가 15세였던 609년(진평왕 31)이 된다.

그러므로 천관사가 창건된 시기는 적어도 609년 이후였을 것이

다. 그리고 약 180여 년의 세월이 흐른 뒤에 김경신이 원성왕으로 즉위하던 785년에도 천관사가 존재하고 있었음을 확인할 수 있다.

기록의 부재로 정확한 시기를 알 수 없지만, 이후 천관사는 폐사되었고 그 흔적만이 전하고 있다. 그러나 천관사 터에는 지금도 무너진 탑의 기단석과 옥개석 등이 남아 있어 지난날의 모습을 엿볼 수 있다.

김유신에 대한 상반된 평가

우리 역사에 등장했던 수많은 인물 중에서 김유신만큼 그 평가가 상반되는 경우도 없을 것이다.

삼국을 통일한 영웅으로서 한민족의 역사 발전의 터전을 마련했다는 긍정적인 평가와 함께, 당이라는 외세를 이용해 같은 민족을 멸망시켰고 그 결과 광활한 만주 지역을 상실하게 했던 민족의 반역자라는 부정적인 평가가 그것이다.

그러나 김유신은 그가 살았던 시대에서뿐만 아니라 그 이후에도 높이 평가되어왔다.

이것은 삼국통일을 이룩했다는 그의 업적이 역사적으로 평가받았다는 것을 의미하는 것이다. 또한 그에 대한 이러한 평가는 오늘날까지도 이어지고 있다.

김유신이 쌓은 업적은 자신을 희생한 결과에서 비롯된 것이라고 할 수 있는데, 천관녀는 김유신의 위대함을 나타내 보이기 위해서 소품처럼 등장하는 많은 사람들 중의 한 명에 불과할지도 모른다.

그러나 여기서 김유신이 한 인간으로서 가지고 있는 또 다른 모습을 발견할 수도 있을 것이다.

| 김덕원 |

신형식, 「김유신 가문의 성립과 활동」 《이화사학연구》 13 · 14, 1983 ; 『한국고대사의
　　신연구』, 일조각, 1984.
정중환, 「김유신(595~673)론」 『역사와 인간의 대응 – 한국사편』, 한울, 1984.
이기동, 「김유신 – 지성으로 이룩한 삼국통일의 위업」 『한국사 시민강좌』 30, 일조각,
　　2002.
정구복, 「김유신(595~673)의 정신세계」 《청계사학》 17 · 18, 2002.
김덕원, 『신라 중고기 사륜계의 정치활동 연구』, 명지대학교 박사학위논문, 2002.

마를 캐는 백제 아이와 신라의 공주
─서동과 선화공주

부활하는 '서동'

친근하지만 어딘가는 이국적인 듯한 '서동'이 우리 앞에 더욱 성큼 다가왔다. SBS 월화드라마 '서동요(2005~2006년 방영)'를 통해 비록 역사적 사실성에 충실한가 아닌가는 별개로 서동이라는 인물을 부쩍 친근하게 만나게 됐다. 나아가 역사적 뒷받침은 부족하기 짝이 없으나, 이런 서동에 대한 독점적이며 배타적 권리, 혹은 특허권을 주장하는 지방자치단체도 생겨났다. 드라마 촬영 세트장이 설치된 충남 부여군과 전북 익산시가 대표적이다.

이들 지자체가 서동에 대한 연고권을 주장하는 근거는 무엇인가? 부여로서는 나중에 왕으로 등극해 백제 무왕(600~641)이 되었다는 서동의 주된 활동 근거지가 부여일 수밖에 없을 것이다. 나아가 익산으로서는 무왕이 창건했다는 사찰 미륵사(彌勒寺)는 물론이요, 그가 새로운 도성으로 기획했다는 왕궁리 유적까지 남아 있다는 점에서 서동이라는 전통과 전설을 결코 포기할 수 없는 것이다.

그렇다면 서동은 누구인가? 그는 과연 마(薯)를 캐는 일로 생업을 삼았던가? 그랬다면 이런 비천한 그가 과연 신라로 들어가 진평왕의 딸 중 하나인 선화(善花, 花는 化라고도 쓴다)공주를 꼬드겨내고는 마침내 아내로까지 삼았던가?

서동의 출생과 그 이름의 유래

서동의 출생에 대해서는 『삼국유사』에 다음과 같은 이야기가 전한다.

일찍이 서동의 어머니는 서울의 남쪽 연못 가까이에 집을 짓고 홀로 살았는데 연못 속의 용과 서로 관계해서 그를 낳았다.

『삼국유사』 권2 기이2 무왕

물론 이 이야기를 액면 그대로 믿을 수는 없다. 처녀 생식이 아닌 이상, 아버지 없이 어머니만으로 어떻게 아이가 태어날 수 있겠는가?

하지만 고대 동아시아 사회에서 숭상되고 매우 신성시하는 용과의 교접을 통해 서동을 낳았다는 이야기 그 자체만으로도, 그가 평범한 인물이 아니라 비범한 인물임을 나타내기 위한 전형적인 어법이 사용되었음을 우리는 잊지 말아야 한다. 즉 특정 인물을 영웅화하기 위해 가장 자주 애용되는 방법이 신이한 출생담을 만들어내는 것이다.

그런데 동아시아 문화권의 이런 출생담들에서는 거의 예외 없는 일정한 패턴이 발견된다. 그것은 아버지를 없애는 것이다. 없앤 아버지 자리에는 신성성을 보증하는 다양한 수표들이 제시된다. 무왕처럼 용이 아버지의 대타가 되는가 하면, 거인의 발자국이 그 대타가 되는 경우도 있다. 또 신라 박혁거세처럼 하늘이 백마를 통해 내려준 자주색 알에서 곧바로 태어나기도 한다. 고구려 건국시조 고주몽의 경우는 어머니가 유화부인이나, 아버지는 천제(天帝, 하느님)의 아들인 해모수이다. '천제의 아들이 아버지'라는 말은 그가 곧 '천자(天子)'임을 나타내는 상징이다. 결국 곧바로 아버지가 천제인 박혁거세나, 할아버지가 천제인 고주몽 모두 하늘의 정기를 타고난 사람이 되는 것이다.

하늘은 지상을 군림한다. 하늘이 군림하는 지상에는 뭇 생물이 살고 있다. 사람뿐만 아니라 동식물이 모두 지상을 터전으로 삼는다. 그런 하늘이 점지해준 아들이니, 그런 아들(혹은 손자)은 지상에 대한 독점적 지배권을 보장받게 된다.

이런 점에서 『삼국유사』에 수록된 무왕의 탄생신화는 아버지가 하늘이 아닌 곧잘 물〔水〕이 연동되는 용이라는 동물과 연관되어 있다는 점이 이채롭다. 하지만 용은 그에 대한 조선시대 명칭이 '물'과 같은 '미르'라는 점에서 보듯이, 하늘과 땅과는 구별되는 또 하나의 세계인 수중세계를 관장하는 신물(神物)이라는 점에서, 결국 서동이 박혁거세나 고주몽 못지않은 신이한 정기를 타고난 인물이라는 의미를 담고 있다. 나아가 용이란 동물은 흔히 지상과 천상을 이어주는 메신저라는 점도 잊어서는 안 된다.

414년에 고구려 장수왕이 아버지 광개토왕의 업적을 기리기 위해

세운 광개토왕릉비에 따르면, "고구려 건국시조 추모(주몽)가 죽자 황룡이 내려와 그를 태우고 천상으로 갔다"고 하고 있다. 이는 황룡을 포함한 용이 어떠한 상징성을 지닌 존재로 간주되었는지를 명확하게 보여주는 한 증거가 된다.

결국 무왕의 아버지가 용이라는 탄생담은 그가 백제라는 왕국에 군림하는 절대 권력자로서, 천지와 동일시되는 성군이었다는 말에 다름 아니다.

이런 탄생담에 견주어볼 때 그 이름의 유래는 대단히 사실적이다. 즉 『삼국유사』에 이르기를, "서동은 평소에 마를 팔아서 생계를 꾸려 나갔으므로 나라 사람들이 그를 서동이라 이름했다"고 해서, 당시 사람들이 그를 '서동'이라는 별칭으로 불렀던 유래를 알 수 있다.

그에게 어머니가 따로 붙여준 이름이 있었는지 없었는지는 지금으로서는 알 수 없다. 한편 여기서 마는 한국 고대사회에서 식용과 약용 모두에 긴요하게 쓰였다는 점에서 당시 사회상의 한 단면을 엿볼 수 있게 한다.

서동의 흠모와 구애작전

이런 서동이 마를 팔기 위해 이곳저곳을 돌아다니던 어느 날 우연히 신라의 선화공주가 매우 아름답다는 소문을 듣게 된다. 그후 서동은 선화에 대한 연모의 정을 이기지 못해 기상천외한 구애작전을 개시하게 된다. 풍설(風說)을 만들어내는 한편, 그런 풍설을 기정사실화하는 노래를 유행케 한 것이다. 이런 점에서 그는 한국 역사상 처음으로 등장하는 음유시인이라 불러도 대과가 없다. 그 과정에 대해 다음과 같은 이야기가 전해진다.

그는 신라 진평왕의 셋째 딸 선화공주가 매우 아름답다는 소문을 듣고 서울로 올라와서 마을아이들에게 마를 나눠주니 여러 아이가 그와 친해져 따르게 되었다. 이리하여 그는 동요를 지어 아이들로 하여금 노래를 부르게 하니, 그 노래는 이러했다.

> 선화공주님은
> 남몰래 얼려두고
> 막동집을
> 밤에 몰래 안고 간다.

『삼국유사』 권2 기이2 무왕

이 노래가 서울로 퍼져 대궐까지 들어가자 모든 관리가 선화공주를 먼 지역으로 귀양보내야 한다며 들고 일어났다. 그러자 선화공주는 어쩔 수 없이 대궐을 떠나야만 했다. 공주가 먼 길을 나설 무렵에 (어머니인) 왕후가 순금 한 말을 노잣돈으로 내주었다. 선화공주가 귀양살이할 곳을 향해 가는데 서동이 도중에 뛰어나와 절을 하면서 호위하겠다고 하니, 선화공주는 비록 그가 어떤 사람인지 알지 못했으나 마음이 끌리고 좋았으므로 그냥 따라오게 하고는 몰래 관계를 한 뒤에, 그의 이름이 서동이란 사실을 알고서 동요의 영험함을 믿게 되었다.

여기에서 서동이 지어 아이들을 부추겨서 부르게 했다는 노래는 일명 「서동요」로 잘 알려진 고대가요다. 3구절 총 25자의 한자로 이루어진 향찰 표기의 가사로서 향가에 속한다.

이 노래는 장차 일어날 일을 미리 예언하는 것으로서, 그런 예언이 미래에 실현될 것임을 담은 주사(呪詞, 일종의 주문)인 동시에 참요(讖謠, 예언의 노래)라고 볼 수 있다. 기록에 의하면 서동이 의도한 대로 선화공주는 신라의 왕궁에서 쫓겨났다. 그렇게 쫓겨난 공주를 호위한다는 명분을 내세워 접근한 서동은 마침내 그의 몸까지 얻음으로써 아내로 삼을 수 있었던 것이다.

여기에서 한 가지 궁금한 대목은, 백제인인 서동이 과연 신라 땅에 들어갈 수 있었을까 하는 점이다. 물론 설화의 내용대로라면 서동이 백제뿐만 아니라 신라지역까지도 자유롭게 드나들 수 있었다고 하겠다. 그렇다면 그 배경에는 아마도 장사치라는 특수한 그의 직업이 연유했던 것은 아닐지.

선화공주가 만진 방울

앞서 본 『삼국유사』에 수록된 향가 「서동요」 원문은 이렇다.

善化公主主隱(선화공주님은)

他密只嫁良置古(남몰래 얼려두고)

薯童房乙(막동집을)

夜矣卯乙抱遣去如(밤에 몰래 안고 간다)

향가는 비록 「서동요」뿐 아니라 현재 전하는 25수 모두에 대한 정설이 없다. 쉽게 말해 어느 누구도 정확한 해독을 했다고 자신할 수 없다는 뜻이다. 서동요 또한 그 해독에 이견이 많기는 하나 선화공주가 밤마다 서동을 찾아가 사랑을 나눈다는 뜻임은 분명하다.

그런데 이 「서동요」에서 특히 문제가 되는 곳은 마지막 구절인 "夜矣卯乙抱遣去如"이다. 더욱 범위를 좁힌다면 '묘(卯)'라는 글자를 주목할 수 있다.

거의 모든 향가 연구자가 이 글자를 토끼를 의미하는 '卯'라고 보고 있으나, 『삼국유사』고(古) 판본을 보면 '卯'가 아니라, 분명 '夘' 모양을 하고 있다. 그럼에도 이를 모를 리 없는 대다수 연구자는 이 글자가 '卯'의 이체자(異體字)라고 단정짓고 있다. 이체자란 발음과 뜻은 같지만 모양이 다른 글자를 말한다.

예컨대 남풍현 단국대 명예교수의 경우에는 '卯'를 발음대로 '묘'로 읽어 고구마 비슷한 식물인 '마'라고 보았다. 이에 따르면 선화공주는 '밤에 마를 안고 간' 셈이 된다.

이보다 더욱 재미있는 해독은 초기 향가 연구자 중의 한 명인 고(故) 서재극 씨가 시도했다. 그는 '夘'를 '卯'의 이체자로 본 것은 물론, 더 나아가 이 글자가 원래는 '卵(알 란)'이었을 것으로 보았다. 이에 의해 그는 이 글자를 '알'로 풀어냈다.

이를 발판으로 그는 문제의 '夘'은 곧 '불알'일 것으로 추정했다. 남자에게 '알(卵)'이라고는 이것밖에 없지 않겠는가? 그러니 이런 견해를 따른다면 선화는 서동의 '불알'을 매일 밤 만지작거린 셈이 된다.

이 두 가지 견해 중에서 어느 것을 선택해야 하겠는가? 밤에 마를 안고 가는 게 정상인가? 밤마다 불알을 만지는 게 정상인가? 아무래도 불알을 만져야만 공주가 쫓겨나는 명분이 되지 않겠는가? 밤마다 마를 안고 다녔다는 게 무에 선화공주가 신라에서 쫓겨나는 이유가 되었겠는가?

선화를 발판으로 왕이 되다

치밀한 공작 끝에 꿈에나 그리던 선화공주를 얻게 된 서동은 얼마나 의기양양했겠는가? 속된 말로 기분 째지지 않았겠는가?

이런 남편 서동의 노력에 선화공주는 내조로 보답했고, 서동을 왕으로까지 밀어 올리게 된다. 이에 대해서는 다음과 같은 흥미로운 이야기가 남아있다.

마침내 선화공주는 서동과 함께 백제에 와서 왕후가 준 금(金)을 내놓고 장차 살림을 장만할 일을 의논하니 서동이 웃으면서 말하기를 "이게 뭐요?"라고 물으니, 선화공주가 말하기를 "이건 황금입니다. 이것으로 한평생 부자로 살 수 있습니다"라고 대답했다. 그러자 서동이 다시 이르기를 "내가 어릴 적 마를 캐던 곳에는 이런 게 흙더미처럼 쌓여 있소"라고 했다.

선화공주가 이 말을 듣고 크게 놀라면서 "이건 세상에도 다시없는 보물입니다. 낭군이 지금 있는 곳을 알거든 그 보물을 부모님 계신 궁궐로 실어 보내면 어떻겠습니까?"라고 하니, 서동이 "좋소!"라고 대답하고는 이내 금을 끌어 모아 구릉처럼 쌓아놓고는 용화산(龍華山) 사자사(獅子寺) 지명법사(知命法師)의 처소를 찾아가 금을 실어 나를 계책을 물었다. 그랬더니 법사가 "내가 신력(神力)으로 보낼 수 있으니 금을 가져오너라"라고 말했다.

선화공주가 편지를 써서 금과 함께 사자사 앞에 갖다놓으니 법사가 신력으로 하룻밤 사이에 신라 궁중으로 실어다주었다. 신라 진평왕이 이런 신기한 변화를 이상히 여겨 더욱 존경하면서 항상 편지를 띄워 안부를 물었더니, 서동이 이런 까닭에 백성의 마음을 얻어 왕위에 올랐다.

『삼국유사』 권2 기이2 무왕

미륵사를 세우고

백제의 왕이 된 뒤로 서동은 이제 왕후가 된 선화공주와 함께 어느날 지금의 익산에 소재한 사찰로 행차하게 되었다. 그 와중에 무왕은 용화산이란 큰 연못에서 기이한 경험을 한 뒤에 왕후의 조언을 따라 그곳에 큰 절을 짓게 했다. 이렇게 되니 신라의 진평왕 또한 사위인 서동과 딸 선화공주를 위해 백제로 온갖 종류의 기술자들을 보내주어 사찰 건립을 도왔다고 한다.

어느 날 왕이 왕후와 함께 사자사로 가고자 용화산 밑 큰 못까지 왔더니 세 명의 미륵불(彌勒佛)이 못 속으로부터 나타나므로 왕이 수레를 멈추고 치성을 드렸다. 왕후가 왕에게 말하기를 "이곳에 반드시 큰 절을 짓도록 하십시오. 제 간절한 소원입니다"라고 하니 왕이 이를 받아들여 지명법사를 찾아가 못 메울 일을 물었더니, 법사가 신력으로 하룻밤 사이에 산을 무너뜨려 못을 메워 평지를 만들었다.

이리하여 세 개 미륵상을 모실 전각과 탑과 행랑채를 각각 세 곳에 따로 짓고 미륵사라는 현판을 달았다. 진평왕이 온갖 종류의 장인(百工匠人)들을 보내와서 돕게 했다.

『삼국유사』 권2 기이2 무왕

이를 통해 미륵사라는 사찰은 사찰 이름 그대로 미륵사상이 절대 기반이 되었음을 알 수 있다. 그 미륵사상의 주불(主佛)을 미륵불(彌勒佛)이라 한다.

미륵보살이라고도 하는 이 미륵불은 불교 경전에 의하면 석가모니 부처가 생존할 때는 그의 제자였으나, 죽은 뒤 도솔천에 태어나〔상생(上生)〕 여러 천중(天衆)을 위해 설법교화(說法敎化)하고, 내세에

※ 미륵사지 | 미륵신앙이 성행하던 시기에 백제 무왕은 장인인 신라 진평왕의 도움을 받아 익산에 미륵사를 건립했다.

이르러서는 전륜성왕(轉輪聖王)의 치세에 태어나〔하생(下生)〕 용화수 밑에서 부처가 되어 세 번〔三會〕의 설법을 통해 중생을 교화 제도하는 임무를 띠고 있다고 했으니, 이를 '용화삼회(龍華三會)'라 한다.

백제에서 이런 미륵신앙이 성행하던 시기는 6세기 후반에서 7세기대로 추정되고 있다. 이는 바로 서동과 선화공주의 혼인 관계설화의 배경이 되는 시점에 해당된다. 물론 인접국인 신라와 고구려에서도 미륵신앙이 성행하고 있었음은 두말할 필요가 없다.

무왕의 시대, 백제와 신라

여기에서 『삼국유사』 무왕조의 주인공인 서동과 선화공주의 실체를 밝히는 작업이나 그들의 행위를 역사적 사실이라는 입장에서 고찰한다는 것이 어쩌면 무의미한 작업일 수도 있다.

하지만 그들의 이야기를 통해 당대의 사회상 내지 생활상이나 연애관 등을 엿봄으로써 현재 우리가 살고 있는 세계와의 유사성 및 차별성 등을 인식할 수 있다는 점, 서동과 선화공주의 혼인 관계설화를 실제 무왕대의 역사적 사실과 비교해봄으로써 역사적인 안목과 이해의 폭을 넓힐 수 있다는 점 등에서 그다지 의미 없는 일만도 아닐 것이다.

『삼국사기』와 같은 한국 고대의 역사서를 훑어보면 무왕대의 백제와 신라의 관계는 매우 험악하기가 이를 데 없었다. 두 왕조는 이미 6세기 무렵부터 한강 유역을 둘러싸고 치열한 쟁탈전을 벌이다가 그 와중에 백제의 성왕이 전사하는 불행한 사태에 직면하게 되었다. 나아가 이 사건이 빌미가 되어 두 국가는 돌이킬 수 없는 불구대천(不俱戴天)의 원수로 돌변하고 만다.

따라서 백제에서는 무왕이, 신라에서는 진평왕이 왕위를 차지하고 있을 무렵이었으므로 서동과 선화공주의 혼인관계 설화내용처럼, 백제의 무왕이 신라 진평왕의 딸과 혼인해 신임을 얻었다고 해도 오히려 서동이 왕위에 오르는 데 걸림돌로 작용했을 수도 있다.

더구나 하찮은 장사치로서 전혀 정치적 기반이 없던 그가 당시 원수관계에 놓여 있었던 신라 공주와 혼인한 처지에서 백제왕으로 옹립된다는 것은 거의 불가능한 일이었을 것이다. 또한 만약 무왕이 진평왕의 사위로서 그의 총애에 힘입어 왕위에 올랐다고 하더라도 무왕 즉위 이후에 백제와 신라의 관계는 상당히 호전되었어야 마땅하지만, 그와 정반대로 백제에서는 무왕이 즉위하자마자 신라를 공격하는 등 두 나라 관계는 더욱 극한 상황으로 치닫고 말았던 것이다.

서동이 백제의 무왕인가

서동은 백제의 제30대 왕인 무왕으로 잘 알려져 있다. 이는 『삼국유사』 무왕조의 기록에 따른 것으로 그 맨 마지막 각주에 의하면 "『삼국사』에 이르기를 '이는 법왕의 아들이다'라고 했는데 여기에 전하기를 홀어미의 자식이라 했으니 모를 일이다"라고 언급한 사실에서 『삼국유사』 편찬자는 서동이 법왕의 아들인 무왕으로 파악하고 있으면서도 다르게 전하는 그의 출신에 대해 몹시도 의문을 제기하고 있음을 알 수 있다.

무왕이 미륵사를 창건했는가

『삼국유사』무왕조 각주에는 미륵사를 "『국사』에 왕흥사(王興寺)라고도 한다"라고 했다. 또한 같은 책 법왕금살(法王禁殺)조에는 "왕 2년에 수도인 사비성(부여)에 왕흥사를 세웠다. 처음 왕이 절을 짓기 시작했으나 끝내 이루지 못하고 돌아가매 무왕이 왕위를 이어 법왕이 시작한 일을 이어서 몇 년을 지나 완성하니 그 사찰 이름을 또한 미륵사라고 했다"고 했다. 이는『삼국사기』무왕 35년조에 보이는 "2월에 왕흥사가 완성되었다"라는 기록을 좀더 보충 설명한 대목이라 하겠다.

그런데 같은 책 법왕 2년조에 의하면 "정월에 왕흥사를 세우고 승려 30여 명을 두었다"고 해서 마치 법왕시대에 왕흥사가 완공되어 승려가 주석한 것처럼 기술하고 있다. 아울러 법왕시대에 착공되어 무왕대에 완성된 부여의 왕흥사를 미륵사라고도 했으니, 이 사찰이 무왕대에 지어진 것으로 알려진 익산의 미륵사와 동일한 이름을 가지고 있었으므로, 혹여 동일한 사찰을 혼동했던 것이거나 아니면 서로 다른 지역에 동일한 이름의 사찰이 동시에 존재했던 것일지도 모른다.

이와 관련해 일본에 전하고 있는『육조고일관세음응험기(六祖古逸觀世音應驗記)』라는 불교 관련 책에는 "백제의 무광왕(武廣王)이 지모밀지(枳慕蜜地)에 수도를 옮겨 사찰을 세웠다"고 기록하고 있다. 여기에서 무광왕은 '무왕'이요 지모밀지는 바로 '익산'을 말한다.

하지만 무왕대에 익산으로 수도를 옮긴 일이 있다고 보기는 힘들기 때문에, 아마도 익산이 무왕의 연고지인 까닭에 그곳에 수도에 버금가는 별도(別都)를 세웠다고 보는 게 좋지 않을까 한다.

이는 조선시대에 편찬된 팔도지리지인『신증동국여지승람』권33 익산군 불유조에도 "익산에는 오금사(五金寺)가 있으니 서동이 지극한 효성으로 어머니를 섬겼고 마을 판 땅에서 문득 다섯 개 금덩어리를 얻었다"고 해서 나중에 그가 왕이 되어 그 땅에 사찰을 지었고, 그로 인해 오금사라는 절의 이름이 생긴 것이라 했다. 따라서 만일 서동이 무왕이라면 그의 출생지는 익산이며, 이곳을 중심으로 마를 캐어 생계를 유지했던 것이라 말할 수 있을지도 모른다.

이런 점에서 현재 국립부여문화재연구소가 연차 발굴을 진행 중인 익산 왕궁리 유적 조사 성과를 우리는 면밀히 지켜볼 필요가 있다. 아직 확정적인 단계는 아니나, 왕궁리 일대가 백제시대에는 왕궁에 버금가는 건물들이 들어차 있던 면모를 보이기 시작했다는 점을 주시해야 할 것이다.

| 김선숙 |

참고문헌

이병도,「서동설화에 대한 신고찰」《역사학보》1, 1952 ;『한국고대사연구』, 박영사, 1976.
사재동,「서동설화 연구」『장암지헌영선생화갑기념논총』, 1971 ;『향가여요연구』, 이우사, 1985.
송재주,「서동요의 형성연대에 대하여」『장암지헌영선생화갑기념논총』, 1971.
서재극,「서동요의 문리」『청계김사필박사송수기념논총』, 1973.
김병욱,「서동요고」《백제연구》7, 1976.
김성기,「서동요의 배경설화에 대한 고찰」《국어국문학》5, 1983.
이종출,「서동요의 새로운 이해」《한국언어문학》22, 1984.

여왕을 짝사랑하다 — 선덕여왕과 지귀

선덕여왕과 지귀의 만남

선덕여왕과 관련된 아름다운 사랑이야기는 『삼국사기』나 『삼국유사』에는 전해지지 않고 조선시대 권문해(權文海)가 쓴 『대동운부군옥(大東韻府群玉)』에 전해지고 있다. 이 책에 전하는 내용을 차근차근 풀어봄으로써 평민인 신라 청년의 짝사랑이 얼마나 정열적이었는가 하는 것을 새삼 느끼게 된다.

신라 선덕여왕 때에 지귀(志鬼)라는 젊은이가 있었다. 그는 활리역(活里驛) 사람인데, 하루는 서라벌에 나왔다가 지나가는 선덕여왕을 보았다. 여왕이 어찌나 아름다웠던지 그는 단번에 여왕을 사모하게 되었다고 한다.

그런데 선덕여왕이 왕위에 올랐을 때는 이미 오십을 넘긴 나이였다. 그럼에도 불구하고 지귀가 선덕여왕을 단번에 사모하게 되었다는 것은 멀리서는 여왕이 마치 앳된 처녀처럼 보였을 수도 있기 때문이다. 여왕은 가마를 타고 있었을 것이고 그 가마 속에서 잠시 비친 얼굴이 지귀에게는 아마도 천상의 여인처럼 아름답게 보였을 수도 있다.

선덕여왕의 총명함

선덕여왕은 진평왕의 맏딸로 그 성품이 인자하고 지혜로울 뿐만 아니라 용모가 아름다워서 모든 백성들로부터 칭송과 찬사를 받았다. 사실 선덕여왕이 지혜로웠다는 것은 이미 『삼국사기』에도 전하고 있다. 즉 진평왕 때 중국에서 모란꽃 그림을 보내왔는데 그림을 본 덕만(여왕으로 즉위하기 전의 이름)공주는 이 꽃이 곱기는 하지만 틀림없이 향기가 없을 것이라고 했다.

진평왕이 어떻게 그것을 아느냐고 묻자, 그녀는 꽃은 아름답지만 나비가 없기에 알 수 있었다고 대답했다. 또한 무릇 여자로서 국색을 갖추고 있으면 남자가 따르는 법이고 꽃에 향기가 있으면 벌과 나비가 따르는 법인데, 모란꽃이 매우 고운데도 그림에는 벌과 나비가 없으니 향기가 없을 것이라고 했다. 이후 그 꽃의 씨앗을 심었는데 과연 그녀가 한 말과 같았던 것이다.

그녀의 신통한 모습은 옥문곡과 관련한 일화에서도

🏵 모란 | 당나라 태종이 모란도 병풍과 모란 꽃씨를 선덕여왕에게 선물했다. 선덕여왕은 꽃씨를 심어보기도 전에 병풍의 그림만 보고 모란의 속성을 알아차렸다.

잘 드러나 있다. 선덕여왕은 재위 중 백제의 군대가 몰래 옥문곡에 매복한 사실을 두꺼비를 통해 알고는 군사를 보내어 전멸시킨 적이 있다.

겨울철인데도 영묘사의 옥문지에 많은 두꺼비가 모여 삼사일 동안 울자, 나라 사람들이 괴이하게 여겨 선덕여왕에게 물었다. 여왕은 급히 알천(閼川)과 필탄(弼呑) 장군 등에게 서쪽 교외로 가서 여근곡을 탐문하면 반드시 적병이 있을 것이니 그들을 습격해 죽이라고 했다. 알천과 필탄 등이 여근곡에 도착해 보니 과연 백제의 군사 500여 명이 매복해 있었다.

사람들이 여왕에게 어떻게 여근곡에 적병이 숨어 있는 것을 알았냐고 물었더니 여왕은 다음과 같이 대답했다고 한다. "두꺼비는 성난 모습을 하고 있어 병사의 형상이다. 그리고 옥문은 여자의 생식기이다. 여자는 음이 되니 그 음의 색은 흰색이고 흰색은 서쪽이다. 그러므로 적병이 서쪽에 있음을 알았다. 그리고 남자의 생식기가 여자의 생식기에 들어가면 반드시 죽게 되니 이로써 쉽게 잡을 줄 알았다."

더 나아가 여왕은 건강할 때에 여러 신하들에게 아무 해 아무 달 아무 날에 죽을 것이니 자신을 도리천 근처에 장사 지내라고 했다. 여러 신하들이 그곳을 알지 못해 물었더니 여왕은 낭산의 남쪽이라고 했다.

그달 그날에 이르니 과연 여왕이 죽었으므로 여러 신하들이 낭산의 양지바른 쪽에 묻었다. 그 후 10년 뒤에 문무대왕이 여왕의 무덤 아래에 사천왕사를 창건했다. 불경에 '사천왕사 위에 도리천이 있다'고 했으니 그 말이 맞은 것이다.

선덕여왕과 지귀의 재회

사정이 이런 만큼 여왕은 여러 사람들로부터 주목을 받았다. 그래서 여왕이 한번 행차를 하면 모든 사람들이 여왕을 보려고 거리를 온통 메웠다. 지귀도 그러한 사람들 틈에서 여왕을 한 번 본 뒤에 너무 아름다워서 혼자 여왕을 사모하게 되었다. 그는 잠도 자지 않고 밥도 먹지 않으며 정신이 나간 사람처럼 여왕 이름을 부르다가 그만 미쳐버리고 말았다.

"아름다운 선덕여왕이여, 나의 사랑하는 선덕여왕이여!"

지귀는 서라벌 거리를 뛰어다니며 이렇게 외쳐댔다. 이를 본 사람들은 혀를 끌끌 차면서도 한 젊은이의 애끓는 사랑에 대해서는 공감을 표시했다. 그러던 어느 날 선덕여왕이 영묘사로 가기 위해 서라벌 거리를 통과했다. 여왕은 통치 기간 중에 많은 사찰을 건립했는데, 영묘사도 그 가운데 하나이다. 아마도 여왕 자신이 불교세력에 가까이 다가가 기존의 정치세력과 무관한 새로운 세력을 통해 자신의 왕권을 강화하고자 했다고 생각된다. 따라서 이전의 진흥왕이나 진평왕과는 달리 선덕여왕이 불교에 관심을 보였던 것은 왕권 강화의 일환으로 파악해도 좋을 것이다. 그리고 여왕이 당시의 정치적인 난국을 타개하기 위한 방법의 하나로 불교를 선택한 것이라고 볼 수 있다.

재미있는 사실은 현재 분황사에 남아 있는 모전탑에서 사리함을 발견했는데 그 속에서 실패와 바늘통을 비롯한 각종 바느질 용구가 출토되었다는 점이다. 그 가운데서 금바늘과 은바늘도 나왔는데 왕실에서 사용되었던 것으로 추정된다.

어떻든 여왕이 영묘사로 가는 길의 어느 골목에서 지귀가 선덕여왕을 보고 그녀의 이름을 부르면서 달려 나오다가 여왕을 호위하는 시위군에게 붙들렸다. 그래서 사람들은 웅성거리기 시작했고 곧 떠들썩해졌다. 이를 본 여왕은 뒤를 따르던 관리에게 물었다.

"대체 무슨 일이냐?"

"미친 사람이 상감마마 앞으로 뛰어나오다가 시위하는 군인에게 붙들려서 그러하옵니다."

"왜 나한테 온다는데 붙잡았느냐?"

"아뢰옵기 황송하오나 저 사람은 지귀라고 하는 미친 사람인데 상감마마를 사모하고 있다고 하옵니다."

관리는 큰 죄나 진 사람처럼 머리를 숙이며 말했다.

"고마운 일이로구나!"

❀ 영묘사명 기와 │ 선덕여왕이 기지로 백제군을 물리쳤던 옥문 지라는 연못은 영묘사 근처에 있었다.

여왕은 혼잣말처럼 이렇게 말하고는, 지귀가 자기를 따라오도록 하라고 관리에게 명한 다음 절을 향해 발걸음을 떼어놓았다. 여왕을 모시고 따르던 시종들과 여러 사람들은 모두 깜짝 놀랐다. 일반 사람들로서는 도저히 이해할 수 없는 행동을 한 여왕을 이상하게 생각했지만 여왕의 명령이라 그렇게 할 수밖에 없었다. 지귀는 너무나 기뻐서 춤을 덩실덩실 추며 행렬을 뒤따랐다.

여왕은 영묘사에 이르러 부처님께 열심히 절을 올렸다. 그러는 동안 지귀는 절 앞의 탑 아래에 앉아서 여왕이 나오기를 기다렸다. 그러나 여왕은 좀처럼 나오지 않았다. 지귀는 지루했다. 그리고 시간이 흐를수록 안타깝고 초조했다. 심신이 쇠약해질 대로 쇠약해진 지귀는 그러다가 그 자리에서 잠이 들고 말았다. 활리역에서 서라벌로 온 이후 제대로 먹지도 못하고 잠도 자지 못했으니 더욱 그러했을 것이다. 그럼에도 불구하고 여왕이 옆에 있다는 사실에 조금은 안도를 했던지 잠이 들고 말았다.

선덕여왕은 부처님께 수없이 절을 했다. 선덕여왕이 왕위에 오른 이후 정국의 불안정도 있었지만, 무엇보다도 여왕을 힘들게 했던 것은 바로 백제의 군사적인 공격이었다. 재위 전반기에는 군사적으로 우위에 있었으나 후반기로 가면서 선덕여왕은 힘든 전쟁을 치러야 했던 것이다. 선덕여왕이 재위 11년째 되던 해에 백제의 의자왕은 군사를 일으켜 신라의 서쪽 40여 성을 빼앗아갔다. 그해 8월에는 백제가 고구려와 함께 모의해 당항성을 빼앗아 당나라와 통하는 길을 끊으려 했다. 놀란 여왕은 자력으로 이 문제를 해결할 수 없음을 알고 당나라에 사신을 보내어 신라의 위급함을 알리기도 했다.

사정이 이렇게 되자 여왕은 자장(慈藏)으로 하여금 신라 사람들에게 보살계를 주게 했다. 이것은 『범망경』 보살계이다. 『범망경』 보살계에서는 살생을 무조건 죄악시하지 않는다. 무책임한 행동이나 재미로 죽인 경우는 죄악이지만 자비와 효에 입각한 살생은 죄가 되지 않는다고 설파한 것이다.

이처럼 여왕은 국가의 운명이 위태로운 상황에서 국민들에게 보살계를 설파해 국가를 위한 살생은 죄가 되지 않는다고 강조함으로써, 불교가 전쟁 수행을 중시하는 세속의 가치와 대립되지 않는다는 점을 제시했다.

다음으로 선덕여왕은 전쟁을 하루빨리 끝내고 신라를 위협하던 고구려와 백제를 굴복시키기 위해 민심을 안정시키고자 했다. 그래서 자장의 건의에 따라 황룡사 구층목탑을 세웠는데 이는 부처의 법으로 외적을 제압할 수 있다는 믿음을 심어주기 위해서였다. 이 탑을 만들기 위해 많은 돈을 들여 백제로부터 목탑의 장인인 아비지(阿非知)를 데려왔다.

모든 시공이 순조롭게 이루어져 다음날이면 탑의 중심 기둥을 세우게 될 날이 왔다. 그런데 그날 밤 아비지는 백제가 망하는 꿈을 꾸었다. 의아스럽게 생각한 그는 다음 날 일손을 놓고 말았다. 그때 갑자기 천지가 진동하면서 캄캄해지더니 금당 문밖으로부터 한 늙은 스님이 장사 한 사람과 같이 와서 함께 기둥을 번쩍 세워놓고는 어디론지 사라졌다.

아비지는 크게 뉘우치고 그 후로는 전력을 다해 공사를 마쳤다고 한다. 어쨌든 황룡사 구층목탑 건립은 대외적으로는 국력의 신장을 꾀하고 대내적으로는 왕권의 강화를 도모하려는 데 목적이 있었다.

나아가 여왕은 국민들에게 자신감을 불어넣고 전란에 지친 사람

❀ **사천왕사지** | 문무왕 19년(679)에 호국을 기원하기 위해 창건되었다. 와당과 무늬 전석 등 정교하고 아름다운 유물이 출토되기도 했다. 경주시 배반동 위치.

❀ **선덕여왕릉** | 646년 무렵 조성되었다. 경주시 보문동 사천왕사 위 낭산의 꼭대기에 자리하고 있다.

들을 위로하기 위해 자장으로 하여금 불보살과 신라의 인연을 강조하게 했다. 그래서 자장은 오대산에 도착해 7일을 기다리며 문수보살의 진신을 보고자 했으나 실패하고 지금의 정암사에서 친견했다고 한다. 신라 땅에 문수보살이 상주한다는 것을 자장을 통해 체험적으로 드러내게 한 것이다. 신라 땅에 문수보살이 상주한다는 것은 곧 신라가 불국토이며 누구나 성불할 수 있다는 사상과 밀접하게 관련을 맺고 있다.

선덕여왕은 절을 마치고 나오다가 잠시 잊어버렸던 지귀를 보았다. 지귀는 탑 아래 잠들어 있었는데 얼마나 곤히 잠을 자는지 차마 깨울 수가 없었다. 여왕은 그가 가엾다는 듯이 물끄러미 바라보고는 팔목에 감았던 금팔찌를 뽑아서 지귀의 가슴 위에 놓은 다음 발길을 옮겼다. 지귀는 깊은 잠 속에 빠져 있었던 것이다. 아마도 꿈속에서 그는 여왕과 아름답고 행복한 시간을 보내고 있었을 것이다.

지귀의 아름다운 산화

여왕이 자리를 뜨고 여러 사람들도 뿔뿔이 흩어져 고요만이 감도는 탑 아래서 잠이 깬 지귀는 가슴 위에 놓인 여왕의 금팔찌를 보고는 놀랐다. 그는 여왕의 금팔찌를 가슴에 꼭 껴안고 기뻐서 어쩔 줄을 몰랐다. 그러나 그 기쁨은 곧 불씨가 되어 가슴속에서 활활 타오르고 있었다. 그러다가 온몸이 불덩어리가 되는가 싶더니 이내 숨이 막히는 것 같았다. 가슴속의 불길은 몸 밖으로 터져나와 지귀를 어느새 새빨간 불덩어리로 만들고 말았다. 처음에는 가슴이 타더니 다음에는 불길이 머리와 팔다리로 옮아가서 마치 기름이 묻은 솜뭉치처럼 활활 타올랐다. 지귀는 있는 힘을 다해 탑을 잡고 일어서는데 불길은 탑으로 옮겨져서 이내 탑도 불기둥에 휩싸였다. 지귀는 저 멀리 사라져가는 여왕의 뒷모습을 따라가려고 꺼져가는 숨을 내쉬며 비칠대는 발걸음을 옮기고 있는데, 그의 몸에 있던 불기운은 거리에까지 퍼져서 온 거리가 불바다를 이루었다.

이와 관련해 잠시 언급해야 할 인물이 있는데 바로 혜공(惠空)이다. 혜공은 어느 날 풀로 꼬아 만든 새끼를 가지고 영묘사에 들어가 금당과 좌우에 있는 경루와 남문의 낭무를 둘러 묶고 담당자에게 말하길, "이 새끼를 꼭 3일 후에 걷어라"고 했다. 담당자는 이상히 여기면서 그대로 했다. 과연 3일 만에 여왕이 행차해 절에 오자 지귀의 심장에서 불이 나와 그 탑을 태웠으나 오직 새끼로 둘러맨 곳만은 화재를 면했다. 혜공 스님의 예지력이 엿보인 예화인데 지귀의 몸에서 난 불로 인한 영묘사의 화재를 예언했다고 할 수 있다. 심지어 지귀가 탑 아래서 잠이 들 것도 알고 있었던 것이다.

이런 일이 있은 뒤부터 지귀는 불귀신으로 변해 온 세상을 떠돌아다녔다. 사람들은 불귀신을 두려워하게 되었는데, 이때 공주는 불귀신을 쫓는 주문을 지어 백성들에게 내놓았다.

지귀는 마음에 불이 일어
몸을 태우고 화신이 되었네.

푸른 바다 밖 멀리 흘러갔으니
보지도 말고 친하지도 말지어다.

백성들은 여왕이 지어준 주문을 써서 대문에 붙였더니 비로소 화재를 면할 수 있었다. 이런 일이 있은 뒤부터 사람들은 불귀신을 물리치는 주문을 쓰게 되었는데, 이는 불귀신이 된 지귀가 여왕의 뜻만 따르기 때문이라고 한다. 즉 지귀가 불귀신이 되어서도 여왕을 사모하는 마음에는 변함이 없음을 보여주는 것이다.

이 이야기는 평민 청년의 이룰 수 없었던 사랑을 알려준다. 성골 신분과 평민 신분은 결코 만날 수도 없었으며 만나기도 어려웠던 것이다. 결국 청년 지귀의 짝사랑이 이루어지지 못한 까닭은 신분과 관련된 것이었음을 암시한다. 여왕이 그를 영묘사까지 데려왔으면서도 기다리라고 한 점과 잠이 들어 있었음에도 깨우지 않고 궁궐로 돌아간 것은 여왕 자신도 신분 문제에서 자유로울 수 없었다는 것을 보여준다. 또한 지귀의 몸에서 불이 일어난 것도 당시의 신분 문제를 다시금 확인시켜주는 것이라 하겠다.

| 조범환 |

참고문헌

강영경, 「신라 선덕왕의 '지기삼사'에 대한 일고찰」 《원우논총》 8, 1990.
강재철, 「'선덕여왕지기삼사' 조 설화의 연구」 《동양학》 21, 1991.
신종원, 「『삼국유사』 선덕왕지기삼사조의 몇 가지 문제」 《신라문화제학술발표회논문집》 17, 1996.
조범환, 『우리 역사의 여왕들』, 책세상, 2000.
강재철, 「선덕왕지기삼사조 설화의 역사적 이해」 『설화와 역사』, 집문당, 2000.
박용국, 「선덕왕대 초의 정치적 실상」 《경북사학》 23, 2000.

6

불멸의 사랑을 꿈꾸며

신라 제일의 낭만적 로맨스
─ 설씨녀와 가실

사랑의 약속은 영원하다, 그 변함없는 명제

사람은 태어나서 죽을 때까지 많은 약속을 한다. 엄마가 주는 젖과 밥을 받아먹던 유년 시절의 약속은 주로 엄마와 이루어진다. 그 약속은 대개 '밥 잘 먹고 말 잘 듣기' 등이어서 강요된 수동적 약속이기 십상이다. 학교에 들어갈 무렵, 아이들은 좀더 넓은 인간관계를 맺는데, 이때 약속을 하는 대상이나 내용도 달라진다. 동네 아이들과 어울려 노는 시간이 많아지다 보니, 약속의 내용도 좀 복잡해지고 경우에 따라서는 치사해진다. '빌려간 장난감을 언제 돌려줄 것인가' 부터 '언제 함께 군것질을 하자'는 것까지, 아이들은 약속을 지키느라 매우 바쁜 일상을 보낸다.

집 밖의 세상을 경험하면서 아이들은 새로운 대상과 약속을 한다. 자신과 차림이 다른 이성을 만나게 되고, 그때마다 묘한 감정을 느끼기 시작한다. 사춘기 신체의 변화가 빠르게 진행되면, 그 감정의 파도는 더욱 심해진다. 담벼락 뒤에 숨어서 한 아이를 몰래 지켜보기도 하고, 길을 가다가 그 아이를 만나면 왠지 얼굴이 붉어지게 된다. 그러다가 서로 마음이 통하면 자연스레 사랑의 밀어를 주고 받는 사이가 된다. 이때부터 때로 지킬 수 있는, 때론 지킬 수 없는 사랑의 약속을 남발하게 된다. 그러면서 사랑의 약속을 지키지 않으면 마음의 상처를 받는다는 사실을 점차 알아간다.

실연의 아픔을 겪은 사람이라면 남녀 간의 사랑에서 약속이 매우 중요하다는 것을 안다. 누구나 가지고 있는 사랑의 경험에서 약속 때문에 사랑을 완성하기도 하고 끝내기도 해봤기 때문이다. 사랑의 약속은 잘 지키면 '아름다운 백조' 같지만, 워낙 럭비공처럼 어디로 튈지 알 수 없기에 때로는 '미운 오리 새끼'만도 못하게 된다. 그래서 일생을 살아가면서 맺는 무수한 약속 가운데 사랑의 약속만큼 지키기 어려운 것도 없다.

예로부터 사랑의 약속은 매우 중요하게 여겨져왔다. 아무리 잘나고 멋진 사람이라도 사랑의 약속을 저버리면 인간 이하로 취급되었다. 그래서 죽은 남편을 따라 목숨을 끊거나 평생 홀로 수절하는 일이 사랑의 약속을 지키기 위한 최소한의 예의로 받아들여지기도 했다. 전국 곳곳의 정려각·정려비에서 상징하는 사랑의 약속은 유교적 사회 질서가 구축되었던 조선시대의 일상사였다. 얼마나 많은 여인들이 사랑의 약속을 지키기 위해 절벽에서 뛰어내리고 들보에 목을 매었던가!

그러나 이러한 약속은 조선시대에만 국한된 것은 아니었다. 유학 사상이 수용된 고대부터 사랑의 약속은 꼭 지켜져야만 한다고 알려져왔기 때문이다.

『삼국사기』에 전하는 설씨녀와 가실의 이야기는 신라 사람들의 사랑이야기 가운데 사랑의 약속을 지킨 가장 모범적인 이야기로 알려져 있다.

사랑을 고백한 가실, 설씨녀의 마음을 얻다

진평왕 때 왕경(경주) 율리에 설씨가 살았다. 그에게는 안색이 단정하고 행실이 바른 딸이 늘 자랑이었다. 설씨의 나이가 여든이 넘었으니, 그 딸은 환갑이 훨씬 넘은 나이에 얻은 귀한 아이였다. 비록 집은 가난하고 번성하지 못했지만 설씨는 누구에게나 곱다고 칭찬받는 딸에 기대어 살았다.

늙은 아비와 행실이 바른 딸이 함께 사는 모습은 금방 입에서 입으로 전해질 만한 소문거리였다. 그래서인지 설씨녀의 아름다운 용모와 방정한 품행은 장안에 널리 알려졌다. 당시 뭇 사내들은 설씨녀가 용모도 단정한 데다 품행마저 방정하다는 소문에 한 번쯤 만나고 싶다는 생각을 했을 것이다. 사량부에 사는 가실은 그녀에 대한 소문만 듣고도 사모하는 마음을 품었다. 하지만 집이 가난하고 외모가 뛰어나지 못한 그는 흠모의 마음만 품었을 뿐 감히 설씨녀에게 자신의 솔직한 감정을 드러낼 수 없었다. 러브스토리의 흔한 내용처럼, 가실은 밤낮으로 앉지도 서지도 못한 채 속만 태웠을 성싶다.

그러던 어느 날 설씨에게 정곡에 나가 그곳을 지키라는 명령이 내려왔다. 여든의 나이로 늙고 병든 그는 당번으로 갈 수 없었다. 병들고 늙은 아비를 보는 설씨녀의 심정 역시 마찬가지여서 아버지를 멀리 변방에 보내고 싶지 않았다. 요즘이면 당장 동사무소에 달려가 통지서를 들고 핏대를 올려보았을 테지만, 왕명이 지엄한 고대사회에서 그런 행동은 불가능했다. 오히려 군역을 피하면 호된 처벌이 기다릴 뿐이니, 군역을 피해 살 수도 없는 지경이었다.

설씨녀는 여자의 몸으로 아버지를 따라 갈 수 없음을 한탄하며 수심에 쌓여 안절부절못했다. 설씨녀의 용모와 품행이 왕경 전역에 회자되듯이, 늙은 설씨의 군역 역시 소문이 났을 것이다. 남몰래 설씨녀를 흠모했던 가실은 설씨녀의 수심어린 표정이 남의 일 같지 않았다. 결국 가실은 설씨녀를 찾아가 마음속 깊이 담아온 사랑을 고백하면서 변하지 않을 금석 같은 약속을 하고 만다.

❀ **여인 토용** | 경주 황성동 돌방무덤에서 발견된 높이 16.5cm의 7세기 토용. 울고 있는 듯 수줍어 보이는 토용은 신라 여인의 복식과 모습을 그대로 보여준다.

가실은 설씨녀를 만나 "나는 비록 나약한 남자이지만 일찍이 의지와 기개를 가졌다고 자부하고 있습니다. 원하는 것은 불초한 몸이지만 당신 아버지의 군역을 대신하고자 합니다"라고 했다. 설씨녀는 너무도 기뻐 안으로 들어가 가실이 말한 내용을 아버지께 알렸다.

『삼국사기』 권48 열전8 설씨녀

가실은 자신이 비록 나약하지만 의지와 기개만큼은 남다르다는 점을 설씨녀에게 강조하면서, 늙은 아버지 대신 군역을 나가겠다고 약속했다. 설씨녀의 수심을 걱정하던 가실은 내심 흠모의 마음을 고백하면서, 그녀의 마음을 얻기 위한 최후의 수단으로 군역을 대신 진다는 생각을 가졌을지 모른다. 사실 경주 바닥에 용모가 단정하고 마음씨마저 좋다고 소문이 자자했던 설씨녀는 가실의 첫 고백을 쉽게 받아들일 수 있었을까?

늙은 설씨가 군역에 끌려가는 상황에서, 가실은 나이 어린 자신도 조만간 군역을 져야 한다든지, 혹은 어차피 한 번 가는 군대 좀 일찍 가겠다는 생각을 가졌을지 모른다. 그래서 이왕 사랑을 고백하는 판에 좀더 강하게 최후의 수단을 택한 것이다. 설씨녀는 비록 외모와 행실이 부족한 가실의 고백에는 놀랐지만, 그 제안에는 기쁘지 않을 수 없었다.

설씨녀의 아버지는 가실을 불러 "자네가 나를 대신하여 군역에 나가고자 한다니 기쁘고 송구스런 마음이 든다. 무엇으로 그것을 갚을까 생각했는데, 만약 그대가 내 딸을 어리석고 누추하다고 해서 버리지 않는다면 아내로 삼아 그대를 받들게 하고자 한다"고 했다. 가실은 기쁜 마음에 두 번 절을 하고서, "감히 바랄 수 없는 일이지만, 진실로 그것은 저의 소원입니다"고 했다.

『삼국사기』 권48 열전8 설씨녀

설씨는 군역을 대신 지겠다는 가실이 무척 고마웠다. 전쟁에 나가면 언제 어느 곳에서 죽을지 모르는데, 그것을 대신하겠다는 가실이 어찌 고맙지 않겠는가. 가실은 설씨의 생명을 구해준 은인인 셈이다. 그래서 설씨는 가실에게 '자신의 딸을 아내로 삼게 해주겠다'고 약속을 한다. 다만 '자신의 딸을 어리석고 누추하다고 해서 버리지 않는다면'이라는 조건을 달고서 말이다.

설씨녀는 용모가 아름답고 품행이 단정하다고 소문이 자자했다. 가실도 그 소문을 듣고 용기를 내어 설씨녀에게 고백했던 것이다. 설씨녀가 어디 '어리석고 누추해서 버릴 정도'가 되겠는가. 설씨는 가실이 자신을 대신해 군역을 져준다는 것이 매우 고마웠지만, 그래도 행색이 보잘것없는 그에게 딸을 주는 것이 못내 아쉬웠을지도 모른다. 그래서 '혹 살아서 돌아온다면'이라는 생각에 '버리지 않는다면'이라는 조건을 달아 교제를 허락했던 것이다.

설씨의 허락을 받은 가실은 이미 설씨녀를 자신의 아내로 맞이한 것이나 다름이 없었다. 그는 설씨녀와 사랑을 확인하려 했다. 누구보다 현명한 설씨녀는 가실의 속셈을 알아차렸다.

가실은 허락을 얻고 나와서 결혼할 기약을 설씨녀에게 물었다. 설씨녀는 "혼인은 사람이 사는 데 가장 큰일이므로 급작스럽게 할 수는 없습니다. 제가 이미 마음으로 결혼하기를 허락했으므로 죽는 한이 있어도 이를 어기지 않을 것입니다. 그러니 당신이 군역을 맡아 임지에 갔다가 교대하여 돌아온 뒤, 날을 택해 예를 올리더라도 늦지 않을 것입니다"고 했다. 그러면서 그녀는 가져온 거울을 꺼내 반을 잘라서 각각 한 조각씩 나눠 가지며 "이것이 신표입니다. 후일에 만나면 이를 합치기로 하지요"라고 말했다.

가실은 자신이 데리고 온 말을 가리키며, "이 말은 천하에 드문 말이

어서 후일에 반드시 쓸 데가 있을 것입니다. 지금 내가 가면 기를 사람이 없으니 당신이 맡아서 길러주시오"라며 데리고 온 말을 설씨녀에게 주며 작별했다.

『삼국사기 권48 열전8 설씨녀』

설씨녀는 결혼 기약을 닦달하는 가실을 진정시키기 위해 이렇게 약속한다. 일단 '혼인은 인륜의 가장 큰일'이라고 전제한 뒤, '내가 이미 당신에게 마음을 열었는데 뭘 그리 급하게 생각하느냐'고 가슴 뛰는 가실을 진정시킨다. 그런 다음 '내 마음은 변하지 않을 것이니 군역을 마친 후 모든 사람의 축복을 받으며 혼례를 올리자'며 거울을 반씩 잘라서 신표로 삼는다. 가실 역시 자신을 잊지 말라며 키우던 말을 설씨녀에게 맡긴다. 두 사람은 서로 거울과 말을 주고

❀ 청동 거울 │ 황룡사터에 발견된 지름 16.5cm의 7세기 유물. 아마 설씨녀 역시 이러한 거울을 반으로 잘라서 신표로 삼았을 것이다.

받으며 사랑의 약속을 소중히 지킬 것을 맹세한다.

가실은 설씨녀를 사랑하는 마음에 설씨가 나가야 할 군역을 대신 맡기로 했다. 설씨는 딸을 담보로 군역을 피했고, 가실은 사랑하는 여자를 위해서 설씨의 예비군이나 민방위 훈련을 대신 받았다. 요즘이었다면 특종 뉴스감이 될 테다. 그때나 지금이나 군역을 대신하는 것은 그리 쉬운 문제가 아니었다.

신라 사회에는 혈연을 기반으로 한 신분제가 있었다. 흔히 골품제라고 부르는 신분제가 그것이다. 골품제는 골과 두품으로 사람의 신분을 나눈다. 골품제의 실시 여부, 실제 내용 등을 두고 아직 논란이 많기는 하지만, 골은 대체로 왕실이나 귀족들에 해당하고 두품은 왕경의 6부인, 복속된 소국의 지배층에서 평민에 이르기까지 광범위한 사람들을 일컫는다.

골품제에서 보면, 왕경 율리에 살았던 설씨는 군역을 겨야 했으므로 왕실이나 진골 귀족 출신은 아니었다. 조선시대에도 양반은 그저 베 몇 필 내놓고 군역을 면제받았다. 설씨의 신분은 두품층에 속했을 것이다. 다만 진평왕 때 당나라에 건너가 무공을 세운 설계두가 '신라 벼슬아치의 자손'이었는데 설씨가 그와 성이 같으므로, 적어도 관료로 임용되었던 4두품 이상에 속했을 듯하다. 설령 그 아래 신분에 속했다고 해도, 왕경에 살았으므로 지방민보다는 신분적으로 우위에 있었다.

설씨는 여든이 넘은 나이에도 군역을 겨야 했다. 아울러 설씨처럼 가난하지만 같은 왕경민이었던 가실은 법적으로 한 사람의 남자에게 부과되는 설씨의 군역을 대신 맡을 수 있었다. 가실이 설씨녀에게 사랑을 고백할 때쯤, 신라는 80세 이상의 백성에게 군역을 부과하고 또 군역을 대신해도 처벌받지 않을 만큼, 군역 수행이 다른 어떤 것보다 중시되었던 상황이었다.

진평왕대의 신라는 백제·고구려와 치열한 영역 다툼을 벌였다. 진평왕은 2년(580) 봄에 측근인 김후직(金后稷)을 병부령(兵部令)으로 삼았다. 그것은 왕권을 중심으로 병력의 안정을 꾀하고 차츰 병권을 장악하기 위한 조처였다. 그 뒤 13년까지 여러 관부를 정비하면서 왕권 중심의 국가 운영체제를 수립했다. 그것을 바탕으로 진평왕은 13년과 15년에 왕경 외곽에 있는 남산성·명활성·서형산성 등을 대대적으로 고쳐 쌓아 수도의 방위 체제를 견고하게 다듬었다. 이렇게 왕경을 중심으로 국내 정국을 차례로 정비한 뒤, 진평왕은 백제·고구려의 침입을 막거나 공세를 취하는 데 힘썼다. 진평왕은 24년과 25년 백제와 고구려가 아막성과 북한산성을 공격하자, 직접 군사를 거느리고 나아가 싸우기도 했다. 심지어 30년에는 수나라에 군사를 요청하기 위해 원광에게 표문을 작성하도록 하여 수나라 원군을 맞기도 했다. 설씨가 군역을 져야 했던 당시 신라는 금강과 한강 유역에서 고구려·백제와 끊임없이 다투고 있었다. 이러한 상황 속에서 여든에 가까운 설씨가 군역을 져야 했던 것이나 가실이 군역을 대신하려는 것은 오히려 자연스러운 일이었다.

설씨의 허락을 받은 가실은 군역을 치른 뒤 혼례를 올린다는 설씨녀의 다짐을 믿고 북쪽 변방을 지키러 떠났다. 가실은 설씨녀와 빨리 사랑의 인연을 맺고 싶은 생각이 간절했지만, 전투가 연이어 벌어지는 혼란한 상황 속에서 미래를 약속하는 것보다는 어차피 치러야 할 의무를 완수한 뒤에 평생을 함께 사는 것이 낫다고 여겼을지도 모른다. 가실은 참으로 순진한 청년이었다.

금석과 같은 약속은 지켜야 한다

가실이 북쪽 변방으로 떠난 뒤 설씨녀는 가실이 맡긴 말을 키우며 그가 돌아오길 기다렸다. 하지만 어찌된 영문인지 가실은 돌아올 기미도 없었고 돌아오지도 않았다. 가실에 대한 소식이 끊기자 주위에서는 다른 사람과 정혼할 것을 강요했고, 설씨녀는 가실과의 약속을 되새기면서 사랑을 시험받게 되었다.

하지만 나라에 사정이 생겨 사람을 뽑아 북쪽 변방으로 보내 교대시키지 못했다. 때문에 가실은 6년이 지나도록 그곳에 머물러 돌아올 수 없었다. 이렇게 되자 설씨는 딸을 불러 조용히 말했다. "가실은 3년을 약속하고 갔는데, 이미 날짜가 훨씬 지난 지금도 돌아오지 않고 있구나. 그러니 다른 사람과 결혼하는 것이 좋겠다."

설씨녀는 "옛날에 늙고 병든 아버지를 위해서 가실과 결혼을 약속했고, 그는 약속을 믿었기에 오랫동안 변방에서 굶주림과 추위로 고생하는 것을 참고 있습니다. 더욱이 적이 바로 앞에 있어 손에 무기를 놓을 겨를도 없고, 호랑이 입 앞에 가까이 있는 것처럼 늘 물릴까 걱정이 태산입니다. 그런데 그런 믿음을 버리고 약속을 가벼이 여긴다면 어찌 사람의 도리라고 하겠습니까? 아버지 말씀은 결코 따를 수 없으니, 다시는 말씀하지 마십시오."라며 단호하게 말했다.

『삼국사기』 권48 열전8 설씨녀

가실은 '나라에 사정이 생겨' 교대하지 못했다. '나라에 생긴 사정'은 고구려·백제가 연이어 신라를 공격하는 바람에 나라의 서쪽과 북쪽 경계에 전쟁이 끊이지 않았던 사실을 가리킨다. 때문에 군역 수행 기간이 얼마나 되었는지 알 수는 없지만, 3년 뒤 돌아온다는 가실의 약속은 지켜질 수 없었다. 일이 이쯤되자, 여든이 넘은 설씨는 용모 단정하고 품행이 방정한 귀한 딸의 혼기를 놓칠 수 없었다. 우선 자신이 언제까지 더 살 수 있을지 자신이 없었다. 더욱이 처음부터 가실이 사윗감으로 마음에 쏙 든 것도 아니었기에, 설씨는 6년이 지난 세월을 명분 삼아 설씨녀에게 다른 사람과의 혼사를 권유하게 되었다.

가실과 설씨녀는 애초부터 서로의 장래를 다짐할 만한 사이는 아니었다. 흔히 세간에서 말하는 용모와 능력 두 가지만 보더라도 설씨녀가 좀 밀지는 것은 사실이었기 때문이다. 더욱이 6년이 지난 세월에 생사도 확인되지 않는 상황이라면, 대다수의 독자들도 어쩔 수 없는 약속의 파기는 쉽게 인정할 것이다.

그런데 이러한 상식은 한 번도 아버지의 말씀을 거역한 적 없었던 설씨녀의 한마디로 바뀐다. 설씨녀는 '가실과의 약속은 금석과 같아 결코 어길 수 없는 것'이라고 선언한다. 그녀는 사랑의 약속을 맺은 기쁨과 혼례 이후의 행복한 미래를 꿈꾸며 방수(防戍)에 임했던 가실을 하늘이 맺어준 인연이라 생각하며 밤낮으로 연민했던 것이다.

신라와 고구려 · 백제 사이의 치열한 영역 다툼을 상기하면, 그의 군역 교대는 애초부터 실행되기 어려웠을지도 모른다. 더욱이 설씨녀에게는 가실이 전쟁터에서 급히 써내린 편지조차 전해지지 않았다. 설씨녀는 연민의 마음을 품고서 가실이 맡긴 말을 열심히 키웠다. 가실의 안부조차 모르는 상태에서 그 말은 곧 가실의 상징이었다. 사실 가실은 군역을 대신하기 전 이미 준마를 키워내는 능력을 가졌고, 실제로 준마를 소유하기도 했다가 설씨녀에게 그것을 맡겼다. 전장에서 준마를 기르는 능력은 다른 사람보다 우대를 받을 수 있는 조건이 된다. 가실은 아마도 이러한 능력 때문에 오랫동안 군역을 맡았는지도 모르겠다.

준마를 기르는 능력은 고구려 · 백제와 치열한 다툼을 벌이는 상황에서 진평왕의 관심을 받을 수 있는 조건이 될 수도 있다. 진평왕은 즉위 후 사인(舍人)을 중심으로 행정관부를 조직화하는 개혁 조처를 단행했다. 창부 · 조부 등을 설치해 국가 재정 운영 체제를 정비하고 위화부 · 예부 등을 통해 관료 체제 구축을 꾀했다. 또한 선부서 · 승부 등을 설치하여 선박과 거마 등을 통제하고 조직화했다.

❀ 말 탄 사람 토우 | 경주 덕천리 1호분에서 발굴되었다. 그 당시에 어떤 마구류가 있었는지 추측하게 해준다.

계속되는 전쟁 상황에서도 관서와 관부를 신설하면서 관료 운영의 조직화와 효율성 제고를 도모한 것이다. 이러한 체제 정비 속에서 가실은 단순한 군역 수행 이상의 임무를 맡았을 것이다. 때문에 하루빨리 돌아올 것이라는 설씨녀의 믿음과 약속에도 불구하고 가실은 오랫동안 전장을 떠날 수 없었다. 어쩌면 전장에서 가실은 설씨녀에게 보여준 사랑만큼 자신의 일에 최선을 다했는지도 모를 일이다. 그것이 6년이라는 세월로 나타난 것이리라.

하지만 가실의 노력이나 설씨녀의 선언에도 불구하고, 설씨는 자신의 생각대로 설씨녀를 다른 사람과 결혼시키고자 했다. 가실과 설씨녀 두 사람의 사랑이야기는 이제 절정으로 치닫는다.

하지만 아버지는 자신이 이미 90세에 이르고 딸의 나이도 혼기를 지나쳐, 장차 결혼할 배우자가 없을까 염려했다. 그래서 강제로라도 시집보내려고 딸도 모르게 마을 사람과 결혼을 약속하고 잔칫날을 정하여 그 사람을 맞아들였다. 설씨녀는 아버지의 의도를 알고 거절하며 도망쳤지만, 결국 뜻을 이루지 못했다. 그녀는 마구간에서 가실이 두고 간 말을 보고 탄식하며 눈물을 흘렸다.

이때 가실이 돌아왔다. 몸은 마르고 옷은 해져 알던 사람도 알아보지 못하고 다른 사람이라고 할 정도였다. 가실이 앞에 거울 조각을 던지자 설씨녀가 이를 받아 들고 기뻐 소리내어 울었다. 그 아버지와 집안 사람들도 기뻐했고, 드디어 날을 택해 결혼하고 백년해로했다.

『삼국사기』 권48 열전8 설씨녀

설씨는 자신의 나이가 아흔에 이르고 딸의 나이가 혼기를 지나칠까 걱정하여 강제라도 시집보내려 마을 사람과 정혼했다. 늙은 아비는 하나밖에 없는 딸이 자신이 죽은 뒤 혹 고생이나 하지 않을까 걱정하는 마음에, 가실이 있음에도 불구하고 동네 사람과 결혼시키려고 했다. 설씨녀에게 연모의 정을 고백했던 가실이나, 가실과의 약속을 굳게 지키려고 했던 설씨녀, 자식의 앞날이 걱정되어 몰래 정혼했던 설씨나 서로를 이해하고 아끼려는 마음은 한결같았다.

원래 이루어질 수 없었던 사랑이 어렵게나마 하늘의 도움으로 결실을 맺은 것이 가슴 아프긴 하다. 그래서인지 아버지의 뜻을 거역해 도망갔지만 결국 마구간에서 가실의 말을 보고 눈물을 짓는 설씨녀의 모습은 애처로운 일이 되고 말았다.

결혼을 앞둔 어느 날, 가실은 설씨녀에게 돌아왔다. 비록 자신의 의도는 아니었지만, 지키지 못했던 약속을 뒤늦게나마 지키고자 돌아왔던 것이다. 상황이 허락하지 않아서 그러했을 뿐, 가실이라고 약속을 지키고 싶지 않았겠는가. 그는 설씨녀보다 더 억장이 무너졌을 것이다.

하지만 가실은 6년 동안 전장에서 자신의 옛 모습을 잃었다. 설씨녀에게 돌아왔을 때 그의 몰골은 이루 말할 수 없어서, 설씨녀가 준 거울 반쪽을 보고서야 누구인지 확인할 수 있을 정도였다. 이그러진 가실의 몰골은 신라가 고구려·백제와 오랜 동안 치열하게 전쟁을 벌였던 사실을 말해준다. 그것은 진평왕 말년에 이르면 백성들이 자식을 팔아먹거나 궁중의 사인들이 공공연히 세곡을 훔칠 정도로 혼란스러웠던 신라 사회를 그대로 보여준다(『삼국사기』 권48 열전 8 검군전). 이런 점에서 설씨녀와 가실의 사랑이야기는 당시의 정국 동향과 백성의 생활상을 알려주는 귀중한 이야기라고 하겠다.

사랑, 그 변하지 않는 명제

설씨녀와 가실의 이야기는 요즘도 흔한 남녀의 사랑이야기와 크게 다르지 않다. 사랑하는 사람을 위해서 자신의 위험을 감수한다든지, 소식을 알 수 없어 애절하게 발을 동동거리는 것이 더욱 그렇다.

사랑의 약속은 정작 당사자의 의지와 관계없이 위협을 받기도 한다. 가실이 돌아오지 않자, 설씨녀는 주위 사람을 운운하며 결혼하라고 종용을 받는다. 때문에 설씨녀와 가실의 사랑이야기에서 설씨는 사랑의 약속을 헌신짝처럼 버리는 못된 아버지가 되어버렸다. 가실의 군역 수행도 그로부터 비롯되었으니 더욱 그렇다.

　그와 달리 아버지의 종용에도 불구하고 가실과의 약속을 지키려고 애쓴 설씨녀나, 험한 몽골로 돌아와 그녀와의 약속을 지킨 가실은 가장 모범적인 연인인 셈이다. 이들의 사랑에서 보면, 가실의 안부를 알 수 없다고 하여 설씨녀가 목숨을 버리거나 아버지의 종용에 끝까지 저항하는 모습은 찾을 수 없다. 가실과 설씨녀의 사랑은 처음 만남에서부터 그랬듯이, 유교적 관념보다는 인간의 도리를 우선 내세우는 면이 강하다. 유교의 충효과 절의를 따지지 않아도, 인간적 신의가 그들의 사랑에서는 우선시되었다. 사랑이 흔한 만큼 헤어짐도 쉽고, 인간적 신의보다는 물질적 풍요를 강조하는 요즘, 가실과 설씨녀의 사랑은 다시 한 번 음미해보아야 할 사랑이야기이다.

| 장일규 |

참고문헌

이기백, 「신라 육두품연구」《성곡논총》 2, 1971 : 『신라정치사회사연구』, 일조각, 1974.
이정숙, 「신라 진평왕대의 정치적 성격－소위 전제왕권의 성립과 관계하여」《한국사연구》 52, 1986.
김두진, 「신라 진평왕대 초기의 정치개혁－삼국유사 소재 '도화녀, 비형랑' 분석을 중심으로」《진단학보》 69, 1990.
전미희, 「신라 진평왕대 가신집단의 관료화와 그 한계」《국사관논총》 48, 1993.

신라를 뒤흔든 왕족 스캔들
─김서현과 만명부인

'원조교제'의 씨앗 공자

중국사를 대표하는 '걸물(傑物)' 공자. 그가 기원전 479년에 사망했다는 데는 이론(異論)이 없지만, 태어난 해에 대해서는 기원전 552년이라고도 하고 551년이라고도 해서 기록마다 차이를 보인다.

중국 산동성(山東省)에 곡부(曲阜)라고 하는 그다지 크지 않은 도시가 있다. 공자의 탄생지인 이곳은, 그가 태어난 무렵에는 중국을 통틀어 문화가 대단히 번성한 도시였다. 당시 이곳은 창평향(昌平鄉) 추읍(諏邑)이라 했으며, 중국 대륙을 할거하던 수십 개 국가 중에서도 노(魯)나라가 차지하고 있었다.

각종 기록을 종합할 때 공자의 원래 이름은 구(丘)였다. '구'란 글자 그대로는 언덕이나 야산을 뜻한다. 전통시대 중국이나 우리 나라에서는 남자가 성년에 도달하면 원래 이름과는 다른 별도의 이름을 받게 되는데 이를 자(字)라고 했다. 공자 또한 어른이 되어 중니(仲尼)라는 자를 얻었다.

공자가 '구'라는 이름과 '중니'라고 하는 자를 얻게 된 데는 재미난 사연이 있다. 전한 무제(武帝, BC 140~87) 시절 태사공이란 직책에 있던 사마천(司馬遷)이 쓴 『사기』 공자세가에 의하면 공자는 '불륜의 씨앗'이다.

거슬러 올라가면 그의 선조는 송(宋)나라 사람으로 이름은 공방숙(孔防叔)이라고 하는 인물이다. 공방숙은 백하(伯夏)를 낳고, 백하는 다시 숙량흘(叔梁紇)을 낳으니 그가 바로 공자의 아버지이다. 기록에 의하면 숙량흘은 체격이 우람한 군인이

❀ **공자 초상** | 김서현과 만명이 만나기 1,000여 년 전, 중국의 숙량흘과 안징재도 야합으로 공자를 낳았다. 당나라 오도자(吳道子)의 그림.

었다. 부인이 2명이었는데, 첫째 부인이 죽자 70세가 다 된 늘그막에 10대 후반인 안씨(顏氏) 집안 징재(徵在)라는 여인을 꼬드겨 아들을 낳으니 그가 바로 공자였다. 자가 중니라고 하는 데서 엿볼 수 있듯이 숙량흘에게는 둘째 아들이었다. 중이란 형제 중에서도 둘째를 의미하기 때문이다. 숙량흘이라는 이름에서 '숙'이란 글자는 형제 중 셋째라는 의미가 된다.

그런데 어찌하여 숙량흘과 안징재의 결합을 '불륜'이라 하는가? 사마천은 『사기』에서 공자를 낳게 되는 두 사람의 만남을 '야합(野

合)'이라 부르고 있다. 야합이란 글자 그대로는 번듯한 집안이 아니라, 들녘에서 결합했다는 뜻이다. 합(合)이란 쉽게 말해 섹스를 말한다. 하지만 이 경우 야합을 요즘과 같은 불륜이라고 하는 관점에서 바라본다면 곤란하다. 전통시대 야합이라고 하면 대체로 정식 혼인절차를 거치지 않은 속도위반을 말하는 경우가 압도적이기 때문이다.

전통시대 혼인은 엄격한 절차가 있었고, 나아가 집안과 집안끼리의 결합이었는데 혼인 당사자들의 의사는 전혀 중요하지 않았다. 집안 어른들이 정해주는 대로 결혼할 뿐이었다. 이 집안끼리의 가교 역할을 하는 사람을 '매파'라고 했으니 요즘 말하는 중매쟁이다. 지금이야 이 중매쟁이가 '뚜쟁이'라는 말로 연상되어 그다지 좋은 이미지를 주진 않으나, 전통시대에 그들의 역할은 매우 중요했다. 야합이라는 말은 집안끼리의 합의를 거치지 않은 남녀 간 결합, 특히 중매쟁이가 나서지 않은 결합을 의미한다. 따라서 숙량흘과 10대의 풋풋한 처녀 안징재의 결합이 야합이라는 『사기』 공자세가의 표현을 요즘 식으로 풀어 이해한다면, 원조교제쯤 되는 셈이다. 70세 안팎인 노인이 10대 처녀를 덮쳐 덜컥 임신까지 시켰으니 말이다.

기록에 의하면 안징재는 니구산(尼丘山)이란 곳에 가서 아들을 낳게 해달라고 기도를 했다. 효험이 있었던지 공자를 낳았다. 그래서 공자는 성년이 되어 자(字)를 만들 때 기도한 곳의 이름을 따 중니(仲尼)라는 이름을 얻었다.

애초 이름 구는 공자가 태어날 때 이마가 평평해 마치 언덕을 닮았다 해서 얻은 이름이라는 기록이 곳곳에 보이나, 이보다는 니구산이라는 산(언덕)에서 기도해 얻은 아들이라는 사실에서 유래했을 공산이 크다. 이 '불륜의 씨앗'이 지금까지 동아시아 사상사에서 25세기 동안 군림하고 있는 사상가가 된 것이다.

593년 신라의 스캔들

숙량흘과 안징재가 일으킨 야합 스캔들로부터 약 1,000년이 흐른 진평왕 14년(593) 무렵 신라 서울 금성(金城, 지금의 경주). 이곳에서 또 하나의 '야합 스캔들'이 잉태되고 있었다. 내로라하는 두 집안의 청춘 남녀가 눈이 맞아 집안의 반대를 무릅쓰고 사랑을 나누다 덜컥 임신까지 하게 되었던 것이다. 스캔들의 두 당사자에게 집안 어른들의 불호령과 격리 명령이 떨어졌다. 하지만 불타는 사랑을 막을 수는 없었다.

스캔들 당사자 중 여인은 신라왕실의 일원이었다. 노발대발한 왕실에서는 이 여인을 감금해 격리하는 한편 다른 당사자인 청년 또한 왕실과 직·간접적으로 모두 연결돼 있는지라, 잡아다가 물고는 내지 못하고 묘안으로 생각한 것이 지방관으로의 전출이었다. 그리하여 이 젊은이는 사랑하는 여인을 금성에 남겨둔 채 근무지인 만노군(萬弩郡, 지금의 충북 진천군)으로 향했다. 청년은 이곳 태수로 전출되었다. 태수라면 지금의 시장이나 군수 정도에 해당되지만 그 권한은 더욱 막강했다. 군사 지휘관에다가 판사 역할까지 겸했으니 그야말로 그 지방에서는 무소불위한 최고 권력자였다.

하지만 어찌하랴. 집요한 격리 공작도 사랑에 눈이 뒤집힌 여인을 막을 수 없었다. 갇혀 있던 여인은 감시가 소홀한 틈을 타서 그랬는지, 혹은 감시인을 매수해서 그랬는지 확실치 않으나, 감시처를 탈출해 청년이 있는 만노군으로 달렸다. 이 미친 듯한 사랑은 공자의 부모가 그러했듯이 집안 어른들의 합의와 동의를 거치지 않았으므로 말할 것도 없이 '야합'이었다.

그러나 야합이 공자라는 걸물을 낳았듯이 이들의 야합 또한 신라, 아니 한국사를 통틀어 단연 선두에 서는 '걸물'을 595년 만노군에서 낳으니, 그가 바로 김유신이었다.

출세가도를 달리는 막내아들 김무력

신라 법흥왕이 재위한 지 19년째 되던 해(532), 지금의 경남 김해에 도읍하고 있던 금관국(金官國, 금관가야)이 온 나라를 들어 신라에 투항한다.

시조 김수로가 금관국을 세운 43년 이후 490년 만에 사직(社稷)을 신라에 바치기로 결정한 왕은 『삼국사기』에 의하면 김구해(金仇亥)인데, 그 이름만 따서 구해왕(仇亥王)이라고도 하지만 『삼국유사』에서는 구충왕(仇衝王) 또는 구형왕(仇衡王)이라고도 한다.

기록에 의한다면 금관가야 마지막 왕은 정식 이름이 김구해(金仇亥), 혹은 김구형(金仇衡), 혹은 김구충(金仇衝)이 된다. 이 세 가지 표기 중에서도 김구해와 김구형은 실은 같은 발음을 다른 한자를 빌려 표기한 데서 비롯된 작은 차이가 있을 뿐이니 결국 같은 이름이라고 생각되며, 김구충(金仇衝)의 충(衝)이라는 글자는 김구형(金仇衡)의 형(衡) 자와 글자 모양이 비슷한 데서 잘못 표기된 결과물이라

할 수 있다. 여기서는 편의상 『삼국사기』를 존중해 그의 이름을 (김)구해라고 부르기로 한다.

금관국의 마지막 왕 김구해는 신라에 투항하며 "왕비와 세 아들, 즉 큰아들 노종(奴宗), 둘째아들 무덕(武德), 막내아들 무력(武力)을 데리고는 나라 창고에 있던 보물을 갖고 와서 항복하니 (법흥)왕이 예로써 대접하고는 상등(上等)이라는 벼슬을 주는 한편, (그가 본래 다스리던) 본국은 식읍(食邑)으로 삼게 했다"고 한다(『삼국사기』 신라본기 법흥왕 19년). 식읍이란 그 지방에서 산출되는 각종 세금을 독점할 수 있도록 특별히 지정해준 구역을 말한다. 아버지를 따라 신라에 귀순한 세 아들 중에서도 막내인 무력이 특히 출세가도를 달렸다.

충분하지 않은 기록들을 참작할 때, 이는 무력의 특별히 뛰어난 능력뿐만 아니라 큰아들 노종과 둘째아들 무덕이 아마도 아버지를 따라 신라의 서울 금성에 들어와 신라에 항복하고는 곧바로 본국인 금관(김해)으로 돌아가 살았기 때문이 아닐까 한다. 말하자면 막내아들 김무력만이 신라에 남아 일종의 인질 비슷한 신세가 되었을 것으로 생각되는데, 이런 인질 생활이 무력에게는 오히려 신라에서 출세할 수 있는 절호의 기회가 되기도 했을 것이다. 금관가야 회복을 위한 반란만 꾀하지 않는다면, 그에게는 각종 특혜가 베풀어졌을 것이기 때문이다.

김구해의 세 아들 중에서도 막내 무력이 출세가도를 달렸다는 사실은 그가 신라 조정에서 최고위 관리인 각간까지 승진했다는 『삼국사기』의 기록에서 잘 드러나고 있다. 이에 더해 553년, 신라가 한강 유역을 완전히 장악하고 지금의 서울에 신주(新州)라는 광역단체

를 설치할 때 무력은 도지사 격인 초대 군주(軍主)에 임명되었는가
하면, 그해 관산성이란 곳에서 벌어진 전투에서 백제의 3만 대군을
대파하고, 나아가 그 왕인 성왕까지 사로잡아 참수하는 대전과를
올리기도 했다.

이런 무력이 누구를 아내로 맞았는지는 기존의 『삼국사기』나 『삼
국유사』와 같은 기록으로 알 수 없었다. 하지만 다른 기록에 의하
면, 그의 아내는 뜻밖에도 진흥왕의 딸이었다.

『삼국사기』와 『삼국유사』를 종합할 때 진흥왕에게는 사도(思道)
라는 정식 왕비가 있고, 이 둘 사이에서 난 자식으로는 젊은 시절 요
절한 태자 동륜과 나중에 아버지 진흥왕을 뒤이어 즉위했다가 4년
만에 쫓겨난 금륜이라는 두 아들, 그리고 은륜(銀輪)이라는 딸이 있
다는 정도밖에 알려져 있지 않았다. 하지만 다른 기록에 의하면 진
흥과 사도는 이 2남 1녀 외에도 자식을 많이 두었으니, 아양(阿陽)이
라는 딸도 그중 하나다. 왕과 정식 왕비에서 난 공주이니 아양은 위
세가 얼마나 대단했겠는가? 그런데 이런 아양이 김무력을 남편으로
맞은 것으로 드러난다. 금관가야 왕자 김무력과 신라 진흥왕의 공
주 아양 사이에서 난 아들은 김서현(金舒玄). 그가 바로 593년에 신
라왕실을 흔든 엄청난 스캔들의 주인공이었다.

그러니 김서현은 혈통이라는 측면에서 당대 어느 신라인에 뒤지
지 않았다. 친할아버지가 금관가야 왕이요, 외할아버지는 진흥왕이
며, 아버지는 더 이상 오를 데가 없는 각간까지 지낸 장군에 어머니
는 공주였다. 그렇다면 이런 그가 스캔들을 일으키게 된 여인은 누
구였으며, 도대체 어떤 사연이 있었기에 둘은 사랑의 도피행각을
할 수밖에 없었던가?

갈문왕의 손녀요 태후의 딸 만명부인

『삼국사기』 김유신전의 첫머리에는 김유신의 계보를 밝히는 데 주력하고 있다. 이에 따르면 그의 아버지 김서현은 벼슬의 등급이 제3위인 소판에 이르렀으며, 가장 높은 관직으로는 대량주도독(大梁州都督) 안무대량주제군사(安撫大梁州諸軍事)를 역임했다. 대량주란 곳은 지금의 경북 경산 일대를 말한다. 그곳 도독이었으니 지금으로 본다면 광역자치단체장 정도의 지위에 올랐던 것이다.

김서현이 출생한 해는 확실치 않다. 다만 그의 어머니가 진흥왕의 딸인 아양공주라는 점을 고려하고, 그의 큰아들 김유신이 서기 595년에 태어났으며, 이때 그가 만노군이라는 지방을 다스리는 지방관이었다는 점을 고려할 때, 그 대략을 짐작할 수 있다. 즉 576년에 사망할 때 진흥왕은 나이 44에 지나지 않았으니, 이런 그의 딸 아양 또한 576년 무렵에 나이는 많아 봐야 20살 안팎이었을 것이다. 또 만노군 태수 정도라면 최소한 20세 이상은 되어야 했을 것이므로 아마도 김서현은 565~570년 무렵에 출생했을 것이다. 이런 그가 593년 무렵에 만명이란 여인과 '야합 스캔들'을 유발한다. 이 대목을 『삼국사기』에는 다음과 같이 전하고 있다.

일찍이 서현이 길을 가다가 갈문왕(葛文王) 입종(立宗)의 아들인 숙흘종의 딸 만명을 보고는 마음에 들어 눈짓으로 꼬드겨 중매쟁이를 거치지 않고 몸을 섞었다. 서현이 만노군 태수가 되어 만명과 함께 떠나려하니, 숙흘종이 그제야 딸이 서현과 야합했다는 사실을 알고는 노해서 별채에 가두고는 사람을 시켜 지키게 했으나 갑자기 벼락이 문간을 때

리자 지키던 사람이 놀라 정신을 잃으니, 만명이 창문으로 빠져나가 드
디어 서현과 함께 만노군으로 가서는 (중략) 이내 아이를 가져 20개월
만에 (김)유신을 낳으니 이때가 진평왕 건복(建福) 12년, 수(隋)나라 문
제(文帝) 개황(開皇) 15년 을묘(595)였다.

『삼국사기』 권41 열전1 김유신

서현과 만명이 야합 스캔들을 일으킨 때가 593년 무렵이라는 근
거는 바로 여기에 뿌리를 두고 있다. 595년 생인 김유신이 임신 20
개월 만에 태어났다고 했으니 말이다. 594년 어느 시점이 될 수도
있으나, 이 경우에 1년 차이는 그다지 중요하지 않을뿐더러 넉넉잡
아 593년에 일어난 일로 가정한다.

위의 기록에서 아울러 주목할 것은 두 사람의 결합에 분노하고
그것을 막으려 극렬히 반대한 주체가 만명의 아버지인 숙흘종으로
되어 있다는 사실이다. 이 숙흘종은 아버지가 갈문왕 입종이라고
분명히 『삼국사기』에 못박혀 있다. 갈문왕이라는 실체에 대해서는
아직도 해석이 구구하다. 그 자신은 왕이 되지는 못했으나, 그 아들
이나 딸이 왕이나 왕비가 된 경우에는 사후 거의 예외 없이 갈문왕
에 추존되며, 현재의 왕과 아버지와 어머니가 모두 같은 동생일 경
우에도 갈문왕이 된다는 사실에 대해서는 그다지 이론이 없다.

입종이란 인물은 그 아버지가 지증왕이요 어머니는 지증왕비인
연제(延帝)였으며, 그의 친형이 다름 아닌 바로 법흥왕이었다. 아울
러 입종은 나중에 법흥왕에 뒤이어 즉위한 진흥왕의 아버지이기도
했다. 따라서 종래에는 이런 입종이 갈문왕이 된 것은 그가 죽고 나
서 그 아들인 진흥왕이 왕이 되고 난 다음이라고 생각하기도 했으

나, 1971년 울주 천전리라는 계곡에서 그가 살아 있을 당시에 작성된 신라시대 금석문에는 그가 사부지(徙夫知)라는 이름으로 등장하는 것은 물론, 이때 이미 갈문왕이라고 불리고 있었음이 밝혀졌다. 1988년에는 경북 울진군 봉평리에서 법흥왕 때 작성된 신라시대의 또 다른 금석문이 발견되었는데, 이곳에서도 살아 있는 입종은 사부지라는 이름으로 갈문왕이라는 호칭을 덧붙이고 있음이 더욱 분명해졌다. 따라서 입종은 이미 살아 있을 당시에 갈문왕으로 책봉되었음이 명백하게 되었다. 종래 갈문왕은 죽은 사람에게 주어지는 경우가 많았으므로 그 권력이 그다지 크지 않은 명예직 정도로 보는 관점이 우세했으나, 여러 금석문 자료에서 볼 때 실질적 권력이 왕 다음갈 만큼 막강했다. 한마디로 살아 있는 갈문왕은 신라사회에서 '넘버 투'였던 것이다.

김서현과 스캔들을 유발한 만명이란 여인은 이런 막강한 갈문왕 가문의 손녀였다고 『삼국사기』 김유신 열전은 밝히고 있다.

그런데 여기서 실로 재미있는 현상이 관찰된다. 숙흘종의 아버지는 분명 입종이라고 했으니, 진흥왕 또한 그 아버지가 입종이라는 사실이다. 입종에게 정식 부인은 지소라는 여인이었는데, 그는 바로 법흥왕의 딸이었다. 그러니 입종과 지소는 삼촌과 조카딸 관계인 셈이다. 이른바 근친혼에 의해 진흥왕이 출생한 것이다. 이렇게 되면 법흥왕과 그 뒤를 이은 진흥왕은 실로 묘한 관계가 된다. 아버지 계통으로 따지자면 진흥왕에게 법흥왕은 큰아버지가 되지만, 어머니 혈통으로 본다면, 외할아버지가 된다. 요즘 기준으로는 그야말로 '콩가루 집안'을 방불한다.

나아가 이렇게 되면 숙흘종과 진흥왕은 적어도 아버지(입종)가 같

은 형제가 된다. 형제간 선후관계는 입종에게 진흥왕이 큰아들이었을 것이므로 틀림없이 진흥왕이 형, 숙흘종이 동생이었을 것이다.

여기서 또 다른 문제가 발생한다. 진흥왕과 숙흘종이 아버지는 입종으로 같지만, 어머니도 같다고는 확신할 수 없기 때문이다. 그것을 판단할 수 있는 증거는 없다. 다만 기존에 알려진 기록만으로도 진흥왕과 숙흘종이 어머니가 달랐을 것이라는 추정이 가능하다. 왜냐하면 앞서 갈문왕을 논할 때 얘기했듯이 숙흘종이 형인 진흥왕과 어머니까지 같다고 하면, 그는 형이 왕으로 군림하던 그 시절에 아버지인 입종이 그러했듯이 갈문왕에 책봉되었을 것이기 때문이다. 하지만 숙흘종이 갈문왕이었다는 흔적은 어디에서도 발견되지 않는다. 도대체 왜 이런 현상이 벌어질까? 입종에게 숙흘종은 정식 부인인 지소에게 태어난 적자가 아니라 첩에게서 난 서자(庶子)였기 때문이다. 서자는 여러모로 적자에 비해 신분적으로 차별을 받았으므로 숙흘종은 형이 왕임에도 갈문왕이 될 수 없었던 것이다.

그렇다면 이런 숙흘종의 딸인 만명의 어머니는 도대체 누구였던가? 이 또한 『삼국사기』나 『삼국유사』와 같은 익히 알려진 기록으로는 전혀 알 수가 없었다. 그렇지만 다른 기록에는 이 점이 아주 명확하게 기록돼 있다. 만명은 어머니가 만호였다.

그렇다면 김유신의 어머니가 되는 만명의 어머니, 즉 김유신의 외할머니 만호는 도대체 누구인가? 『삼국사기』 신라본기 진평왕 즉위년(579)조에는 "진평왕이 왕위에 올랐다. 이름은 백정(白淨)이고 진흥왕의 태자 동륜의 아들이다. 어머니는 김씨 만호부인으로 갈문왕 입종의 딸이다"라고 하고 있다.

아울러 『삼국유사』 왕력(王曆)에는 "(신라) 제26대 진평왕은 이름이 백정이다. 아버지는 동륜인데 동륜태자라고도 한다. 어머니는 입종 갈문왕 딸인 만호이니 만녕부인(萬寧夫人)이라고도 하며, 이름은 행의(行義)다"라고 했다.

이를 종합하면 만호는 어머니를 알 수 없으나 아버지가 갈문왕 입종으로서, 진흥왕 아들인 동륜과 혼인해서 아들 진평왕을 낳았음을 알 수 있다. 동륜은 진흥왕의 아들인 동시에 입종에게는 손자가 되므로, 동륜과 만호의 혼인은 조카와 고모 간 근친혼인 셈이 된다.

그런데 이렇게 되면 골치 아픈 일이 발생한다. 갈문왕 입종의 딸인 만호 역시 아버지가 입종인 숙흘종과의 사이에서 딸 만명을 낳은 셈이 되기 때문이다. 물론 숙흘종의 아버지가 입종임은 확실하지만, 다른 기록에 의해 어머니는 금진이라는 첩임이 밝혀졌다. 아울러 아무리 근친혼이 극심한 신라사회였다고 해도 어머니 아버지까지 같은 형제자매가 혼인한 일은 없다. 따라서 지금까지 살핀 기록들을 액면 그대로 받아들인다고 할 때 만호는 아버지는 같지만 어머니는 다른 배다른 형제자매인 숙흘종과 서로 몸을 섞어 만명이라는 딸을 낳은 것이다.

여기서 또 하나 문제가 되는 것은 그럼에도 만호에게 정식 남편은 엄연히 동륜이었다는 사실이다. 물론 동륜은 『삼국사기』에 의하면 진흥왕 33년(572) 3월에 죽었으므로 만호가 남편을 잃은 이후에 이복형제인 숙흘종과 관계해 만명이라는 딸을 낳았다고 볼 수도 있다.

그런데 다른 기록에는 동륜태자의 부인이면서 진평왕의 어머니가 되는 만호에 대해 『삼국사기』·『삼국유사』와는 전혀 색다른 내용이 나오고 있다. 이에 의하면 만호의 아버지가 갈문왕 입종이 아니라, 이화랑이라는 사람이며, 『삼국사기』·『삼국유사』에는 전혀 보이지 않은 그의 어머니가 뜻밖에도 지소라고 나오고 있다. 법흥왕의 딸로서 삼촌인 입종에게 시집가서 진흥왕을 낳았다는 바로 그 지소라는 여인이 이화랑이라는 남자에게서 씨를 받아 낳은 딸이 만호라는 것이다. 지소가 이화랑을 끌어들여 만호를 낳은 것은 남편인 입종이 죽고 나서이다. 진평왕 역시 어머니가 만호이고, 만명 또한 어머니가 만호이니 진평과 만명은 아버지가 다른 형제자매가 된다.

이를 통해 우리는 왜 『삼국사기』·『삼국유사』가 만호를 갈문왕 입종의 딸이라고 '잘못' 기록하게 되었는지 그 까닭을 짐작할 수 있게 되었다. 지소의 정식 남편이 입종이라는 점에 이끌려 지소가 낳은 딸 만호조차 아버지가 입종일 것으로 간주했기 때문이었다.

지금까지 다소 어수선하게 살핀 서현과 만명의 계보 관계를 도표화하면 아래와 같다.

나아가 『삼국사기』에서는 김서현과 만명의 결합이 왜 야합이었는지 충분히 설명되어 있지 않으나, 이 대목도 다른 기록에서는 전혀 다르다. 이를 자세히 설명하면 꽤나 복잡하기 때문에 간단히 설명하자면, 김서현과 만명은 혈통이 달랐다. 다른 기록에 의하면 당시 신라 최고 지배층사회에 속한 구성원들은 어머니 혈통을 따라 대원신통(大元神統)과 진골정통(眞骨正統)의 두 가지로 갈라져 있었다. 즉 어머니가 어떤 혈통이냐에 따라 그 자식들은 자동적으로 그 혈통이 정해졌다는 것이다. 어머니—딸—손녀는 같은 혈통이 계속 이어지지만 남자는 어머니에게서 물려받은 혈통이 그 아들에게서 끝난다. 더 쉽게 설명하면 어머니가 대원신통이면 그 딸은 자동적

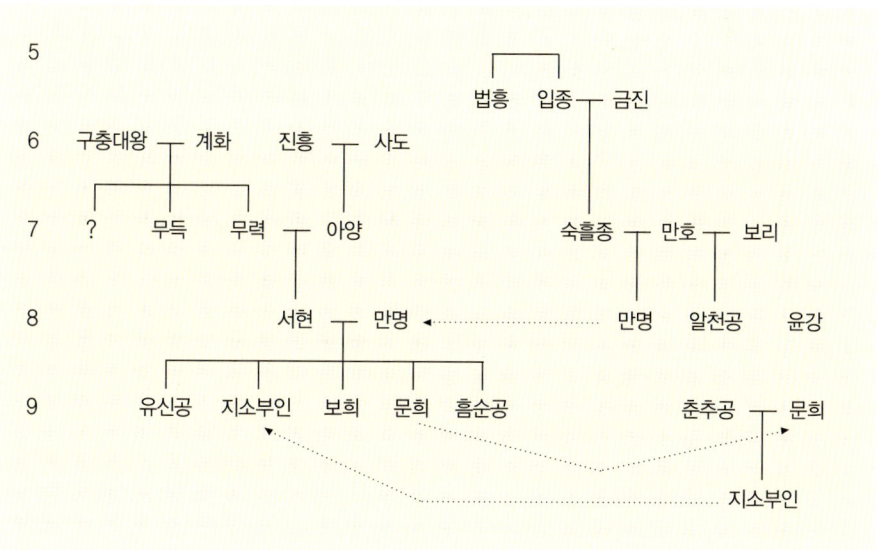

| 15대 풍월주 유신공(진골정통)계보 |

으로 대원신통이며, 그 대원신통인 딸이 다시 딸을 낳으면 그 딸도 자동적으로 대원신통이 된다. 반면 어머니가 진골정통이면 그 아들 또한 자동적으로 진골정통이 된다. 하지만 그런 아들이 그 자신에게서 낳은 자식들에 대해서 하등 혈통의 영향을 미치지 못한다. 아버지가 대원신통이건 진골정통이건 관계없이 그 자식들이 물려받게 되는 혈통은 어머니가 어떤 혈통이냐에 따라 정해진다는 것이다.

이에 의하면, 김서현은 혈통이 대원신통에 속했다. 그렇지만 만호는 그에 맞서는 진골정통이었다. 만호가 진골정통이니 그 딸인 만명 또한 진골정통일 수밖에 없다.

그러므로 자연히 김서현과 만명의 '순조로운' 결합을 반대하는 주체세력은 남자가 아니다. 이 대목에서 『삼국사기』는 만명의 아버지인 숙흘종이 반대했다고 나오고 있으나, 다른 기록에는 만명의 어머니인 만호가 극렬하게 반대했다고 한다.

마침내 이룩한 사랑의 결실

이런 우여곡절이 있었음에도 김서현과 만명은 결국 정식 부부로 공인받았다. 이 대목에서 『삼국사기』와 『삼국유사』는 전혀 도움이 되지 않는다. 『삼국사기』는 분명 둘의 결합이 야합이라 했음에도, 왜 야합인지에 대해 석연치 않은 설명을 붙인 것은 물론이요, 더구나 그런 야합이 어떻게 정식 관계로 공인되었는지에 대해서는 아예 침묵으로 일관하고 있다.

다른 기록에 의하면 김서현과 만명의 관계 개선에 적극적으로 노력한 사람은 무엇보다 진평왕이었다. 앞서 진평왕과 만명이 같은 어머니(만호)에게서 태어났다는 사실을 지적했는데, 진평왕은 아버지가 다른 누이동생 만명이 어머니 때문에 고통을 받게 되자, 이를 불쌍히 여겨 김서현을 만노군 태수로 임명해 위로하고자 했다고 하고 있다. 『삼국사기』와 대략은 같으나 미묘한 차이를 보이는 대목이다.

하지만 왕으로서도 둘의 관계를 어떻게 바꿀 힘이 없었다. 어머니 만호가 막강 권력을 휘두르고 있었던 데다, 제아무리 왕이라고 해도 어머니 눈치는 보아야 했기 때문이다. 이때 돌파구를 마련한 이는 뜻밖에도 그토록이나 반대를 했던 만호 그 자신이었다. 그렇다면 왜 만호는 김서현을 사위로 맞아들일 수밖에 없었을까?

무엇보다 딸에 대한 연민과 사랑을 이유로 들 수 있다. 자식 이기는 부모 없다는 말이 있는데, 이 사건에서도 역시 만호는 딸 만명을 이기지 못했다. 하지만 분개한 만호를 마침내 누그러뜨린 주인공은 다름 아닌 손자 김유신이었다. 이 대목을 다른 기록에서는 다음과 같이 증언한다.

(김유신이 만노에서 태어나) 자라자 태양과 같은 위용이 있었다. (만호) 태후는 (손자인 김유신이) 보고 싶어 (서현과 만명 부부를) 돌아오도록 허락하니 (손자를) 보고는 기뻐하며 "참말로 내 손자다"라고 말씀하시었다.

마침내 정식 부부로 인정받은 김서현과 만명. 이후 김서현은 아버지인 무력을 뒤이어 출세가도를 달리게 된다. 자식들에 대한 준엄한 교육자로서 만명의 행적이 전하고 있는데, 천관녀라는 기생에 빠져 날마다 허우적거리는 김유신을 훈계한 이야기는 너무나 유명하다.

김서현과 만명은 큰아들 김유신 외에도 작은 아들 김흠순, 그리고 두 딸 보희와 문희를 두었다. 김흠순 역시 형 못지않은 일대의 호걸로 신라가 삼한을 통일하는 데 크게 기여할 원훈 공신이었다. 두 딸 중 문희는 김춘추의 아내가 되고 나중에는 그 왕비가 되어 문무왕을 낳았다. 다른 기록에 의하면 이들 사이에는 정희(政姬)라고 하는 또 다른 딸이 있었다. 큰딸 보희는 하마터면 김춘추의 아내가 될뻔했다가 되지 못한 행적만이 남아 있으나, 다른 기록에는 그가 김춘추의 후궁으로 들어가 아들 지원(知元)과 개지문(皆知文)을 낳았다고 한다. 신라 일세를 풍미한 김유신 가문의 번창에 그 할아버지 김무력이 토대를 놓았다면, 그 반석을 더욱 굳힌 것은 김서현과 만명의 야합이라 보아야 할 것이다.

| 김태식 |

참고문헌

신형식, 「김유신가문의 성립과 활동」 《이화사학연구》 13·14, 1983 ; 『한국고대사의 신연구』 일조각, 1984

정중환, 「김유신(595~673)론」 『인간과 역사의 대응 한국사편』, 한울, 1984

선석열, 「신라사 속의 가야인들 - 김해김씨와 경주김씨」 『한국고대사 속의 가야』, 혜안, 2001.

김태식, 『화랑세기, 또 하나의 신라』, 김영사, 2002.

김덕원, 「신라 중고기 사륜계의 정치활동 연구」, 명지대학교 박사학위논문, 2002.

정구복, 「김유신(595~673)의 정신세계」 《청계사학》 17·18, 2002.

주보돈, 「가야인, 신라에서 빛나다」 『가야, 잊혀진 이름 빛나는 유산』, 혜안, 2004.

조강지처는 불하당이라
—강수와 대장장이 딸

왕의 부름을 받은 소대가리 선생

고구려와 백제 그리고 신라가 각기 바다 건너 남쪽의 일본과 서쪽 중국의 당나라와 연계하여 각축하면서, 동아시아의 국제관계가 긴장 속에 전개되고 있었다. 신라 조정에는 당나라에서 사신이 도착했다. 그러나 문제가 생겼다. 당나라 사신이 가져온 외교문서가 무슨 내용인지 어려워 도무지 알 수가 없었다. '이 일을 어찌하면 좋단 말인가? 어허, 이런 고얀 일이 있나!' 태종무열왕으로서는 걱정과 근심에 잠을 이룰 수가 없었다.

그리하여 학문이 뛰어난 인물을 사방으로 찾고 있던 그 어느 날. 어전에는 학자 복장을 한 기이하게 생긴 한 젊은 남자가 왕 앞에 무릎을 꿇고 앉았다. 비록 지리적으로는 한반도 동남쪽에 치우쳐 있으나 예의범절이 반듯한 군자의 나라 신라가 아닌가? 첫 만남에서는 으레 통성명이 있기 마련이다.

무열왕은 우선 "그대가 누구인지 알리도록 하라"는 말을 건넸다.

이 물음에 대한 젊은 학자의 답변이 가관이었다. "신(臣)은 본래 임나가량(任那加良) 사람으로 이름은 '소대가리'라 합니다."

"뭐라고? 소대가리라고?" 무열왕은 다시금 그의 머리를 자세히 살펴보았다. 그러곤 속으로 생각했다. '진짜 소대가리처럼 생겼도다.' 그도 그럴 것이 그의 외모 중에서도 머리가 특이했다. 머리통 뒤쪽이 마치 쇠뿔처럼 불룩 솟아 있었던 것이다. ·

하지만 첫 만남에서 소대가리가 당시 어느 신라 지식인보다 학덕이 뛰어남을 알게 된 무열왕은 이날 만남에서 소대가리를 대신하는 새로운 이름을 내렸다.

"경(卿)은 두골(頭骨)을 보아하니 강수 선생(强首先生)이라 할 만하다. 앞으로 그대의 이름은 강수로 할 것이며, 나의 곁에서 짐(朕)과 우리 신라를 위해 충성을 다하도록 하시오."

이리하여 그의 이름은 강수가 된 것이다. 그리고 강수 선생이라고 하면 신라 사람들 모두가 알게 되었다.

강수가 된 소대가리

　소대가리와 강수. 언뜻 보면 전혀 별개의 이름이라 생각하기 쉬우나 결국은 같은 의미를 지니고 있다. 우선 소대가리는 말할 것도 없이 우리에게 가장 친숙한 집짐승인 '소(牛)'에 머리통을 뜻하는 '대가리'를 합친 말이다. 이 '대가리'는 지금은 비슷한 의미를 지니는 '대갈통' 혹은 '대갈박'과 함께 이른바 비속어에 속하지만, 지금으로부터 1,400년 전인 신라 사회에서는 평상시 아무런 거리낌 없이 쓰는 말이었을 가능성도 있다.

　강수의 원래 이름인 소대가리를 『삼국사기』 강수전에는 '우두(牛頭)'라고 표현하고 있다. '우(牛)'란 글자는 지금은 '우'로 발음되고, '소' 혹은 '쇠'라고 새긴다. 신라시대의 새김과 발음이 어떠했는지는 알 수 없으나, 아마도 지금과 크게 벗어나지 않았을 것이다. 그리고 '두(頭)'라는 한자는 지금은 '머리 두'라고 새김과 발음을 한다. 이 또한 정확한 신라시대 새김과 발음을 알 수는 없으나, 지금과 크게 다를 바가 없을 것이다. 따라서 '우두'는 표기만 이렇게 했지, 실제 당시 신라사람들은 '소머리' 혹은 '소대가리' 정도로 읽었음을 짐작할 수 있다. 이는 '우두'에게 무열왕이 하사한 새로운 이름인 강수를 분석하면 더욱 분명해진다.

　'강(强)'이라는 글자는 '(힘)셀 강'이라고 하고 '수(首)'란 글자는 '머리 수'라고 한다. 따라서 '수(首)'라는 글자는 '우두(牛頭)'의 '두(頭)'라는 글자와 뜻이 똑같음을 알 수 있다. 두 이름의 마지막 글자인 수와 두가 대응을 이루고 있으니, 그 앞 두 글자인 '우'와 '강' 또한 같은 대응관계에 있을 것임은 불문가지라 할 것이다.

이런 점에서 '강(强)'이라는 글자가 요즘에도 '(힘이) 세다'고 새겨지고 있다는 사실을 유념해야 한다. 이에 따르면 태종무열왕이 내린 새로운 이름 '강수'는 '센 머리' 혹은 '센 대가리' 정도가 된다. 센 대가리는 곧 소대가리(쇠대가리)가 되어 발음도 거의 흡사해지게 되며, 나아가 그 의미에서도 서로 통하게 된다.

'우두'와 '강수'를 비교한다면, 앞 이름이 설혹 표기는 '우두(牛頭)'라고 되었다고 해도, 그것을 실제 신라 사람들이 읽을 때는 '소대가리'라고 한 반면, 다음 이름 '강수'는 그냥 한자 발음 그대로 '강수'로 읽었다는 점에서 가장 큰 차이점을 보인다.

군사에는 김유신, 문장에는 강수

그렇다면 강수는 어떤 인물이며 어떤 행적을 남겼던가? 신라가 660년 백제를 멸망시키고, 또 668년 고구려까지 멸망시킴으로써 삼한(三韓)을 일통(一統)한 직후, 아버지 태종무열왕을 이어 그 위업을 달성한 문무왕은 어느 날 강수를 두고 이런 말을 했다.

"강수는 문장(文章)에 관한 일을 스스로 맡아 서한(書翰, 외교문서)으로써 능히 중국과 고구려, 백제 두 나라에 (신라의) 뜻을 전달케 함으로써 우호를 맺어 성공할 수 있었다. 내 선왕(先王, 무열왕)께서 당에 군사를 요청해 고구려와 백제를 평정한 일은 비록 군사적 공로라고 하나 아울러 문장의 도움에서 비롯된 것이기도 한데, 이는 강수의 공로이니 어찌 소홀히 할 수 있겠는가"라고 하면서 이에 강수에게 사찬의 관등을 내려주고 일년 조(租, 일종의 연봉)를 200섬으로 올려주었다.

『삼국사기』 권46 열전6 강수

문무왕은 신라가 삼국을 통일할 수 있었던 원천으로 군사력을 가장 강조하기는 했으나, 이에 못지않게 문장 또한 그 공로가 크며, 특히 이런 외교 문서 작성에서 강수가 지대한 역할을 했다고 강조하고 있다. 이와 같은 언급에서 신라의 일통삼한은 '군사에서는 김유신, 문장에서는 강수'라는 평이 나오게 된다. 김유신은 말할 것도 없이 군사력을 상징하는 인물이다. 사실 강수가 태종무열왕에게 발탁된 결정적 계기도 문장에서 비롯됐다. 여기서 말하는 문장이란 요즘의 글짓기 능력과 비슷한 말이기는 하지만, 문학적 재능이라기보다는 외교문서 작성 능력을 의미한다고 보는 게 정확할 것이다.

『삼국사기』 강수전에 수록된 다음과 같은 내용에 의하면, 앞서 말한 무열왕과 강수의 첫 만남은 무열왕의 필요에 따라 이뤄졌다.

태종대왕(김춘추)이 즉위함에 이르러(654) 당나라 사신이 (신라로) 와서 그 황제가 보낸 편지를 전하니, 거기에 읽기 어려운 데가 있었다. 왕이 그(강수)를 불러 물으니, 왕 앞에서 (그 문서를) 한 번 보고는 풀어내는 데 막힘이 없었다. 이에 왕이 놀라고 기뻐하면서 서로 늦게 만난 일을 한탄하면서 그 이름을 물었다.

『삼국사기』 권46 열전6 강수

무열왕에게 불려갈 때, 강수는 이미 신라 조정에서 문장으로 유명했음을 알 수 있다. 나아가 이 당시 강수는 이미 주로 외교문서 작성을 담당하는 중하위급 관리로 진출해 있었다는 사실도 미루어 짐작할 수 있다. 이런 그를 누가 무열왕에게 추천했는지는 알 수 없으나, 강수가 제 발로 왕을 찾아갔을 리는 만무하고, 외교문서 작성을 담당하는 어떤 고위 관리가 강수를 추천했을 것이다.

출세 가도를 달리는 소대가리

왕의 눈에 띈 강수는 이후 외교문서 작성을 도맡게 된다. 그의 활약을 『삼국사기』 강수전에서는 다음과 같이 적고 있다.

> (태종무열왕이) 당 황제의 편지에 감사함을 표시하는 문장을 짓게 하니, 그 글은 매우 짜임새가 있고 뜻이 지극했다. 이에 왕은 더욱 그를 기특히 여겨 (강수라는) 이름을 부르지 않는 대신에 다만 '임생(任生)'이라고만 할 뿐이었다.
>
> 『삼국사기』 권46 열전6 강수

이제는 무열왕마저도 소대가리를 뜻하는 이름인 강수가 아니라 '임생'이라고만 불렀다는 것이다. 이때의 '임생'이란 말은 '임 선생'이라는 의미이며, 여기서 '임(任)'은 김씨·박씨·이씨와 같은 성이 아니라, 그가 임나가라 출신이라는 점을 염두에 둔 말이다. 지금으로 생각한다면 '서울 선생', '부산 선생' 정도의 뜻이라 하겠다.

전통시대에 왕이 신하의 이름을 부르지 않는다는 것은 그만큼 그를 높여 받들면서 대학자로 예우했다는 뜻이다. 강수가 무열왕에게서 얼마나 총애를 받았는지를 단적으로 보여주는 장면이다. 무열왕에게 발탁된 강수는 그 뒤 당나라와 고구려, 백제에 보내는 외교문서를 전담하게 되어, 당나라에 원군을 청하는 글을 짓기도 하고, 또 당나라에 갇혀 있던 김인문의 석방을 요청하는 글을, 문무왕 11년(671)에는 당나라 장수 설인귀(薛仁貴)에게 보내는 글을 지었다.

신라는 당나라와 연합하여 백제와 고구려를 차례로 멸망시키고, 또 백제를 구원하고자 출동한 일본군을 백강구(白江口) 전투에서 대파함으로써, 당시 동아시아 국제전쟁을 승리로 장식했다. 그리고 당나라 세력마저도 몰아냄으로써 오늘날 우리 민족의 성립에 결정적인 토대를 마련했다. 이 과정에서 강수가 발군의 문장 실력을 통해 기여한 공로는 무열왕을 이어 즉위한 문무왕의 입을 빌려 다시금 되풀이되고 강조되었다. 앞서 말했듯이 문무왕은 신라가 백제와 고구려를 멸망시키고 신라가 삼한을 일통할 수 있었던 최고의 공로자 중 한 명으로 강수를 당당히 언급하고 있다.

> 이에 강수 선생에게 명해 인문의 석방을 청하는 표문(表文)을 지어 사인인 원우(遠禹)를 시켜 당나라에 보내 아뢰게 했더니 황제(고종)는 표문을 보고 눈물을 흘리면서 인문을 용서하고 위로해 돌려보냈다.
>
> 『삼국유사』 권2 기이2 문호왕법민

이러한 그의 공로는 『삼국유사』에도 기록되어 있는데, 그 내용이 재미있다. 강수는 당시 중국 당나라 황제 고종을 감동시키는 멋진 표문을 지음으로써, 당시 당나라에서 옥살이를 하던 신라 문무왕의 동생 김인문이 풀려나게끔 하는 데 결정적인 공을 세웠다.

이때가 정확히 언제인지 기록이 없으나 신라가 백제에 이어 고구려를 멸망시키고 곧이어 한반도 전체에 대한 직접적인 지배 야욕을 노골화하던 당과 전쟁에 돌입한 668년 직후 어느 무렵임이 틀림 없다. 당시 김인문은 신라 측 이해를 대변하기 위해 중국에 있었으나, 군사적 반기를 든 신라를 응징한다는 상징적인 수단으로써 당 조정에서는 김인문을 억류 구금하는 조치를 취했던 것이다.

중원경의 임나가라

강수는 언제 태어나 언제 죽었는지를 잘 알 수 없다. 다만 태종무열왕 때에 발탁이 되어 맹활약을 펼치고, 문무왕 때에도 그러했던 점으로 보아 태어난 시기는 김춘추가 즉위한 서기 654년 이전임이 확실하다. 이 무렵 20세가량은 되었을 것이 확실한 이상, 서기 600년대 초반 어느 무렵에 출생했을 것이다.

죽은 시점에 대해서는 『삼국사기』 강수전에는 '신문대왕 때'라고만 기록하고 있다. 태종무열왕 김춘추의 손자이며 문무왕 김법민의 큰아들인 신문왕은 681년 7월에 즉위해 재위 12년째인 692년 7월에 죽었으니 정확한 시점을 알 수 없으나, 강수는 681~692년 사이의 어느 무렵에 사망했음을 알 수 있다.

그가 결정적으로 발탁된 시점이 태종무열왕 즉위(654) 이후이니 이로써 본다면, 강수는 신라가 삼한을 일통하는 전쟁에 돌입한 그 시대의 격변기에 약 30~40년가량이나 문장으로써 신라의 이익을 위해 혼신의 힘을 불태웠음을 짐작할 수 있을 것이다.

강수가 태어난 임나가라란 어디인가

'임나(任那)'라는 명칭은 우리에게는 일본이 과거에 왜곡 강변하던 이른바 임나일본부설이라는 괴이한 주장과 연관되어 매우 익숙한 지명인데, 일본 고대사를 정리한 『일본서기』를 비롯한 고대 일본 기록에 빈번히 등장한다. 그 정확한 위치에 대해서는 논란이 많으나, 다만 가야 지역을 가리키고 있다는 점에서는 거의 이론이 없으며, 따라서 지금의 경상도 일대, 특히 경남지역 일대를 지칭하고 있다.

한국 측 기록에서도 '임나'라는 지명은 더러 보이고 있다. 『삼국사기』 강수전을 필두로 고구려 광개토왕릉비에 '임나가라'라고 적혀 있으며, 신라 말 고승인 진경대사의 행적을 기록한 비석에서도 진경대사가 '임나의 왕족(任那王族)'이었으며, 금관가야 혈통인 김유신의 후손이라는 언급이 보이고 있다. 진경대사비 기록을 존중한다면 '임나'는 지금의 경남 김해에 중심지를 두고 있던 금관가야를 지칭하고 있는 점은 부인할 수 없으나, 경북 고령에 있었던 대가야를 포함한 가야지역 전반을 지칭하는 용어로도 볼 수 있다.

『삼국사기』 강수전에서는 강수가 '중원경(中原京) 사량(沙梁)

 탄금대 전경 | 대가야를 통합한 진흥왕이 대가야의 지배층을 지금의 충주 지역으로 옮기고 국원소경(國原小京)을 설치했는데, 이를 경덕왕 때 중원경이라 고쳐 불렀다. 가야금으로 유명한 우륵, 명필가 강수 등의 인물이 배출되었다.

사람'이라고 기록하고 있다. 중원경이란 신라가 주요한 지방의 거점 지역 5곳에 설치한 큰 도시인 5소경(五小京) 중 하나로서, 신라라는 국토의 중간에 위치한다 해서 붙은 명칭이다. 이곳은 지금의 충청북도 충주지방이다. 따라서 중원경이란 지금으로 본다면, 메트로폴리탄 시티, 즉 광역지방단체 중 하나가 된다. 그의 고향 사량은 중원경이라는 큰 도시를 구성하는 하위 행정 구역의 하나를 지칭하는 이름이 된다. 따라서 『삼국사기』가 말하는 '중원경 사량 사람'이라는 표현은 그의 출신지가 이곳임을 의미하는 정도로 이해가 가능하다.

그럼에도 태종무열왕 김춘추 앞에 불려간 강수는 자신을 '임나가량(任那加良)' 사람이라고 소개하고 있다. '가량(加良)'은 '가라(加羅)'와 같은 말로 다만 그 표기를 다르게 한 것일 뿐 다 같이 가야를 나타낸다. 이 말에 의한다면 임나가량과 중원경(혹은 이곳의 사량)은 같은 지역이 된다. 하지만 이런 주장은 성립하기가 대단히 곤란하다. 다만 가야, 특히 고령지역 대가야가 신라에 멸망하면서 그 주민 상당수가 중원경 일대로 강제로 이주됐다는 역사적 사실을 고려할 때, 강수는 중원경으로 강제 거주된 대가야 어떤 사람의 후손이라는 의미가 될 것이다.

이런 점에서 가야금 발명자로 저명한 우륵이라는 음악가 역시 가야 출신이지만, 그가 주로 활동하던 지역이 중원경이라는 점은 강수의 출신 배경을 이해할 때 좋은 비교자료가 된다.

결국 오늘날의 제도에 비유하자면, 강수의 원적은 '임나가야'이고, 본적은 '중원경 사량부'라고 이해하면 무난할 듯하다.

강수가 태어났을 때 그의 집안은 신라 전체에서 크게 두각을 나타낼 처지는 아니었지만, 중원경이라는 지역사회에서는 상당한 지

※ 『삼국사기』 강수전 | 『일본서기』에는 '임나'라는 말이 자주 나오나 우리나라 문헌에는 『삼국사기』 강수전에서만 볼 수 있다.

위를 가진 지배층에 속하는 신분이었다고 생각된다.

그의 아버지는 이름이 석체(昔諦)였으며, 관등은 나마(奈麻)였다. 나마는 나말(奈末) 혹은 내마(乃麻) 등으로 표기되기도 하는데 모두 17등급으로 나뉜 신라의 중앙관등체계에서 제11위를 차지한다. 더욱이 신라가 사무국을 통일한 뒤 문무왕이 강수에게 내린 사찬(沙湌)은 6두품이 보유할 수 있는 최고의 관등이다. 그러므로 강수의 집안은 신라 골품제사회에서 6두품에 속하는 귀족이었다고 볼 수 있다. 이는 뒤이어 보게 될 강수의 결혼 문제에서 부친이 노발대발한 대목에서도 간접적으로 확인된다. 대장장이 딸과 결혼하려는 아들을 아버지 석체는 만류하기를 "네가 세상에 이름이 나서 나라 사람들로 모르는 이가 없는데 미천한 여자로 짝을 삼는다면 수치스러운 일이 아닌가"라고 하고 있다는 점에서 그렇다.

이는 언뜻 보면 강수가 이미 출세했기 때문에 미천한 집안과 혼인할 수 없다는 말로 이해될 수도 있으나, 그만큼 강수의 아버지는 가문에 대한 자긍심을 원천적으로 지니고 있었다고도 볼 수 있다.

불교보다는 유교를

그의 신이한 태생에 대해서는 다음과 같은 일화가 전해진다.

어머니가 꿈에 뿔 돋친 사람을 보고 임신하고는 아이를 낳으매 머리 뒤에 높은 뼈가 있었다. 석체가 아이를 데리고 당시의 현자(賢者)를 찾아가서 묻기를 "이 아이는 머리뼈가 이러하니 무슨 때문입니까?"라고 하니 현자가 대답하기를 "내가 듣건대 복희씨(伏羲氏)는 범의 형상이요, 여와씨(女媧氏)는 뱀의 몸이고, 신농씨(神農氏)는 소의 머리이며, 고요(皐陶)는 말의 입이라 하온즉 성현(聖賢)이라는 점에서 이들은 다 같지만 그 모양은 역시 평범한 사람들과는 다른 데가 있습니다. 또 아이를 보니 머리에 검은 사마귀가 있습니다. 관상법에서는 얼굴의 사마귀는 좋지 않다고 여기나 머리의 사마귀는 나쁘지 않다고 하니, 이는 기이한 이라고 해야 할 것입니다." 부친이 돌아와서 이런 일을 그의 아내에게 이르기를 "당신 아들은 비상한 아이니 잘 기르면 장래에 국사(國士, 나라의 동량)가 될 것이오"라고 했다. 장성하매 제 스스로 글 읽을 줄을 알고 의리에 통달했다.

『삼국사기』 권46 열전6 강수

복희씨(伏羲氏) 등은 비록 전설과 신화적인 영역에 속하기는 하나 중국에서는 대표적인 성현으로 거론되는 인물들이다. 그런 성현에 비길 만한 상을 이미 강수는 타고 났다는 점을 강조하고 있는 것이다.

한편 강수가 인생행로를 정할 때 있었던 아주 유명한 일화가 『삼국사기』 강수전에 전해진다.

부친이 그의 뜻을 알고자 해서 묻기를 "네가 불도(佛道, 불교)를 배우겠는가? 아니면 유도(儒道, 유교)를 배우겠는가?"라고 하니, 강수가 대답하기를 "제가 듣기로 불도는 세상 밖의 가르침이라 합니다. 저는 이 세상에서 사는 사람이오니 어찌 불도를 배우겠습니까. 유자(儒者, 유학자)의 길을 배우고자 원합니다"라고 했다. 부친이 이에 "네가 좋은 대로 하라"고 하니, 스승에게 나아가 『효경(孝經)』, 『곡례(曲禮)』, 『이아(爾雅)』와 『문선(文選)』을 읽으니, (스승에게) 들은 것은 매우 얕고 깊지 못하나 (강수가 그것을 통해) 얻는 점은 더욱 높고 깊어 우뚝한 당대의 걸물이 되었다.

『삼국사기』 권46 열전6 강수

이에 의하면 강수는 개인 교습을 받은 셈이 된다. 그런데 우리는 이 점에 주목해야 한다. 첫째, 강수가 나고 교육까지 받은 장소에 대한 명확한 언급은 없으나 고향인 중원경일 가능성이 농후하며, 둘째, 이 과정에서 수업한 과목 또한 관심을 촉구하기 때문이다.

이름이 밝혀지지 않은 이 스승이 강수를 가르친 내용이 천근(淺近), 즉 보잘것없다고 했으나, 당시의 신라 서울(지금의 경주)이 아닌 중원경에 『효경』이나 『곡례』·『이아』·『문선』과 같은 책을 가르치는 선생이 존재했다는 점을 예사롭게 보아 넘길 수 없다.

이는 이미 강수가 한창 배우던 7세기 초반 신라에서는 『효경』이나 『곡례』와 같은 유교적 수행을 강조하는 도덕 교육이 광범위하게 이뤄지고 있었음을 보여준다.

『효경』은 말할 것도 없이 효(孝)에 대한 교과서이며, 『곡례』는 『주례(周禮)』·『의례(儀禮)』와 함께 예의범절에 대한 가르침을 담은 3대의례서의 하나인 『예기(禮記)』를 구성하는 부분 중 하나로서, 일상생활과 관련된 몸가짐과 마음가짐에 대한 잡다한 내용을 담고 있다.

강수가 수업했다는 다른 책 『이아』는 전한시대 이전에 편찬된 한자 사전인데, 정확한 편찬시기와 편찬자는 알 수 없으나, 『시경(詩經)』이나 『서경(書經)』과 같은 경전을 연구하는 필수 참고문헌이라는 사실에서 강수 당대에 이미 신라사회에는 『효경』이나 『곡례』 외에도 『시경』 등의 다른 경전들이 널리 읽히고 있었음을 알 수 있다. 외교문서 작성에 특기를 발휘한 강수, 그가 작성한 표문으로 당나라 황제까지 감동시켰다는 행적과 관련해 그가 배운 글 중에서도 『문선』은 유심히 주목해야 한다.

중국 남조시대 양(梁)나라 무제의 아들 소통(蕭統). 소명태자(昭明太子)라고 하는 이 소통이 편찬을 지휘한 『문선』은 진·한시대 이후 당시까지 중국의 역대 저명한 시문을 종류별로 엮은 일종의 전집이다. 여기에 수록된 시문 종류는 부(賦)·시(詩)·소(騷)·조(詔)·책(策)·표(表)를 필두로 39종이다.

그때까지 나온 전집류 중 가장 방대함을 자랑하는 이 『문선』에 수록된 글들은 하나같이 명문에 속하지만, 또 하나같이 난해하기 짝이 없다는 점이 특징이다. 특히 『문선』의 절대 다수를 점하는 부(賦)라는 문장은 그때나 지금이나, 해설 없이 읽지 못한다고 할 정도로 난해하다. 이런 글들은 강수가 어떤 과정 혹은 매개를 거쳐 표문과 같은 외교문서 작성의 대가로 커갔는지를 구명할 수 있는 결정적인 고리가 된다. 즉 『문선』에 수록된 글들을 모범으로 삼아 읽고 또 읽고, 나아가 피나는 연습을 거듭함으로써, 대문장가 강수는 탄생되었던 것이다.

❀ 「문선」 | 중국 양나라 소명태자 소통이 진·한 이후 제·양대까지의 대표적인 시문을 모아 엮은 책.

이 대목에서 우리는 왜 그가 태종무열왕에게 불려갔으며, 더구나 그 자리에서 당나라 황제가 보낸 조서를 어떻게 해독할 수 있었을까 하는 궁금증도 어느 정도는 해결하게 된다. 『문선』으로 연마한 실력을 바탕으로 강수는 태종무열왕의 바람을 크게 충족시킬 수 있었던 것이며, 이를 발판으로 출세가도를 달리게 되었던 것이다.

또 하나 그때나 지금이나 교육에는 엄청난 돈이 들어가기 마련인데, 그럼에도 이런 경제적 출혈을 강수 집안에서는 과연 어떻게 감당할 수 있었는가 하는 점도 궁금증을 자아낸다. 이에 대해서는 별다른 기록이 없으나, 그의 아버지가 나마라는 중위급 관료로 재직했다는 전력에 비추어, 그런대로 경제력은 있었다고 보는 게 무난하지 않을까 한다.

대장장이의 딸과 야합한 소대가리

지금까지 살핀 강수의 면모는 어쩌면 자수성가형에 가깝다고 할 수 있다. 그렇지만 우리는 그의 인간적 면모가 어떠했는지는 아직 종잡기 힘든 단계를 벗어나지 못한다. 이런 점에서 대장간의 딸에 대한 약속을 끝까지 저버리지 않았으며, 그 자신이 출세한 뒤에도 그 여인을 맞아들여 백년해로했다는 점에서 분명 오늘날에도 그의 이런 행동은 신의(信義)의 사표가 될 만하다.

강수가 강수라는 새로운 이름을 왕에게서 내려 받기 전, 그러니까 고향 중원경에서 여전히 '소대가리'로 불리던 그 젊은 시절, 그

⊗ **대장간의 대장쟁이** | 조선후기 김홍도가 그린 민속화의 대장장이. 강수는 대장간 딸을 아내로 맞이했다.

는 대장간의 딸과 눈이 맞아 야합했다. 야합이란 쉽게 말해 당대에서 통용되는 정상적인 혼인절차를 거치지 않고, 당사자 간에 몸을 섞어 부부가 되기로 약속했다는 뜻이다. 김유신의 아버지 김서현이 만명이라는 여인과 그러했듯이, 또 공자의 아버지 숙량흘이 10대 처녀 안징재에게 그러했듯이 말이다.

그런데 당시 대장장이

는 신라사회에서 대단히 천시된 직업인이었음이 다음 기록에서 명확하게 확인된다.

> 강수가 일찍이 부곡의 대장장이 딸과 야합하니 둘 사이의 애정은 퍽이나 깊었다. 나이 20세가 되자 부모가 읍내 여자로서 용모와 행실이 아름다운 이를 골라 중매를 통해 그의 아내로 삼으려 했다.
> 하지만 강수는 두 번 장가를 들 수 없다 해서 사절하려 했다. 이에 부친이 노해 말하기를 "네가 세상에 이름이 나서 나라 사람들로 모르는 이가 없는데 미천한 여인으로 짝을 삼는다면 수치스러운 일이 아닌가" 하니, 강수가 재배(再拜)하고 말하기를 "가난하고 천한 게 수치스러운 일은 아닙니다. (인간으로서의) 도리를 배우고도 옮기지 않음이 실로 부끄러운 일이라 하겠습니다. 일찍이 옛 사람 말을 듣건대 조강지처는 집안 뜰 아래로는 내려오지 않게 하며, 가난하고 천할 때에 사귄 친구는 잊을 수 없다고 했으니 천한 아내라고 해서 차마 버릴 수 없습니다"라고 했다.
>
> 『삼국사기』 권46 열전6 강수

이러한 강수가 이 대장간의 딸을 어떻게 했는지는 명확한 기록이 없다. 하지만 앞뒤 문맥으로 미뤄 보건대 이 여인을 아내로 받아들였음은 확실하다. 아무튼 시종일관 대장간 일은 천한 것으로 언급되고 있다. 그럼에도 강수는 출세한 뒤에도 조강지처는 버릴 수 없다는 논리를 앞세워 결코 이 여인을 버리지 않고 신의를 끝까지 지켰다. 그러므로 강수는 훌륭한 문장가이면서 아울러 자신의 행위에 끝까지 책임을 지는, 즉 명분보다는 실질을 중시하는 합리주의에 입각한 유교적 도덕률의 실천가였다고 평할 수 있다.

그 남편에 그 아내

신의를 중시하는 강수와 비슷한 면모는 그의 아내에게서 동시에 발견된다. 그것은 신문왕 때 남편 강수가 죽은 뒤에 있었던 다음 일화에서 잘 드러난다.

강수의 아내가 식생활이 매우 궁핍해져 고향으로 돌아가려 하자 어떤 대신이 이 말을 듣고는 왕에게 요청해 조(租) 100석을 내리게 했으나 그 아내는 그것을 거절하면서 이렇게 말했다. "첩(妾)은 천한 사람으로 의식을 남편에게 의지하면서 나라의 은혜를 받은 일이 많았습니다. 지금은 이미 혼자 몸이 되었는데 어찌 감히 다시 후한 내림을 받겠습니까?" 기어이 받지 않고는 고향으로 돌아갔다.

『삼국사기』 권46 열전6 강수

이뿐만 아니었다. 남편이 죽은 뒤 아내는 그의 재산을 사찰에 기부했다.

신문왕대에 이르러 강수가 죽으매 장사에 관한 비용은 나라에서 제공해주었다. 부의(賻儀)로 준 옷과 피륙이 대단히 많았으나 집안사람들이 그것을 사사로이 갖지 않고는 모두 불사(佛事, 불교와 관련된 기관이나 행사)에 돌려주었다.

『삼국사기』 권46 열전6 강수

여기에서 말하는 기부 주체인 집안사람은 강수의 아내였을 것임은 불문가지다. 이로써 본다면 강수의 아내 역시 강수의 뜻을 실천하고 있다. 일찍이 강수가 불교는 세외교(世外敎)라 하지 않았던가? 이제 강수가 죽으니, 그의 처는 강수의 명복을 빌기 위해 재산을 불사에 시주한 것이다. 이것이 바로 강수의 뜻이 아니었을까?

이에서 보건대 현세에서 강수가 성공하는 데는 아내의 내조 또한 컸을 것임을 알 수 있다. 그래서 말했던가? 성공한 남자 뒤에는 위대한 어머니와 사랑하는 여인이 있어야 한다고.

| 김창겸 |

이기백, 「강수와 그의 사상」《문화비평》 3, 1969 ; 「통일신라 및 고려 초기의 유교적 정치이념」《대동문화연구》 6 · 7, 1970 ; 〈신라 육두품 연구〉《성곡논총》 2, 1971 ; 『신라정치사회사연구』, 일조각, 1974 ; 『신라사상사연구』, 일조각, 1986.
김창겸, 「강수와 그 시대의 신라사회」《신라사학회 제44차 정기발표회 발표요지》, 2005.

| 신라의 관등과 골품별 승진 상한선 |

등급	외위 外位	경위 京位	복색 服色	골품				취임 가능 관직											
								중앙관직					지방관직						
				진골	6두품	5두품	4두품	영 令	경 卿	대사 大舍	사지 舍知	사 史	도독 都督	임신 任臣	주조 州助	태수 太守	장사 長史	소수 少守	현령 縣令
1		이벌찬 伊伐飡	자색 紫色					○											
2		이찬 伊飡						○					○						
3		잡찬 迊飡						○					○						
4		파진찬 波珍飡						○					○	○					
5		대아찬 大阿飡						○					○	○					
6		아찬 阿飡	비색 緋色						○				○	○	○	○			
7	악간 嶽干	일길찬 一吉飡							○				○			○			
8	술간 述干	사찬 沙飡							○				○	○	○	○			○
9	고간 高干	급찬 級飡							○					○	○	○	○		
10	귀간 貴干	대나마 大奈麻	청색 靑色											○	○	○	○		○
11	선간 選干	나마 奈麻								○					○	○	○	○	
12	상간 上干	대사 大舍	황색 黃色							○	○	○				○	○	○	○
13	간 干	사지 舍知								○	○	○					○	○	○
14	일벌 一伐	길사 吉士										○						○	○
15	일척 一尺	대오 大烏										○							○
16	피일 彼日	소오 小烏										○							○
17	아척 阿尺	조위 造位										○							○

| 삼국시대 신라왕실 계보도 |

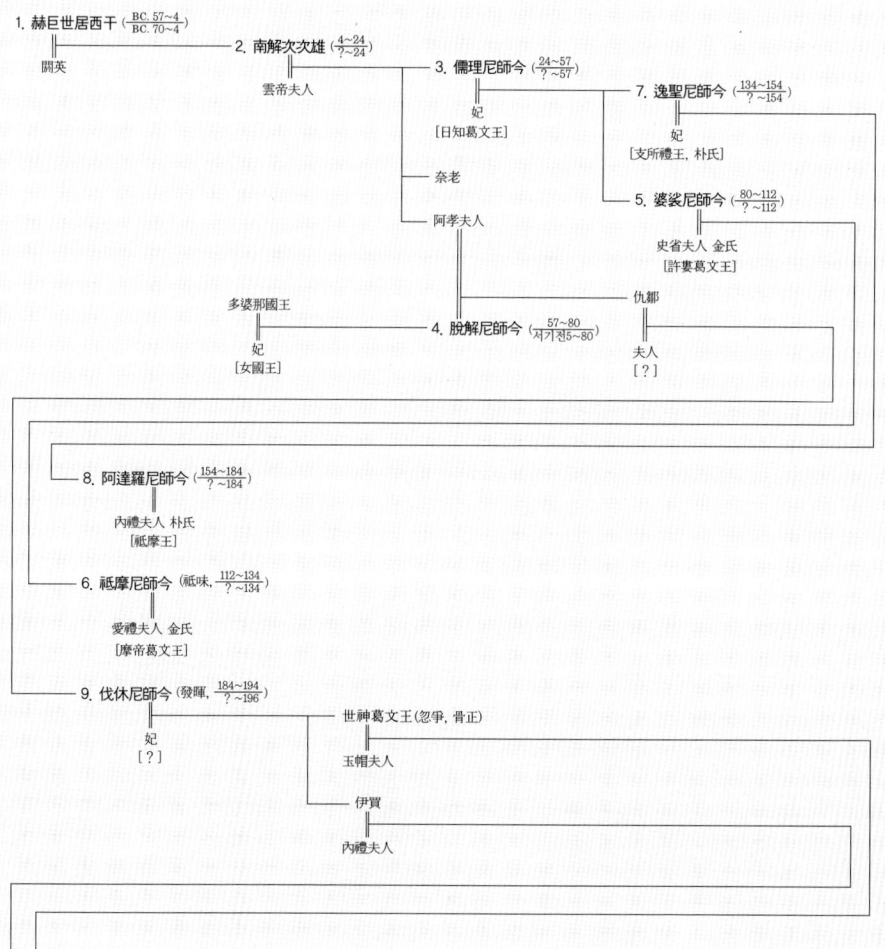

1. 赫巨世居西干 ($\frac{\text{BC. }57\sim4}{\text{BC. }70\sim4}$)

閼英

2. 南解次次雄 ($\frac{4\sim24}{?\sim24}$)

雲帝夫人

3. 儒理尼師今 ($\frac{24\sim57}{?\sim57}$)

妃
[日知葛文王]

奈老

阿孝夫人

7. 逸聖尼師今 ($\frac{134\sim154}{?\sim154}$)

妃
[支所禮王, 朴氏]

5. 婆娑尼師今 ($\frac{80\sim112}{?\sim112}$)

史省夫人 金氏
[許婁葛文王]

多婆那國王

妃
[女國王]

4. 脫解尼師今 ($\frac{57\sim80}{\text{서기전}5\sim80}$)

仇鄒

夫人
[?]

8. 阿達羅尼師今 ($\frac{154\sim184}{?\sim184}$)

內禮夫人 朴氏
[祇摩王]

6. 祗摩尼師今 (祇味, $\frac{112\sim134}{?\sim134}$)

愛禮夫人 金氏
[摩帝葛文王]

9. 伐休尼師今 (發暉, $\frac{184\sim194}{?\sim196}$)

妃
[?]

世神葛文王(忽爭, 骨正)

玉帽夫人

伊買

內禮夫人

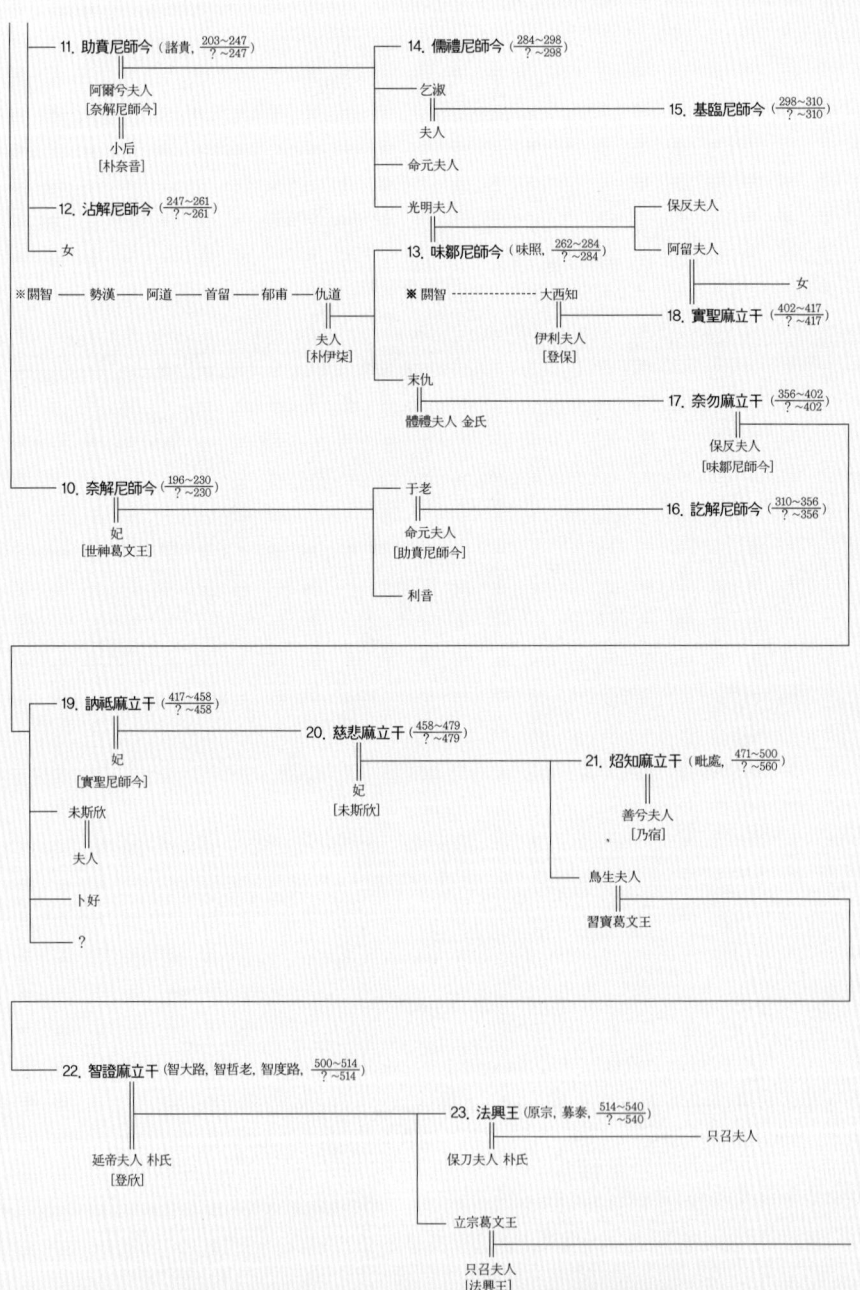

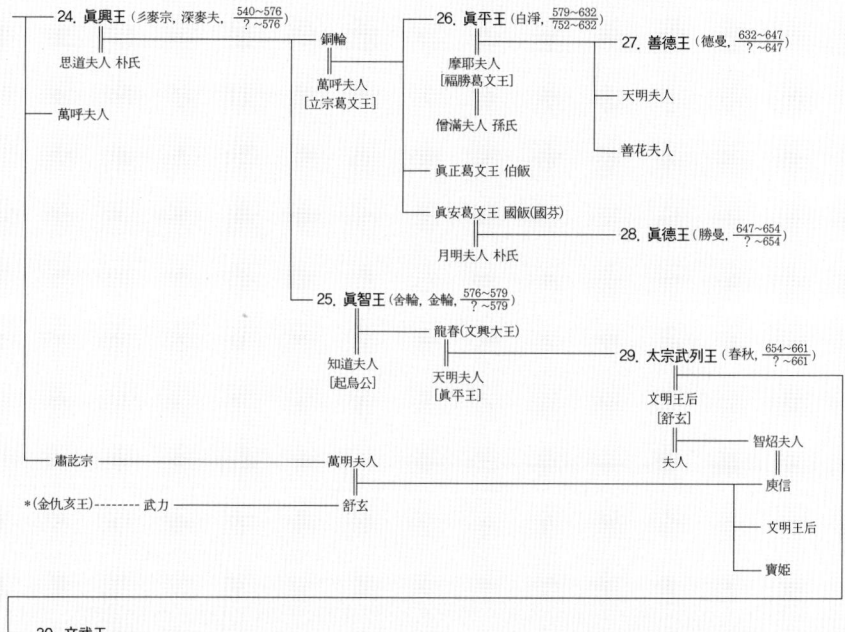